CHAMPFLEURY

LA
PASQUETTE

PARIS

CHARPENTIER ET Cie, LIBRAIRES-ÉDITEURS

13, RUE DE GRENELLE-SAINT-GERMAIN, 13

1876

Tous droits réservés.

LA
PASQUETTE

OUVRAGES DU MÊME AUTEUR

PUBLIÉS DANS LA BIBLIOTHÈQUE CHARPENTIER

à 3 fr. 50 le volume.

Les Amoureux de Sainte-Périne, suivis de Richard Loyauté, 3ᵉ édition............................ 1 vol.

Les Aventures de mademoiselle Mariette, 6ᵉ édit. 1 vol.

Madame Eugénio. — Histoire du lieutenant Valentin. — Le Marronnier. — Les Deux Amis. — La Sonnette de M. Berloquin................................. 1 vol.

La Comédie académique................... 1 vol.

Monsieur de Boisdhyver.................... 1 vol.

A

M. ADOLPHE LEFEBVRE.

PRÉFACE

Plus d'une fois, de grand matin, je vais admirer les premiers rayons du jour, et ensuite la journée s'écoule agréablement.

Mais plus d'une fois aussi les splendeurs du soleil couchant m'attirent au point opposé de la montagne, et un jour, pénétré de ce radieux enseignement, je me demandai si toute œuvre de l'esprit, pour atteindre à une parfaite pondération et remplir de satisfaction l'âme du lecteur, ne devrait pas procéder suivant ces lois mystérieuses et se produire avec les alternances du couchant et du levant.

Elle est considérable la générosité de la nature; sans cesse nous la mettons à contribution, et elle nous donne éternellement parce qu'elle est éternellement bienveillante; mais je ne me doutais pas que la nature me ferait cadeau un jour d'un traité de rhétorique.

CHAMPFLEURY.

Sèvres, mai 1876.

LA
PASQUETTE

I

A l'heure où la rosée du matin est pompée par les premiers rayons du soleil, au moment où les nuages aux teintes délicates font place à un ciel à l'intérieur duquel semble s'allumer un brasier incandescent, apparaît, au coin de la haie qui entoure le petit jardin des paysans de la Gironde, le *podécammbre*.

C'est un signe particulier à cette partie de la France, une sorte de borne qui annonce au voyageur qu'à l'endroit où le *podécammbre* se dresse, à l'extrémité d'un échalas, le territoire girondin commence ou finit.

Les peintres japonais qui ont appris à nos artistes que tout objet, si vulgaire qu'il soit, est admis à faire sa partie dans le concert du Beau, ne manqueraient pas de donner au *podécammbre* une place importante dans leurs compositions en plein air. Certainement, les gais coloristes d'Yeddo feraient figurer au premier plan l'objet se découpant en silhouette sur le ciel bleu et offrant aux rayons enflammés de l'astre du jour une surface arrondie, assez développée pour en recevoir les points lumineux.

Plus loin la cabane, les vignes qui l'entourent; plus loin encore d'autres maisons précédées du même symbole; encore plus loin les plantureuses prairies au milieu desquelles paissent les bestiaux, les bouquets de bois de pins jetant leur note verte au milieu des morcellements de terrains de culture, et à l'horizon quelque clocher pointu fendant la nue. Tel serait le tableau.

L'intérieur d'une cabane de paysan de la Gironde, dont la porte est habituellement ouverte, offre un singulier contraste avec l'étalage du *podécammbre*. Une haute armoire luisante se détache sur les murs blancs peints à la chaux; dans le fond s'étale un large lit orné d'étoffes de Beautiran peintes en camaïeu; la batterie de cuisine resplendit accrochée au dressoir. L'amour de l'intérieur, un soin tout particulier forment le lot des ménagères du pays, jalouses de posséder une *souillarde*, c'est-à-dire un endroit attenant à la cuisine pour y laver la vaisselle.

Cette exquise propreté provoque d'autant plus l'étonnement de l'habitant du Nord qu'à quelques pas de là le *podécammbre* étale audacieusement sa panse en face de la nature. Un délicat gémirait d'une telle exhibition, baisserait les yeux en passant et ferait mine de n'avoir rien vu ; un étymologiste chercherait en vain les rapports du mot avec le *waterpot* des Hollandais, le *nachtgeschir* des Allemands, le *pitale* des Italiens, et il conclurait que les Anglais ont sagement agi en refusant à cet objet l'entrée de leur dictionnaire et en lui infligeant la dédaigneuse épithète d'*unnamed* (non nommé). Toutefois, ceux qui étudient sans préventions les coutumes locales, chercheraient le pourquoi de l'attitude triomphante du *podécammbre* que les gens des autres pays cachent habituellement aux regards, et que le paysan girondin a rendu visible comme le bonnet au bout d'une pique que le tyran Gessler forçait les Suisses de saluer.

Le *podécammbre* est exposé à l'air pour que les premières gouttes de rosée perlent sur ses flancs, que le soleil le caresse, que la pluie le fouette ; alors, ayant supporté les douceurs et les rigueurs du temps, il vient prendre sa place en compagnie des meubles de la cabane, à l'heure où les ombres s'allongent dans les sillons, où le silence se fait immense. Et si Scarron l'a saisi par son anse pour lui faire jouer un rôle dans le *Roman comique*, ce n'est pas à pareil titre qu'il figure dans le roman actuel, mais comme détail topographique et signe de la basse extraction des gens qui en décorent leur jardinet.

II

Le château du marquis de l'Aubépin était entouré d'un certain nombre de maisons de paysans, ornées, le jour, du triomphal *podécammbre* : c'est dire que cette propriété considérable était située dans la partie de la Gironde où la culture de la vigne se mêle à celle de la résine.

Des bois de pins, des vignobles représentaient la fortune du marquis, dont les biens, embrassant divers cantons, s'étendaient de Castelfranc à la Tremblade. Sur les deux rives de la Garonne, le riche propriétaire possédait beaucoup de terre, fruit de deux héritages. Et pourtant cet homme envié de tous n'était pas heureux.

Marié, il avait supporté pendant trente ans toutes les aridités du célibat. Six mois après son mariage, madame de l'Aubépin, une créole transplantée à Bordeaux, n'avait pu se plier au séjour à la campagne non plus qu'au caractère méditatif du marquis; elle rêvait une vie de plaisirs mondains.

M. de l'Aubépin, à qui le spectacle de la nature faisait oublier les distractions que réclame une jeune femme, n'entreprit pas une lutte à l'intérieur. Il s'était trompé, il en prit son parti en gentilhomme. Faisant deux parts de sa fortune, le marquis en laissa la moitié à madame de l'Aubépin. Ce fut ainsi que la créole, qui offrait tout le piquant du veuvage, se retira à Bordeaux, menant le train qu'il lui plaisait, sans que son mari intervînt. Entre les deux époux exista pendant trente ans une séparation absolue, jusqu'au jour où la mort de la jeune femme compléta le veuvage réel qu'avait accepté M. de l'Aubépin.

Le riche propriétaire, si comblé du côté de la fortune et quoiqu'il fût redevenu libre, n'en enviait pas moins le sort des paysans qu'il employait ; ces pauvres gens, vivant péniblement, étaient entourés d'une nombreuse famille.

Il est dur le métier de résinier. Passer des nuits dans les forêts, coucher sous un mauvais abri de feuillage, y subir l'intempérie des saisons ! Le marquis eût troqué volontiers son sort contre celui des plus pauvres paysans du canton.

De nature rendue méditative par le séjour dans les forêts, le caractère des résiniers s'harmonisait avec celui du marquis. En leur compagnie, l'homme qui n'avait pas trouvé le bonheur au foyer domestique, passait les journées sous les pins sans parler. Il regardait travailler ces abatteurs d'ouvrage, qui font penser aux chasseurs des forêts vierges faisant avec leur hache des incisions dans le tronc des arbres pour se désaltérer.

L'un de ces résiniers était grand chasseur et, l'automne venu, organisait la chasse à la palombe, une des grandes distractions du pays. Dans une clairière que forment les bouquets de pins, le résinier élevait une cabane garnie extérieurement de feuillage, pour ne pas appeler l'attention des oiseaux. Ainsi abrité, le chasseur n'a pour spectacle, à travers l'interstice de touffes de feuilles habilement disposées, que l'horizon sur lequel se détachent les oiseaux volant par bandes : de là l'homme aux aguets lance une palombe, la patte attachée à un fil; si les oiseaux trompés se dirigent vers la palombière, ils sont enveloppés tout à coup par un filet qui se déroule subitement.

Le marquis, assis sur un banc de la hutte, restait parfois une journée entière en compagnie du palombier, tous deux gardant un silence absolu, premier article du code de cette chasse.

Ceux qui n'ont pas vécu dans les grands bois de pins et subi leurs bienfaisantes émanations, ceux que le jeu de la lumière dans ces verdures éternelles ne préoccupe pas, se rendent difficilement compte de la tranquillité que l'âme éprouve dans de semblables solitudes.

L'âme du marquis semblait quitter son corps et s'envoler vers les nuages où l'appelaient les pensées religieuses. Dans ces nuages, M. de l'Aubépin trouvait une réponse à ses aspirations, car ils répondent aux esprits soucieux qui les interrogent.

Il n'est pas de meilleur, de plus discret conseiller que le nuage. On peut tout lui confier, il a réponse à tout.

Assis sur le banc de la palombière, le marquis de l'Aubépin s'entretenait mentalement avec le père Parenteau, le supérieur du couvent des maristes à Pont-du-Casse. C'était son directeur, celui qui avait charge de sa conscience, qui la réconfortait quand elle était abattue et lui ouvrait des horizons vers un monde meilleur.

Ce père Parenteau, qui, du haut de la voûte éternelle, daignait s'entretenir avec le marquis, eût pourtant, aux yeux d'un idéaliste, fait tache sur un ciel bleu.

Le moine était gros et court, la face violemment colorée. Les dévotes du voisinage le trouvaient onctueux; en effet, la graisse suintait de toutes parts sur sa peau. Le culte de la Vierge, auquel il s'était consacré, ne lui avait rien communiqué de séraphique; toutefois, le moine se trouvait dans les nuages comme dans son élément. A toute heure il y était visible, et le marquis n'avait qu'à souhaiter sa venue pour que le mariste y apparût.

Pouvait-il sembler un être vulgaire, celui qui se tenait constamment dans les régions élevées de l'atmosphère, malgré les alternances de froid ou de chaud, de pluie ou de soleil? Jamais le moine n'avait manqué au poste où, aux yeux du marquis, il se transfigurait. Par un phénomène de vision, le père Parenteau, quoiqu'il ne perdît rien de sa graisse, apparaissait couronné de gloire; au-dessus de sa tête carrée rayonnait un nimbe éblouissant, ce qui ne l'empêchait pas de se montrer empressé vis-à-vis du marquis et, pour mieux l'interroger sur l'état de son âme, de lui faire à côté de lui une petite place dans les nuages.

Le palombier pouvait croire M. de l'Aubépin assis, méditant dans la cabane. Le marquis était envolé de terre; il prenait place aux pieds du père Parenteau, et tous deux se complaisaient en de longues conversations.

— Croyez, mon fils, que je suis toujours avec vous, lui avait dit le moine qui sentait combien une nature si vacillante avait besoin d'appui.

Cette parole était restée dans l'esprit du marquis, qui ne quittait le mariste qu'alors que les ombres s'allongeaient au-dessus de la forêt.

Le château de l'Aubépin est situé sur un petit monticule entouré de trois côtés par des vignes.

Devant la façade se déroule un immense pré dans lequel paissent des vaches; au milieu du pré est un arbre touffu sous lequel se remarque un point rouge. En revenant de la palombière, le marquis manquait rarement d'appeler : Pasquette!

Le point s'agrandissait; la chose accroupie se relevait. Sur le vert du gazon apparaissait un jupon rouge. A cet appel, les vaches levaient une tête curieuse. Quelque chose s'agitait derrière elles qui les faisait marcher, quoique broutant encore une fois de grosses touffes d'herbes, et peu à peu se dessinait, aux derniers rayons du soleil, une enfant qui, une baguette à la main, s'avançait souriante vers le marquis.

— Bonsoir, Pasquette! disait M. de l'Aubépin avec une ombre de sourire qui apparaissait rarement sur sa mélancolique physionomie.

Il lui donnait une tape familière sur la joue, et l'enfant continuait sa marche, fière de cette marque de cordialité que le marquis ne prodiguait à personne.

Cette Pasquette semblait une charmeuse, quoiqu'à quinze ans elle fût encore petite et mignonne. Une simple branchette de saule lui suffisait à maintenir la tranquillité des bœufs au pacage; avec elle il n'était pas besoin d'attacher au col des animaux la lourde *traîne* de bois, qui pend dans les jambes de devant et s'oppose à leur impétuosité. Accroupie au pied d'un saule, au milieu de la prairie, la Pasquette ne se servait de sa baguette que pour écarter les bœufs qui voulaient lui tenir compagnie de trop près.

Depuis deux ans déjà, M. de l'Aubépin avait remarqué l'enfant. Qui pouvait passer près de la Pasquette sans être attiré par ses yeux de velours, le duvet naissant qui estompait ses joues, et ce passage de l'enfant à la jeune fille? Sa voix, d'un timbre caressant, juste et mélodieux, était si claire et si légère quand elle chantait, que la moindre brise la portait au bout de la prairie.

Les pies qui voletaient par les chemins n'avaient pas un plus brillant plumage que les cheveux noirs à reflets bleus de l'enfant. Et pourtant dans le pays les gens prêtaient peu d'attention à cette promesse de beauté dont quelques parties avaient été esquissées avec un soin tout particulier par la nature. Peut-être l'arc de sourcils épais d'une pureté irréprochable, qui semblait un coup de pinceau tracé par un maître habile dans l'art de rendre les beautés de la femme, avait-il frappé le marquis de l'Aubépin qui, de jour en jour, voyait poindre la jeune fille quand les gens du pays ne voyaient que l'enfant.

En revenant par la route qui mène au château, le marquis se plaisait à faire causer la Pasquette; avec elle seulement il redevenait questionneur et confiant. Ses rides se détendaient. Il semblait que le vieux M. de l'Aubépin se chauffait à un doux foyer. Non pas que les propos de la Pasquette fussent piquants; mais une saveur si particulière de naïveté s'en échappait que la route paraissait toujours trop courte au marquis, et c'était à pas lents et à regret qu'il voyait les vitres du premier étage de son château refléter les derniers rayons du soleil couchant.

Le père Parenteau et la Pasquette se partageaient l'affection du vieillard et remplissaient sa vie. Sans le moine et l'enfant, le marquis eût mené une triste existence. Grâce au mariste, M. de l'Aubépin se rattachait à l'avenir; grâce à la Pasquette, au présent. Cœur brisé par une femme coquette, le marquis avait versé le trop-plein de ses affections dans le sein de l'Église. Il eût souhaité un enfant; ce bonheur lui fut refusé. La Pasquette tint lieu de cet enfant que le vieillard eût adoré.

M. de l'Aubépin avait rompu avec ceux des membres de sa famille qui continuaient à voir la marquise. Le grand château, qui eût pu contenir des hôtes nombreux, était vide; aussi, quelle tristesse quand chaque soir, en rentrant au logis, le vieillard voyait fermés les volets de l'aile principale du bâtiment. Telle était l'image de son cœur; tout était fermé en lui. Ses affections, le vieillard avait dû les cadenasser. Ses douleurs, il ne jugeait digne de les confier à personne. Qui s'y serait intéressé, qui eût essayé de les guérir?

Blessé par une femme, M. de l'Aubépin ne vit plus autour de lui que tromperies, trahisons, égoïsme : le seul homme qu'il consentît à recevoir fut le pauvre Cadillac, son voisin, que deux fois par semaine il admettait à sa table et qui l'aidait à passer les longues soirées d'hiver.

III

Un jour, le marquis avait eu avec le père Parenteau un long entretien sur la nécessité pour tout chrétien de mettre ordre à ses affaires, le sort de chaque mortel dépendant de lois mystérieuses qui, tout à coup, crient à l'homme : Arrête-toi !

M. de l'Aubépin, quoique le moine lui eût fait entrevoir la destinée radieuse qui l'attendait dans un monde meilleur, s'en revenait plus soucieux que de coutume. Ce n'était pas le premier avertissement qu'il recevait de son directeur, et, quoique la vie eût été plus amère que douce au vieillard, il se faisait difficilement à l'idée qu'il lui faudrait un jour quitter la terre. Heureusement la rencontre de la Pasquette vint mettre un terme à ces sombres idées. La jeune fille faisait oublier les pensées de mort que bien inutilement le moine avait évoquées.

— Heureuse enfant! pensa le marquis qui la suivit longtemps des yeux à travers la campagne, respirant pour ainsi dire son parfum.

Le marquis regardait encore le chemin par où la Pasquette avait passé, croyant toujours voir revenir l'enfant. A sa place se profila un long corps maigre, marchant rapidement avec des écarts de compas.

La cloche du château venait de sonner le dîner.

— Mes compliments, monsieur le marquis, cria l'homme. Je craignais d'arriver trop tard.

Cadillac, suivant son habitude, venait partager le mardi le souper de M. de l'Aubépin. Quoique le marquis fût sous le coup de la vision de la Pasquette, il n'en fit pas moins un cordial accueil à son hôte.

Cadillac était le type du Gascon de bonne humeur, parlant toujours pour ne pas laisser tomber la conversation, et assaisonnant tout récit de commentaires piquants. Il plaisait surtout aux gens du château, en raison des égards qu'il avait pour eux et de l'attention qu'il portait à leur service.

Quand entra la Trionne, la cuisinière du marquis :

— Voilà, s'écria Cadillac, l'excellente Trionne,

avec sa bonne figure qui ne change pas, ma parole... Bonsoir, Trionne. Que portes-tu là, brave Trionne?

La servante venait de poser au centre de la table un grand pot vernissé.

— Oh! Trionne, quelle odeur, s'écria Cadillac, quelle finesse!

Et le Gascon écarquillait les narines et les yeux.

— Je t'en prie, Trionne, n'ouvre pas encore le pot... Le fumet qui en sort fait penser à une merveilleuse ouverture d'opéra.

La Trionne ne savait guère ce que c'était qu'un opéra; elle comprenait toutefois que ces paroles contenaient un délicat compliment. Les mains posées sur son tablier, elle jouissait que sa cuisine fût appréciée par un tel convive.

— Et le pot n'est pas entamé! s'écria Cadillac en l'attirant à lui avec précaution. Vrai, c'est un meurtre que de déguster à deux cette conserve, continua le Gascon qui avait déjà introduit son couteau sous l'enveloppe.

La fourchette faisait sa trouée au dedans que Cadillac demandait au marquis : — Entamerons-nous aujourd'hui cette bonne chose?

M. de l'Aubépin semblait peu sensible à ces compliments; toutefois il est peu de maîtres de maison absolument indifférents aux éloges que recueille leur cuisinière, et la satisfaction était visible sur les traits de la Trionne.

— Entamerons-nous? reprit de nouveau Cadillac, dont la fourchette et le couteau travaillaient avec activité.

— Allez toujours, souffla la Trionne.

— Ah! mes enfants, quelle graisse! s'écria Cadillac en se renversant sur le dossier du fauteuil, comme s'il eût voulu échapper aux pénétrantes émanations du pot.

En même temps de la bouche du Gascon sortait une langue large et écarlate, qui faisait la reconnaissance des lèvres, comme pour s'assurer qu'elles étaient en état de savourer le merveilleux contenu du pot.

Cadillac prit une cuiller, fendit en deux l'épaisslit de graisse de la conserve, et pendant qu'il massait cette neige odorante en talus sur le bord de l'assiette :

— Dieu me pardonne, s'écria-t-il, c'est un confit de canard... Quelle chance! Moi qui l'adore!

Il y avait réellement plaisir à suivre les évolutions des narines du gourmand. Particulièrement mobiles, elles formaient la terminaison d'un long nez, et à chaque morceau englouti on eût juré qu'elles battaient de l'aile en signe de réjouissance.

— Marquis, je vous offre un membre, dit Cadillac qui avait disposé avec méthode sur une assiette les diverses parties de l'animal... C'est certainement le confit le plus réussi que j'aie mangé de l'année, ajouta-t-il en croquant à pleines dents un pilon qu'aucune force humaine n'eût pu lui arracher de la main.

Trionne baissait les yeux en entendant ce compliment, car le *confit* est un des fondements de la cuisine d'été dans la Gironde ; et la vieille servante n'était pas fâchée que le marquis, quoiqu'il s'inquiétât médiocrement de ce qu'on servait sur sa table, apprît par un connaisseur les soins que sa cuisinière avait apportés à la confection de ce plat national.

Une aile, un second pilon furent de nouveau extraits du pot par Cadillac, qui arrosait le canard d'un vin de Sauterne doré.

— C'est du laffaurie, dit Cadillac en faisant faire au vin une promenade dans son palais et en gardant les dernières gorgées dans l'intérieur des joues ; je reconnais le cru. Vraiment le laffaurie vaut le château-yquem, et si j'étais tant soit peu gourmand, j'en abuserais.

Si Cadillac avait été gourmand! Il ne se connaissait pas. La nourriture entrait dans sa bouche comme un porte-monnaie dérobé dans la poche d'un voleur.

Quand la Trionne desservait la table, elle constatait qu'un ouragan avait passé au-dessus du dîner sans en laisser trace.

Pour le marquis, il ne se préoccupait pas de semblables détails. Cadillac était dans une situation frisant la misère, et M. de l'Aubépin trouvait légitime qu'une fois par semaine un bon repas réjouît l'estomac de son hôte.

— Trionne, dit Cadillac, une petite observation... J'aperçois là-bas une assiette de macarons qui n'est pas à sa place. Ce sont des macarons de mademoiselle Boutin, si je ne m'abuse... Ils méritent plus d'honneur, brave Trionne... Au centre les macarons de Saint-Emilion, au centre, s'il vous plaît; mademoiselle Boutin, qui les a confectionnés, ne vous pardonnerait pas si elle voyait ses produits si fins relégués à l'extrémité de la table... Trionne, passez-moi l'assiette..

Tout en intercalant la pyramide de macarons au milieu des plats de dessert, Cadillac en croquait une demi-douzaine et remuait ses lèvres et son nez comme un lapin broutant de l'herbe fraîche.

— Ils sont à la fois secs et fondants, s'écria-t-il... J'ai toujours rêvé d'aller à Saint-Emilion présenter mes compliments à mademoiselle Boutin sur la parfaite confection de ses macarons.

M. de l'Aubépin s'était levé de table. Cadillac en profita pour fourrer dans sa poche une nouvelle cargaison des produits de mademoiselle Boutin.

— Cher marquis, dit Cadillac en faisant un tour de promenade avec son hôte, j'ai un projet grave à vous confier.

M. de l'Aubépin regarda son convive. Une chose grave était rare chez le Gascon.

— Cette nuit, je ne dormais pas; j'ai réfléchi.

Cadillac réfléchissant devenait invraisemblable.

— Je serais particulièrement heureux, cher marquis, si vous vouliez bien accepter la mission d'exécuteur testamentaire de mes dernières volontés.

Comment un homme qui se nourrissait si bien en était-il arrivé à songer à ses dernières volontés? Cela stupéfia M. de l'Aubépin, qui d'abord attribua une telle confidence aux quelques verres de sauterne dont Cadillac avait arrosé le confit de canard.

— La vie est courte, continua le Gascon. Qui sait ce qui nous attend au réveil?... Nous nous endormons pleins de santé, après un excellent repas comme celui auquel vous m'avez convié; le lendemain...

Cadillac fit le geste de s'envoler.

— Il est donc souhaitable que chaque homme, ayant mis ordre à ses affaires, trouve un ami dévoué qui lui laisse cette consolation qu'après une vie bien remplie les intérêts des personnes de sa famille ne soient lésés.

M. de l'Aubépin regarda son convive avec un redoublement d'étonnement. Le Gascon possédait pour tous biens une chétive habitation que depuis longtemps il avait troquée contre une rente viagère. En mourant, sa propriété s'éteignait. Quels étaient donc ces intérêts de famille qui pouvaient être lésés?

— On a, continua Cadillac, des personnes affectionnées auxquelles on voudrait léguer un souvenir, j'entends de ces êtres qui vous sont plus chers que les parents, car ils vous aiment et vous choient par réelle affection, non par intérêt... Ce me serait une consolation, à mon heure dernière, que ces amis ne fussent pas oubliés.

Le marquis, ne sachant où voulait en venir Cadillac, leva les yeux au ciel, alors éclairé par de nombreuses étoiles.

Sans se faire attendre, le père Parenteau apparut, et il sembla au marquis que le moine avait un aspect particulièrement sarcastique et qu'il haussait les épaules. Évidemment, il ne tenait pas pour sérieuses les paroles de Cadillac, et cette évocation dicta la réponse que le marquis fit à son hôte, à savoir que le moment n'était pas encore venu à son âge de penser à une fin prochaine et que, pour l'instant, toutes appréhensions en ce sens devaient être bannies.

Toutefois, quoique le projet de devenir l'exécuteur testamentaire d'un homme qui ne laissait aucun patrimoine pût paraître bizarre, le marquis ne put s'empêcher de reconnaître qu'il concordait avec les recommandations du père Parenteau, qui, lui aussi, lui avait conseillé de mettre ordre à ses affaires. C'était une autre cloche; le son n'en était pas moins le même. Toujours il fallait songer à la mort; et M. de l'Aubépin ne possédait pas encore, malgré le peu de jouissances qu'il avait trouvées dans la vie, la philosophie suprême à l'aide de laquelle l'homme vit tranquille en compagnie de semblables pensées.

Ce fut sans doute pour y échapper que M. de l'Aubépin descendit en compagnie de Cadillac la montagne au bas de laquelle commence le village de Chantonnay, quoiqu'il eût déclaré ne pas vouloir se rendre au Cercle ce soir-là.

Les petites bourgades du Midi, qui ont des tendances à la magnificence, sont prodigues du mot *Cercle*, qui n'a rien de commun avec les clubs des grandes villes.

Au milieu de Chantonnay était l'épicerie de la tante Cadichon. A cette boutique, dans laquelle on vendait de la mercerie, de la *terraille* et divers objets de ménage, faisait suite une salle dont le principal ornement était une cheminée, près de laquelle la famille Cadichon prenait ses repas.

L'endroit était réservé au Cercle, reconnaissable particulièrement au journal déployé sur une longue table ; moyennant dix sous par mois, les souscripteurs du Cercle pouvaient venir se chauffer à la grande cheminée, boire, fumer et prendre connaissance des nouvelles du jour.

Le maire, le médecin, le notaire faisaient partie du Cercle, sans y apporter l'empressement de Cadillac, qui y passait la plus grande partie des journées d'hiver, n'y consommait que de la chaleur et de la lumière, et lisait le journal avec une attention de trois heures au moins. Mais la tante Cadichon devait à Cadillac la présentation du marquis, et elle sut toujours gré à celui qui avait relevé le Livre d'or du Cercle par le nom d'un tel souscripteur.

Le soir, les animaux rentrés, la Pasquette faisait le service de la tante Cadichon, sa mère adoptive.

Devenue orpheline en compagnie de sept frères et sœurs, la Pasquette avait fourni l'occasion à la brave femme de déployer des trésors de tendresse pour ses neveux et nièces qu'elle prit tous à sa charge et éleva comme ses propres enfants.

A la suite de l'enterrement du père de la Pasquette, qui mourut par accident, la Cadichon remarqua une certaine hésitation parmi les parents des environs à se charger des orphelins, à qui il ne restait rien que la pitié publique.

— Je les garde tous, s'écria la brave femme. Ils me donneront du mal au commencement; ils me payeront cela plus tard.

Ce beau trait, plus commun chez les misérables que chez les riches, ne contribua pas peu à populariser le nom de *tante Cadichon*, qui d'ailleurs s'appliquait à une femme gaie et avenante. Elle fut d'ailleurs vite récompensée de son dévouement. La Pasquette, l'ainée des orphelins, put le soir aider sa tante fatiguée des détails de son commerce. La jeune fille veilla à ses frères et sœurs en bas âge; et quand elle regardait ce petit troupeau, la brave tante Cadichon se félicitait comme le possesseur d'une bibliothèque dans laquelle aucun ouvrage n'est dépareillé.

Il fallait servir les membres du Cercle, veiller au feu de la cheminée, préparer le souper, répondre aux clients attardés qui n'avaient pu faire leurs provisions dans la journée. Sur pied dès cinq heures du matin, la tante Cadichon, le soir, se reposait volontiers dans un fauteuil où elle écoutait, les yeux à demi fermés, les discussions politiques des membres du Cercle.

A cette heure la Pasquette, aussi active qu'elle avait été contemplative le jour dans les champs, n'était rebutée par aucun travail et elle veillait à la fois aux exigences des enfants et aux besoins des habitués du Cercle.

Assis au coin de la cheminée, M. de l'Aubépin admirait la courageuse enfant qui allait, venait et se montrait avenante pour tous. Dans cet endroit sombre, éclairé seulement par deux torches de résine dont la fumée s'échappait par le manteau de la cheminée, la beauté de la Pasquette rayonnait. Chacun des mouvements de l'enfant était une grâce; de chacun de ses gestes résultait une harmonie. Pour elle, élever les bras, porter un ustensile quelconque devenait un charme que le marquis ne se lassait pas de savourer.

Peut-être était-ce le principal motif qui l'avait poussé dans ce Cercle roturier dont eussent rougi ses parents : les l'Anglade, les Villetorte, les la Roquille, les Castelgirel. Il est vrai que les autres cafés du village étaient plus particulièrement réservés aux petites gens, que le Cercle était relevé quelquefois par la présence du notaire, du percepteur, du médecin, et que c'était le seul endroit où on reçût le journal.

Une contenance pour le marquis que ce journal! Les principaux habitués le lisaient à son arrivée, dès le matin. Cadillac le dévorait l'après-midi. Le soir, la Pasquette le mettait dans les mains du marquis qui profitait de cette lecture, quoiqu'elle ne l'intéressât en rien, pour admirer l'enfant à son aise.

Mais les nouvelles les plus intéressantes n'étaient pas dans le journal; elles venaient d'un petit bonhomme fort occupé dans un coin de la salle, à dégrossir des sabots sous la direction du maître d'école, le sabotier renommé du pays.

Popy, fils d'Aubazine, veuve d'un pauvre vigneron au service du marquis de l'Aubépin, était sans cesse par monts et par vaux, rapportant les nouvelles des environs. Quoique à peine âgé de quinze ans, l'enfant savait tous les états, et il ne se passait guère de jour où il n'embrassât quelque profession nouvelle, y apportant de l'ardeur, de l'adresse et de l'activité.

En réalité Popy était la gloire du maître d'école, qui ne lui avait pas appris à lire, mais qui lui avait enseigné à fond l'art de creuser des sabots. Malheureusement tout le monde était sabotier dans le village, et le commerce d'exportation n'y ayant pas été introduit, chacun se taillait les chaussures nécessaires à son usage.

Aussi Popy, dans la journée, conduisait des attelages de bœufs, allait au marché de Castelfranc, faisait les commissions des gens du village, essayait les chevaux aux foires voisines et, à douze ans, abattait autant de travail que deux hommes.

L'enfant avait la langue bien pendue, une bonne humeur constante; il était alerte, empressé. On ne l'envoyait pas à deux lieues du village qu'il ne revînt avec la rapidité d'une flèche ; l'œil attentif à toutes choses, il se trompait rarement sur la nature des choses à acheter.

Celui qui commandait à Popy de rapporter une volaille de la ville voisine était certain de posséder un fin morceau. Quand la saison était venue de tuer les cochons pour les conserves d'été, avec Popy on entendait à peine crier l'animal, dont la « toilette » devenait agréable à regarder comme celle d'une mariée.

Le soir, au cercle, tout en creusant les sabots, Popy contait en outre des histoires aux enfants pour les faire tenir en paix ; d'un copeau il avait l'art de faire un jouet merveilleux. Pendant que les habitués du Cercle causaient, jouaient aux cartes ou tisonnaient au coin du feu, Popy, entouré de toute la marmaille, savait la réduire au silence ; alors la Pasquette procédait à l'emmaillottement de ses sœurs les plus jeunes, qu'elle promenait dans la pièce voisine, si elles troublaient le Cercle par leurs cris.

Tout ce petit monde, qui semblait une lourde charge, n'avait pourtant pas nui aux intérêts de la tante Cadichon. On aimait la brave femme dans le village à cause de son courage. Deux des enfants suivaient gratuitement les cours de l'école, en retour de quoi l'instituteur avait droit au feu et à la lumière du Cercle sans payer de contribution mensuelle.

Dans cet intérieur on se sentait entouré des tendresses de la vie de famille; c'était ce qui attirait le marquis de l'Aubépin, qui y admirait le courage et l'affection.

A neuf heures, régulièrement, Popy mettait les volets avant de reprendre le chemin de la maison de sa mère. Cadillac faisait la conduite au marquis, et M. de l'Aubépin se couchait, oubliant ses chagrins qu'avaient chassés la fréquentation de braves gens, la vue d'une heureuse famille.

IV

Un soir d'été, la Pasquette revenait des champs, suivie de son troupeau. La chaleur avait été accablante pendant la journée. Les animaux cheminaient lentement. C'était l'heure où la fraîcheur fait sortir des plantes de douces émanations. Nuit, silence, pénétrantes odeurs semblaient s'entendre pour arrêter au dehors les animaux et les gens qui rentraient au village à regret.

Au milieu de ce calme éclata tout à coup la chanson du rossignol, le seul être vivant qui n'eût pas perdu son agilité de gosier par cette chaude journée.

En ce moment la Pasquette suivait un chemin creux. Des buissons bordaient la route et, à intervalles irréguliers, des arbres en rompaient la monotonie.

Le chant du rossignol était si clair, si précis et si rapproché que la Pasquette crut d'abord que l'oiseau était à quelques pas d'elle, blotti dans la haie. Après un moment de silence le rossignol entama une nouvelle ritournelle; mais du buisson l'oiseau avait évidemment voltigé sur l'arbre voisin.

Certains oiseaux aiment à s'attacher aux pas des êtres vivants et semblent trouver plaisir à les divertir. Le chant du rossignol était tour à tour rapproché ou éloigné; brusquement l'oiseau descendait des branches élevées d'un arbre pour se cacher dans le buisson. On eût dit qu'il voulait faire entendre tantôt sa voix dans toute sa plénitude, tantôt l'écho de sa voix.

Ce capricieux manége intéressait l'enfant, qui se sentait suivie par le rossignol.

A un détour du chemin, l'oiseau entama une nouvelle chanson, et il sembla à la Pasquette qu'au milieu de ce trille de notes le rossignol avait prononcé son nom. L'enfant s'arrêta et prêta l'oreille. Une illusion. Dans le joyeux ramage de l'oiseau invisible, il n'y avait rien de particulier. Sa chanson ressemblait à celle de tous les rossignols.

La Pasquette continua sa route. A peine avait-elle passé l'endroit où se tenait l'oiseau, qu'elle entendit de nouveau un singulier *rrrou kiou kiou kiou, Pasquette pistouri.*

Fallait-il croire à ces oiseaux à qui la nature a refusé un chant original et qui cherchent à imiter les mélodies des chanteurs des bois mieux organisés? Tout à l'heure, dans le pré, quelques enfants chargés de la garde des troupeaux s'étaient séparés de la jeune fille en lui criant : « Adieu, Pasquette! » Souvent son nom retentissait dans la prairie. Peut-être l'oiseau moqueur, qui l'avait entendu, s'associait-il avec malice aux roucoulements du rossignol!

Le rossignol s'était tu. A ce moment, les bœufs poussaient le beuglement particulier des animaux qui aspirent à entrer à l'étable. Peu soucieux de stationner pour écouter le chant du rossignol, ils semblaient impatients d'arriver au village.

Il ne restait plus que quelques arbres à franchir avant d'arriver au château de l'Aubépin, qui se dresse sur un versant au bout du sentier, lorsque de nouveau retentit la voix du rossignol. Cette fois il n'y avait pas à s'y tromper. Le nom de Pasquette était ainsi encadré dans le chant : *rrrou kiou kiou kiou Pasquette, kiou kiou kiou Pasquette;* du *pistouri*, dernière ondulation de la mélodie, s'échappaient des gerbes d'agréments harmonieux et de notes joyeuses.

L'enfant, si elle avait lu les contes de fées, se fût imaginé quelque prince Charmant changé en rossignol.

En effet un prince charmant réel sauta tout à coup des branches d'un arbre au milieu de la route, en face même de la Pasquette.

— Ah! mauvais Popy, petit singe! s'écria-t-elle en reconnaissant son compagnon.

Les yeux éveillés et la figure illuminée par l'exercice auquel il venait de se livrer sur les arbres le long de la route, Popy se plut à jouir de l'étonnement de la jeune fille. Puis brusquement, sans dire un mot, il fit une pirouette, retomba sur les mains, les pieds en l'air, fit la roue en manière de salut et disparut; mais pendant que la Pasquette descendait la montagne qui conduit au village, elle entendit encore au loin la piquante chanson du rossignol imaginée par Popy.

Les enfants de la campagne sont sensibles à ces malices. La Pasquette trouvait l'invention amusante. Que n'eût-elle pas donné pour y répondre et rendre à Popy la monnaie de sa pièce? Mais le « drôle » avait un tel répertoire de tours, une telle invention qu'il était impossible de lutter avec lui.

Pas de bon récit où le nom de Popy n'intervînt. C'est pourquoi le soir la Pasquette conta au Cercle le tour que lui avait joué le garçon et comment elle avait été dupe du chant de l'oiseau. La jeune fille ne parla pas toutefois de l'entrelacement de son nom aux gargouillades du rossignol.

La Pasquette avait atteint l'âge de quinze ans. Quinze ans dans les pays de soleil équivalent à dix-huit du Nord. Popy était l'ami d'enfance de la Pasquette; ils s'étaient à peine quittés depuis leurs premières années. Et cependant, il y avait dans ce tour imaginé par le garçon quelque chose d'intime qui troublait la jeune fille. Pour mêler son nom à celui du rossignol, Popy avait pensé à elle. Il avait pensé à elle avant de se blottir dans ce chemin creux au-dessus duquel les arbres forment voûte et ombres épaisses.

Singulière chose que d'être émue par la pensée d'un garçon qu'on voit constamment!

L'enfant se sentait devenir peureuse et timide à la fois; le sentiment mystérieux qui se joignait à cette émotion l'empêcha de confier aux habitués du Cercle la moitié du secret qui la concernait particulièrement.

— Je reconnais bien là le drôle, dit le maître d'école en train de brider une paire de sabots.

Chacun admira le malicieux écureuil qui sautait d'arbre en arbre pour jouer un tour à la Pasquette.

Seul, M. de l'Aubépin ne disait mot. Si la Pasquette n'eût été appelée par le carillon de la porte de l'épicerie qui annonçait l'arrivée d'un chaland, elle eût été frappée de la tension des traits du marquis.

Ce soir-là il refusa sèchement l'offre que lui faisait Cadillac de le reconduire. Le marquis voulait être seul, craignant de prendre quelqu'un pour confident du singulier état de son esprit.

M. de l'Aubépin avait eu jadis le cœur déchiré par l'abandon de sa femme ; cette blessure, qui ne s'était jamais cicatrisée, venait de se rouvrir pendant le récit de la Pasquette. Le vieillard constatait qu'il était jaloux d'un enfant !

Ce fut pour la première fois que le marquis vit clair au fond de son cœur. Il en fut effrayé. A l'âge de soixante-deux ans, aimer une enfant de quinze ans ! M. de l'Aubépin rejeta vivement cette idée et chercha une nuance d'affection plus effacée qui colorât la fâcheuse impression causée par le récit de la Pasquette. Le marquis se fût regardé comme criminel d'entretenir de pareilles pensées, de nourrir de si étranges illusions. Jamais l'hiver n'a fait commerce avec le printemps, et le vieillard, quoique vert et bien portant, ne pouvait se dissimuler sa parenté avec l'hiver : ses cheveux ressemblaient à de la neige. Malgré la nouvelle affection qui réchauffait parfois doucement son cœur, la flamme s'éteignait facilement, et le cœur, rapetissé comme par le froid, se blottissait dans cette vieille poitrine.

En songeant ainsi, le marquis regardait la lune : la lune, avec sa face froide et moqueuse, ne semblait donner aucune espérance au pauvre homme. Cet astre inclément et rigide, qui n'avait pas un sourire de consolation pour le vieillard, rappela à son esprit le souvenir du père Parenteau. Quoiqu'il parût délicat de l'initier à une telle confidence, M. de l'Aubépin évoqua la figure du mariste. A l'instant le père Parenteau apparut dans les nuages.

Le marquis baissait les yeux comme un enfant surpris en faute, et hésitait à faire sa confidence au moine; mais la figure du mariste portait les traces de sa bienveillance accoutumée pour l'âme dont il avait accepté la charge. Certainement il connaissait le secret du marquis; toutefois, le courant de réponses qui s'échappait habituellement d'en haut ne correspondait pas directement aux confidences du vieillard.

— Mon fils, venez me parler, semblait dire le moine, qui ne paraissait pas vouloir donner de si loin une consultation d'une telle délicatesse.

C'était la première fois que le moine refusait un conseil immédiat, ce qui n'empêcha pas le marquis de reposer paisiblement, heureux d'avoir préparé son directeur à écouter cette grave confidence.

Le lendemain matin la voiture de M. de l'Aubépin était attelée, prête à le conduire à Pont-du-Casse, lorsque Popy apparut souriant, demandant si le marquis avait des courses à lui donner. Deux fois par semaine l'enfant venait chercher les ordres du vieillard.

— Vraiment, s'écria le marquis d'un ton aigre, n'as-tu pas honte à ton âge de continuer ce métier de fainéant et de coureur de routes? Non, je n'ai pas de courses à te donner et je ne veux plus à l'avenir t'encourager dans la paresse... Ainsi, tiens-toi-le pour dit; je ne souffrirai plus autour de ma propriété un garçon qui ne sait rien faire. Ne t'avise pas dorénavant de te représenter devant moi.

Là-dessus la voiture partit, laissant le pauvre Popy sous le coup de cette dure admonestation dont il ne pouvait deviner l'origine.

Humilié et confus, l'enfant se sentait le cœur gros; il eût volontiers pleuré.

Deux fois par semaine, le marquis envoyait Popy en course et récompensait l'activité du garçon par quelque menue monnaie qui était fort utile au ménage de la pauvre veuve. Et Popy allait rentrer à la maison sans son salaire accoutumé!

Mais ce qui froissait le plus vivement l'enfant était de s'entendre traiter de mendiant, lui qui ne négligeait aucune occasion de rendre service aux gens du château.

Huit jours auparavant, lui, le paresseux, avait attaqué seul trois immenses champs d'avoine étouffés par les envahissements du séné. De ces herbes jaunes et morbides, Popy avait fait une récolte verte et vivace. En une nuit, à la suite de ce dur échenillage, les avoines avaient poussé comme par enchantement. L'enfant n'avait pas rempli moins de soixante brouettes de ce maudit séné : la plante fatale à l'agriculture avait servi de régal aux bestiaux. Pourtant une petite chanson avait seule aidé Popy pendant ce travail :

> Avoine, avoine, avoine,
> Que le beau temps t'amène !

Et telle était la récompense de Popy pour avoir fertilisé un champ !

A cette heure, le pauvre garçon n'avait plus de cœur à chanter. Mélancoliquement, il s'enfonça dans un bois d'acacias qui l'attendait encore, lui, le fainéant, pour y couper des échalas nécessaires aux vignes. Que fallait-il faire pour déployer plus d'activité, lui toujours alerte, prêt, au moindre signal, à exécuter les ordres que M. de l'Aubépin ou ses gens lui donnaient ?

Popy avait toutefois conscience de ses efforts. C'est pourquoi, reprenant courage, il se dirigea du côté de la cabane de sa mère pour y prendre ses outils ; mais comme il allait traverser le sentier qui conduit à la chaumière, il aperçut à la porte une voiture et des chevaux qu'il reconnut. C'étaient ceux du marquis; il n'y avait pas à s'y tromper.

Que pouvait faire M. de l'Aubépin dans cette cabane où il entrait si rarement? Popy aurait bien voulu le savoir; certainement une telle visite le concernait. Quelque fâcheux incident devait-il encore augmenter le chagrin que venait de ressentir l'enfant?

Popy se demanda s'il ne ferait pas un détour dans le bois pour s'approcher de la chaumière, grimper sur le toit sans être vu et écouter cette conversation. Mais déjà les chevaux frappaient la terre d'un pied impatient; le cocher remontait sur son siége. L'enfant jugea que l'entretien ne durerait pas assez longtemps pour qu'il pût mener son projet à bonne fin. Il s'enfonça dans le bois, essayant de chasser le souvenir des duretés du marquis, et il préféra prêter l'oreille aux oiseaux, dont le chant lui causait toujours de nouvelles jouissances.

Popy fit ainsi un long détour et arriva chez le jardinier du château de l'Aubépin.

— Père Boutaricq, dit-il, pourquoi n'a-t-on pas ébranché vos acacias cette année?

— Il faut avoir le temps, mon garçon.

— Voulez-vous me prêter vos outils? Je m'amuserai à vous tailler quelques bottes d'échalas.

— Certainement, mon brave, dit le jardinier qui ignorait la conversation que l'enfant avait eue avec le marquis.

Popy partit avec joie dans la direction du bois d'acacias. Ce bois longe le pré où se tenait d'habitude la Pasquette; l'enfant était heureux de travailler toute la journée dans son voisinage. Il ne la verrait pas; mais elle serait non loin de lui. Peut-être l'entendrait-il appeler les bœufs s'écartant du pâturage!

Popy se mit si courageusement à la besogne qu'il ne sentait pas les épines d'acacia déchirer sa peau. C'était plaisir que de voir l'enfant au travail, chanter une joyeuse chanson, pour oublier la fatigue de son labeur. Son teint en devenait brillant, et le tonnerre n'eût pas fait abandonner la place à Popy quand il tenait en main la cognée.

A l'heure où le soleil vint à darder ses rayons au-dessus du petit bois, y faisant pénétrer une chaleur intense, Popy s'arrêta pour considérer son ouvrage; et il fut fier de la quantité de branchages étendus sur la terre. Puis il passa autour de son cou un bissac de toile et se dirigea du côté de la prairie.

Au milieu un gros orme permettait aux animaux de trouver quelque fraîcheur à l'ombre d'un épais feuillage. C'était pour l'enfant une joie, après le travail de la matinée, de se reposer une heure sous l'orme, assis à côté de la Pasquette, et de mordre dans un gros morceau de pain qui était son repas du midi.

Comme d'habitude, le chien de la Pasquette vint au-devant de Popy en sautant sur l'enfant avec un élan de joie à le renverser. Le vieux cheval de la tante Cadichon, étendu sur l'herbe, leva la tête et jeta un regard d'attendrissement à l'enfant. Popy frappa doucement le poitrail du vieux serviteur sur le dos duquel il allait au village voisin chercher le médecin, quand quelque paysan était gravement malade.

Le temps était beau, le ciel clair et transparent. Pourquoi Popy se sentait-il pris de mélancolie comme le vieux cheval? Un petit veau, qui suivait sa mère au pâturage, sautait avec allégresse et enjambait gaiement les courants d'eaux vives qui traversent la prairie. Popy lui trouva le museau triste. Le souvenir de l'injustice du marquis était attaché à son esprit et teintait soucieusement toutes choses.

— Voilà le petit singe, dit la Pasquette, occupée à filer dans l'orme.

Pauvre petit singe! Il n'était guère à ses malices en ce moment. Cependant l'enfant dit bonjour à la Pasquette.

—Bonjour, rossignol.

Le rossignol n'avait guère envie de chanter : il

eût plutôt pleuré. Pourquoi ? Il n'en savait rien. La vue de la Pasquette lui enleva toutefois cette vague mélancolie.

La figure de la jeune fille semblait tellement plaire au soleil qu'il ne se lassait pas de la caresser de ses rayons; de ces caresses était résulté un teint d'orange mat et chaud, rehaussé par d'épais cheveux noirs. A la naissance pointaient deux petites mèches épaisses qui faisaient mieux valoir la délicatesse des oreilles que de riches bijoux; un duvet naissant estompait déjà la lèvre supérieure, fraîche comme une grenade, et qui, entr'ouverte, laissait voir de petites dents délicatement rangées. Tout était transparent et clair dans le teint de la Pasquette, tout était doux et bon. Il semblait à Popy qu'il devenait meilleur en regardant ces yeux caressants.

Le plus singulier était que le hardi petit singe osait à peine parler quand il se trouvait à côté de la Pasquette. Toutes ses malices, ses tours, ses inventions ne fournissaient leur carrière qu'alors que Popy était loin de la jeune fille; près d'elle, la timidité s'emparait de lui. Il demandait seulement que la Pasquette voulût bien supporter sa présence, qu'elle lui parlât; lui ne demandait qu'à la regarder.

Aussi Popy apportait-il toujours quelque besogne pour cacher son émotion sous une occupation quelconque. Ce jour-là, Popy se présentait avec une branche de sureau. Quand il se fut assis près de la Pasquette, il ouvrit son couteau et ébrancha le sureau. Le bois dépouillé des parties inutiles à l'opération, Popy avec précaution frappa du manche de son couteau le long de l'écorce, y apportant une tension d'esprit aussi vive que pour une recherche alchimique. Il s'agissait de détacher l'écorce du bois sans la déchirer. Cette besogne dura une demi-heure; mais l'écorce glissa sans la plus légère fissure et le sifflet était réussi merveilleusement. Popy en fit cadeau à la Pasquette pour l'aîné de ses frères.

Après quoi le garçon tira de son bissac du pain et un morceau de fromage qu'il étala sur de larges feuilles de nénuphar du ruisseau voisin. La Pasquette n'avait que du pain; aussi combien Popy était-il heureux de partager ses provisions avec son amie. C'était peu; mais ce peu était offert de si bon cœur!

Popy, ayant posé six feuilles sur le gazon, s'imaginait avoir dressé une table de six couverts. Par moments, le vent soufflant dans la prairie menaçait d'enlever les diverses assiettes de service. Popy courut à la lisière de la vigne voisine et en rapporta de petits cailloux veinés de couleurs qui rivalisaient avec l'agate. A l'aide de ces pierres il dressait de petits talus sur le bord des feuilles, et la Pasquette ne pouvait assez admirer le génie du garçon qui, de la chose la plus simple faisait une merveille.

Gravement, Popy découpa le pain en six portions, de telle sorte que chaque partie parût représenter un plat nouveau. Sur la première feuille de nénuphar le pain se présentait découpé en tartine, sur la seconde en dés carrés; enfin, la dernière portait le gros morceau en réserve. Les deux enfants, à la table du marquis de l'Aubépin, n'eussent pas été plus heureux; un surtout d'argenterie n'eût pas plus ravi leurs yeux que ce talus de petits cailloux de diverses couleurs qui protégeaient la table.

Avec un appétit de quinze ans, les enfants mordaient dans le pain noir sur lequel Popy avait étendu avec discrétion une couche de fromage blanc. Et ils trouvaient encore le moyen de faire participer à leur repas une foule de parasites gourmands, mais gais et amusants.

Dans la prairie voletaient de petits oiseaux, attirés par la fraîcheur du cours d'eau. Ils s'y baignaient en passant et reprenaient leur course en se secouant les ailes. Il n'est pas de regard plus fin que celui des oiseaux. On ne les voit ni ne les entend : cachés dans quelque buisson ils épient avec une curiosité extrême ce que font les hommes.

Pasquette, qui vivait dans les champs, connaissait aussi bien qu'un naturaliste les habitudes des oiseaux.

Elle mangeait rarement une bouchée sans en donner la dîme à ses petits compagnons qui, tant de fois, l'avaient divertie par leurs jeux pendant sa solitude. De chaque morceau de pain elle détachait quelques miettes et les jetait en l'air par un geste harmonieux qui faisait l'effet d'une baguette de fée, car aussitôt, sortant de leurs retraites, les oiseaux accouraient ouvrant le bec. Pas une bribe de pain qui ne fût happée au vol par les oiseaux, ce qui causait le dépit de Popy qui jamais n'avait pu arriver à un tel résultat. Il cherchait à imiter les mouvements de la Pasquette; mais ses gestes trop vifs pour les oiseaux faisaient que les miettes retombaient sur le gazon, n'étant pas perdues pour les maraudeurs moins hardis des buissons voisins.

Le premier service de ces repas improvisés se passait rarement sans surprise; le plus souvent Popy tirait du fond de son bissac quelque gourmandise. A défaut d'argent, les pauvres gens dont il faisait les commissions le payaient en fruits de la saison.

Ce jour-là Popy tira de sa panetière des cerises et des amandes, qu'il étala sur une nouvelle feuille pour compléter cette amusante *dîncUe*.

Afin de rendre son amie plus belle, Popy choisit

des cerises attachées à la même queue et les posa sur les oreilles de la Pasquette, comme un peintre qui donne la dernière touche à un portrait. La jeune fille avait ainsi des boucles d'oreilles à faire envie à la femme la plus coquette. Combien eussent jalousé cette peau ambrée par le soleil sur laquelle les cerises posaient une harmonieuse tache! La Pasquette, comme si elle eût conscience de sa beauté relevée par cet ornement improvisé, garda ses boucles d'oreilles jusqu'à la fin du repas, et il fallut que la dernière miette de pain fût mangée avant que les deux amis songeassent à se partager ces doubles cerises qui jetaient une note si gaie sur la physionomie de l'enfant.

Ainsi se passaient dans les champs les heures de récréation. Popy y manquait rarement. Il fallait qu'il fût envoyé bien loin en course pour ne pas accourir à midi dans la prairie où se trouvait la Pasquette. Si un jour s'écoulait sans qu'il pût venir, le lendemain Popy arrivait avec quelques gâteaux dont on lui avait fait cadeau la veille et qu'il rapportait soigneusement à son amie.

Après quoi il repartait à l'ouvrage, le cœur content et les jambes assez alertes pour faire dix lieues au besoin.

V

A quelque temps de là, Popy ramassait dans le bois des pommes de pin pour la provision d'hiver. Quoique fort occupé à sa besogne, l'enfant entendit dans le sentier qui traverse le bois de singuliers éclats de voix altiers et perçants. Il prêta l'oreille et reconnut le verbe particulier de la femme de Gigandas, un des gardiens de la propriété du marquis.

Ce Gigandas, appelé communément le grand Gigandas, en raison de sa longueur démesurée, était monté sur des jambes hors de proportion avec son buste exigu; une tête grosse comme le poing le faisait ressembler à une autruche. Suffisamment bizarre, Gigandas avait trouvé moyen d'augmenter sa bizarrerie naturelle par l'adjonction d'une toute petite femme grasse et replète qui lui allait au milieu du corps et qui ne le quittait jamais, comme si elle eût voulu servir d'échelle de proportion pour bien faire comprendre la taille allongée de son époux.

Le grand Gigandas avait la douceur d'un agneau, sa femme la méchanceté d'un petit âne. Le grand Gigandas secouait la tête plus qu'il ne parlait; sa moitié possédait en partage le caquet d'une pie.

Pour répondre à ceux qui lui parlaient, Gigandas était obligé de pencher sa tête d'échassier; la femme la portait haute et semblait constamment dressée sur ses ergots. Le grand Gigandas, blême et nonchalant, faisait ressortir la coloration de pivoine apoplectique de celle qui ne le quittait pas.

Telle était la femme à l'état calme. Ce jour-là, elle remplissait le bois de ses glapissements. Popy s'inquiéta d'une telle colère qui faisait baisser de plus en plus la tête du grand Gigandas, comme s'il eût voulu implorer son pardon. Quel crime avait pu commettre le mari? C'est ce qu'il était impossible de démêler à travers l'accablant acte d'accusation sous lequel succombait l'accusé.

— Mais réponds donc, grand Gigandas, s'écriait la femme, réponds donc!

C'était une des formes oratoires particulières à cette grosse personne emportée, car l'acte d'accusation se développait autant qu'un filet pour prendre des palombes, et il eût été impossible à l'être le plus bavard de placer une parole pendant ce réquisitoire.

— Répondras-tu, grand Gigandas? s'écria la femme qui, à ce moment-là, se tut et voulut bien laisser toute liberté à la défense.

Gigandas baissa son long col pour arriver aux oreilles de son accusateur, et roulant des yeux de casoar effarouché, il se prépara à se disculper, quoiqu'il se trouvât pris dans les mailles d'une accusation qui l'enveloppait de toutes parts.

— Tu vois bien que tu ne sais que répondre, grand Gigandas... Dieu merci, tu as pourtant une langue !

Il n'est telles que les bavardes pour insister sur la longueur de la langue des gens taciturnes.

— Tu vas me faire l'amitié de parler, grand Gigandas !

L'amitié ! Dumarsais, qui collectionna les nombreux spécimens des ressources de la parole, eût admiré l'échantillon bizarre que venait de créer la femme dans sa colère. Il n'existait pas de menace plus terrible que cette amitié.

Le cou du grand Gigandas lâchement s'allongea pour solliciter son pardon, et son petit œil bénin prit une teinte de supplications.

— Tiens ! voilà pour te faire parler, grand Gigandas !

Un terrible soufflet retentit dans le bois, qui appela tous les oiseaux au bord de leur nid ; un second soufflet plus vibrant encore les mit en fuite, à l'imitation du grand Gigandas qui prit ses jambes à son col.

— Ah ! lâche, tu te sauves ! s'écria l'enragée pivoine qui ne pouvait suivre les prodigieuses enjambées du vigneron. Patience, je te rejoindrai !

Popy n'avait jamais assisté à pareille scène.

C'était en effet un spectacle curieux de voir le grand Gigandas arpenter l'avenue du bois, et sa femme s'essuyer la figure trempée de sueur à laquelle s'attachaient des nuées de poussière, que la victime soulevait comme pour s'envelopper d'un nuage.

La brume commençait à descendre sur le bois : la discorde conjugale avait disparu. Il était temps pour Popy de revenir à la chaumière où l'attendait le repas du soir ; il fallait rapporter un gros sac de pommes de pin qui n'était pas léger.

L'enfant lia son sac, le déposa dans un fossé. Puis il coupa des branchettes d'arbre avec sa faucille et les sema sur le sable de la route, de façon à former une sorte de piste. Tout le long du chemin Popy ébranchait les buissons et en jetait les brindilles derrière lui, comme s'il eût voulu retrouver l'endroit où avaient été reçus les deux terribles soufflets.

Il arriva ainsi à la lisière du bois et se trouva en pleins champs.

Avant de quitter le bois, Popy cueillit une nouvelle provision de branches et, tout le long du chemin, les émietta par petits bouquets, éclairé par la lune qui semblait s'intéresser à cette besogne.

A peine au milieu de la route, l'enfant avait dépensé toutes ses provisions ; heureusement un buisson se trouvait là, comme à souhait. Sans craindre de se déchirer, Popy coupa la moitié du buisson et le sema comme il avait fait des branches de pin. Il fit ainsi plus d'une lieue, prodiguant la verdure sur les routes, jusqu'à ce qu'il rencontrât une maison isolée ; Popy couvrit de feuillage le seuil de cette habitation. Après quoi il s'en revint au fossé où il avait laissé son sac de pommes de pin.

Il l'avait à peine chargé sur ses épaules qu'il rencontra le boucher de Chantonnay, revenant du marché de Castelfranc.

— Bonsoir, Malabiau, cria-t-il.

— C'est toi, Popy, quoi de nouveau?

— Bien des choses ! il y a une jonchée.

— Une jonchée! fit le boucher avec étonnement. Dans quelle direction?

— Du côté du château de l'Aubépin.

— Bon. Ce sera amusant demain.

Ils étaient arrivés à un carrefour du bois où l'enfant suivait une route opposée à celle de Malabiau. Popy, en quittant le boucher, se frotta les mains avec des marques visibles de satisfaction. Son sac lui pesait moins sur les épaules. Quand il se reposait, il lui semblait que la lune le regardait avec un sourire encourageant.

Au bout d'une longue allée qui communique au même carrefour du bois, Popy entendit le roulement d'une voiture qui avançait dans sa direction. C'était un potier de Nieul-l'Espoir qui revenait de la foire de la Tremblade.

— Bonsoir, Cavagoudes, cria Popy au marchand de poteries.

— Comment, Popy, encore dans le bois à pareille heure?

— J'ai vu une jonchée.

— Pas possible... De quel côté?

— Elle mène aux alentours du château de l'Aubépin.

— Ah! nous allons rire demain... Bonsoir, mon garçon.

La voiture continua à rouler et Popy reprit son chemin. En traversant le petit hameau de Coubeyrac, il fit tant de bruit en marchant que les chiens saluèrent son approche. Pour ne pas succomber sous le poids de son sac, Popy s'appuyait sur un bâton qu'il avait coupé dans le bois. Ce bâton, il l'introduisit dans la fente d'une porte où aboyait un chien irritable; l'animal se laissa emporter à de tels hurlements qu'une lumière brilla à l'intérieur. Bientôt la porte de la cabane s'ouvrit, donnant passage à Palladre le vigneron, en costume de nuit.

— C'est toi, Popy, dit-il; je croyais, ma parole, avoir affaire à une bande de voleurs. Comme tu rentres tard!

— C'est que j'ai suivi une jonchée.

— Une jonchée! Dis-tu vrai?

— Regardez demain, Palladre, du côté du château de l'Aubépin.

— Il y a longtemps qu'on n'avait vu de jonchée chez nous. Ce sera drôle, répondit le vigneron en fermant sa porte.

Ainsi continuait sa route le démon de Popy, qui n'eût pas excité plus de surprise en annonçant un changement de gouvernement. Il arriva exténué de fatigue chez sa mère, mangea à peine et se coucha. Popy avait fait cinq lieues de détour pour trompeter la jonchée; mais ce n'était pas tout. Il fallait, le lendemain, se lever à deux heures du matin pour terminer à temps la besogne.

La coutume du pays est, quand un scandale domestique se produit dans un ménage par le chef de la femme, qu'elle soit punie de ce privilége excessif et choquant. Dans certaines provinces, ce sont des charivaris donnés aux époux, le mari pour le punir de sa faiblesse, la mégère de sa violence; les garçons, dans d'autres villages, attendent le carnaval pour promener à rebours sur un âne l'homme battu par sa femme. Dans la Gironde, le châtiment commence par la jonchée.

A trois lieues à la ronde, les routes sont semées de feuillages accusateurs, qui forment une piste jusqu'à la porte du domicile des époux soumis à ce jugement populaire. Tous les garçons se mettent habituellement à la besogne qu'avait résolu d'accomplir Popy seul. Aussi, le lendemain matin, au petit jour, il jonchait de feuillage les routes qui conduisent à Saint-Aigulin, à Labescau, à Chénerailles, à Montdoubleau. Popy coupa à lui seul tout un bouquet de bois avant qu'aucun être vivant se rendît aux champs. Seuls les oiseaux assistaient à la besogne.

Les premiers paysans qui allaient à la charrue laissèrent leur attelage en voyant cette traîne de feuillage ; ainsi semée par les chemins, la verdure devenait un langage clair pour tous. A trois lieues à la ronde chacun put lire : Un homme a été battu par sa femme.

Quel homme? Il n'y avait qu'à suivre la jonchée jusqu'au bout pour le savoir.

Il est peu de vignerons plus acharnés à leur métier que les gens de Saint-Aigulin. Rarement un sol fut plus rebelle à la culture que celui de ce village : au prix d'efforts constants pendant toute l'année les paysans obtiennent quelques maigres récoltes ; pourtant, quoiqu'ils ne perdent pas leur temps d'habitude, les vignerons de Saint-Aigulin se mirent en route pour savoir où conduisait la jonchée.

A Labescau, un petit village entouré d'eau et d'oseraies, on fait des paniers : garçons et filles travaillent quatorze heures par jour pour lutter avec la vannerie allemande, qui se répand jusque dans le Midi. Ce qui n'empêcha pas les filles et les garçons de Labescau de suivre la jonchée avant de se mettre au travail.

Une partie de la Gironde se fournit de poteries à Niversac : de là partent les grandes jarres vernissées qui font penser aux vases antiques. Le pays produit une terre excellente pour ces produits. Tous, grands et petits, *patouillent* la terre du soir au matin. Le village de Niversac, quoique à cette époque de l'année les commandes fussent pressées, n'en émigra pas moins pour suivre la trace de la jonchée.

De même à Chénerailles, à Fargues et à Montdoubleau. Popy put se regarder comme un grand magicien de mettre tant de jambes en mouvement.

Ces divers villages sont situés sur des points opposés, séparés par des bois, des vignes, quelquefois par des rivières.

Popy avait fait de longs détours pour répandre la jonchée jusque sur les ponts. Malheureusement le drôle à cette heure ne pouvait jouir de son triomphe. Il avait fait près de six lieues de deux à cinq heures du matin, et si le plaisir qu'il trouvait à la réussite de son entreprise ne l'eût soutenu, il serait resté couché sur la route, ses pieds endoloris ne lui permettant plus d'avancer. Avec peine, Popy se traîna jusqu'à la cabane de sa mère et se faufila, harassé de fatigue, dans son lit, sans avoir été vu de personne.

Ce qu'il y avait de piquant, c'étaient les commentaires des paysans suivant la jonchée. Où ils allaient, ils l'ignoraient. Ils suivaient le feuillage indicateur, accusant tour à tour chaque village qu'ils traversaient de renfermer la mauvaise créature qui avait battu son mari. A chaque hameau, à chaque habitation isolée, la jonchée continuant et déroutant leurs investigations, ils évoquaient le souvenir de tous les hommes des alentours qu'ils savaient faibles, de toutes les femmes qu'ils savaient colères.

Le grand Gigandas dormait tranquillement dans son lit, côte à côte avec sa moitié. La face apoplectique de la grosse femme se détachait au fond d'un oreiller sur lequel elle pesait fortement. Gigandas était plié en cerceau pour que ses longues jambes pussent se loger dans le lit. Tous deux étaient de grands dormeurs, seule ressemblance qu'ils eussent entre eux.

A six heures du matin, le bonnet de coton du grand Gigandas fit un mouvement : son propriétaire rêvait qu'une tempête éclatait dans le bois voisin de sa chaumière. Toutefois l'homme se rendormit, se croyant le jouet d'une illusion; mais bientôt il fut réveillé en sursaut par sa femme qui s'écriait :

— Gigandas, entends-tu ?

C'était, en effet, un mélange singulier de voix confuses, de pas autour de la maison, de gausseries, d'éclats de rire comprimés. Fait bizarre dans un endroit que nul bruit ne troublait d'habitude !

Ah ! si la femme du grand Gigandas eût pu voir en ce moment les groupes se former devant sa porte, combien elle eût regretté la légèreté de sa main !

De toutes les routes débouchaient les paysans attirés par les premiers arrivés, leur faisant signe que la jonchée s'arrêtait à la porte de la cabane. C'étaient des groupes de garçons et de filles qui avaient peine à garder le silence, tant le plaisir de cette découverte était grand.

Il est peu de pays où un personnage n'endosse la provision de grotesque naturel à sa contrée. Si l'homme des champs trouve moins souvent que le citadin l'occasion de donner carrière à ses railleries, le jour où elles éclatent, elles n'en sont que plus énormes et plus brutales.

Cependant la bande s'était massée, composée d'au moins sept cents amateurs de scandales, et c'étaient les chuchotements de ces sept cents paysans qu'avait perçus l'oreille de la femme du grand Gigandas.

Comme son mari, elle crut s'être trompée et se renfonça dans son oreiller jusqu'au moment où un effroyable appel la fit sauter brusquement en bas du lit.

— Gigandas! Gigandas! criaient les sept cents voix.

Ce cri fut tel qu'on entendit un immense battement d'ailes dans les bois voisins, refuge des palombes consternées.

Le grand Gigandas, que cette formidable huée rendit plus blême que son bonnet de coton, s'était tapi sous les couvertures.

— Qu'est-ce cela? demandaient ses yeux de casoar effarouché à sa femme qui passait un jupon.

Un moment, tous deux essayèrent de se persuader qu'ils étaient victimes d'un affreux rêve; mais la trombe impatiente ne pouvait laisser de doute et venait de pousser un second appel plus formidable que le premier.

— Gigandas! Gigandas!

Étaient-ce les trompettes du jugement dernier? Gigandas le crut sans doute, car, pour ne plus entendre leur son, il se pelotonna sous l'oreiller; mais sa femme l'en tira vivement.

— Écoute! lui dit-elle.

A un troisième appel, auquel les époux ne répondirent pas plus qu'aux précédents, il leur sembla que la foule escaladait la maison, faisait une trouée dans la haie, et que les plus alertes étaient déjà sur le toit. La femme de Gigandas regarda par le trou de la serrure, et aperçut la foule impatiente qui ne voulait pas avoir fait tant de chemin sans dénouement.

Pleine de résolution, la grosse paysanne tira les verrous et ouvrit la porte.

— Elle a battu son mari! Elle a battu son mari! furent les paroles qu'elle recueillit de cette foule aussi pressée que dans un champ de foire.

Huée par les paysans, la femme de Gigandas battit prudemment en retraite et s'empressa de refermer la porte. Bientôt on l'aperçut à la fenêtre de son grenier, prétendant imposer silence à sept cents personnes par l'envoi de quelques seaux d'eau.

La foule a ceci de commun avec la magistrature qu'elle entend être respectée. Les paysans sourirent d'abord de cette innocente aspersion qui les atteignait à peine; mais la femme violente répondant par des invectives aux gausseries, des mottes de terre ferme furent jetées dans la direction de la lucarne aux cris de : Elle a battu son mari!

En ce moment arriva M. de l'Aubépin. Troublé dans son sommeil par le bruit inaccoutumé de gens qui passaient sous ses fenêtres, le marquis s'était dirigé vers le théâtre de l'événement, guidé par les voix qui appelaient Gigandas à plein gosier. Il était temps. Le siége de la cabane qui commençait par des mottes de terre menaçait de se terminer par une grêle de pierres.

Heureusement pour les Gigandas, le respect pour la grande propriété existe encore dans ces pays vierges où les idées d'égalité ont à peine pénétré. Le riche propriétaire est encore regardé dans la Gironde comme le « seigneur ». Et le paysan croit prononcer une formule sacramentelle quand il est admis à dire à un de ses semblables : *Monsieur le marquis.*

La présence de M. de l'Aubépin fit reculer les paysans et rétablit le silence.

— En voilà assez, dit-il en leur faisant signe de s'éloigner.

Tous obéirent et se séparèrent par groupes dans diverses directions en commentant l'aventure. Pour le marquis, il était entré chez Gigandas et demandait compte à la femme de la jonchée qui mettait en émoi le pays. Il fallut de nombreuses questions avant que la femme de Gigandas avouât les soufflets donnés à son mari.

— Ça ne regarde personne, disait-elle.

Elle se retranchait particulièrement sur ce que cette discussion de ménage n'avait pas eu de témoins.

— A l'avenir, Gigandas, dit le marquis, vous

aurez soin de ne pas vous laisser battre par votre femme, que vos voisins le sachent ou l'ignorent. Je n'aime pas que de pareils scandales soient produits dans le pays par les gens de ma propriété.

L'affaire n'en resta pas là. De tels événements sont assez rares au village pour prêter à la glose. Le soir, on en parla longuement chez la tante Cadichon. Les gens s'étonnaient bien plus de la jonchée que de la correction conjugale infligée au grand Gigandas. Les garçons du village, qui d'habitude préparent de longue main ces sortes d'expéditions, déclaraient y être restés entièrement étrangers; on ne connaissait personne dans les villages voisins qui pût réaliser une semblable entreprise.

— Popy doit être de l'affaire, dit-on.

En effet, Popy, qu'on voyait partout où se produisait quelque mouvement, resta invisible.

— C'est Popy qui a fait le coup, dit le boucher, se rappelant alors avoir rencontré dans le bois, à la nuit tombante, l'enfant qui lui avait signalé, le premier, la jonchée.

Comme on n'avait pas vu Popy de la journée, on en inféra naturellement que, fatigué de cette expédition, il était resté chez lui à se reposer. Popy fut admiré comme un *diable* par les habitants du Cercle, et quoique la Pasquette et sa tante se laissassent aller à de grands accès de gaieté en pensant au résultat qu'avait amené la volonté de l'enfant, le marquis devint soucieux, ne disant pas mot dans cette instruction qui révélait l'inventif auteur de la jonchée.

VI

M. de l'Aubépin avait résolu d'écarter Popy du village. Sa réputation de « singe » qui allait croissant, ses rencontres fréquentes avec la Pasquette choquaient le vieillard, qui colora ses prétextes auprès de la mère de Popy en lui parlant de l'éducation négligée de son fils. Très-négligée, en effet, car s'il y avait une sorte d'école dans le village, le maître était trop occupé pour songer à ses élèves. A la fois sonneur, bedeau, secrétaire de la mairie, vigneron et sabotier, il était difficile que l'instituteur enseignât autre chose que ces diverses professions aux enfants. La lecture et l'écriture étaient un luxe dans cette école. Appelé constamment au dehors par ses multiples fonctions, le maître d'école, pour veiller de plus près à cette marmaille, s'en faisait suivre.

Le curé le faisait-il demander, tous les enfants l'accompagnaient à l'église. Le maître d'école avait à sonner l'*Angelus*, on pense si les élèves étaient heureux de se pendre à la cloche.

Quand mourait un paysan et que l'instituteur suivait le convoi en qualité de chantre, les enfants chantaient l'office des morts. Un baptême réclamait le maître d'école-bedeau ; la classe tout entière assistait à l'ondoiement du nouveau-né. Les bras manquaient dans le pays à l'époque où la terre en réclame de vigoureux ; l'instituteur faisait les semailles et conduisait les bœufs au labour. Filles et garçons le suivaient, semblables à une nichée d'oiseaux s'échappant de chaque sillon. A l'automne, sous la direction du maître, ils faisaient la vendange. C'était le plus clair de l'instruction des enfants. Fait qui se renouvelle dans beaucoup de contrées de cette France si fière de ses institutions et qui laisse dans la misère ceux qui sont appelés à fabriquer des hommes.

Le brave maître d'école fabriquait des sabotiers pour l'avenir. L'hiver, pendant la classe, les enfants préféraient tarauder le bois plutôt que de creuser leur alphabet. Aussi, à la sortie de cette singulière classe, la plupart devenant sabotiers vivaient-ils difficilement d'une profession pour laquelle personne n'avait songé à établir de débouchés.

M. de l'Aubépin persuada facilement la mère de Popy du médiocre avenir réservé à son garçon. Si Aubazine y consentait, l'enfant recevrait une excellente éducation des moines de Pont-du-Casse, chez lesquels il serait placé; ainsi il échapperait à la fainéantise du village qui le conduisait à faire pièce à chacun et qui venait d'aboutir à la scandaleuse jonchée. Popy était intelligent; il fallait développer cette intelligence. Le marquis s'engageait à ne pas perdre de vue l'enfant.

Quoiqu'il coûtât à la pauvre femme de se séparer de son fils, elle fut heureuse de le voir entrer au couvent. Il lui semblait qu'une bénédiction devait en résulter pour la famille. Dans ces pays, tout homme revêtu d'une robe noire prend un caractère particulier. Aubazine vit briller une auréole au-dessus de la tête de son fils et remercia vivement le marquis de l'intérêt qu'il lui portait.

Cependant, la veille où l'enfant devait quitter définitivement la maison, la brave femme se sentit atteinte comme si un chirurgien lui eût coupé un membre. C'était la joie de la maison que Popy. A peine il entrait, les murs semblaient se teinter de gaieté. Autour de lui tout prenait vie : il semait rien que par sa présence une vitalité bienfaisante et communicative qui éloignait toutes les tristes pensées. Il se couchait en chantant; comme les oiseaux, il se levait avec une chanson sur les lèvres. Avant qu'il sortît du lit, la mère entendait de petits rires comprimés de Popy qui l'amusaient elle-même.

— Il combine quelque chose, pensait-elle.

Car Aubazine avait appris à connaître ce qui se passait dans l'esprit de son garçon par les gaietés nocturnes qui traversaient son sommeil. La nuit qui succéda à la jonchée, Popy avait ri en dormant d'une façon tellement extraordinaire que la mère s'était levée pour s'assurer que cet excessif accès de gaieté ne dénotait pas un état maladif.

L'enfant dormait, le corps accablé de fatigue, la figure illuminée par des sourires intérieurs : il voyait le grand Gigandas et sa femme réveillés par les huées des paysans, et cette pensée évoquait des songes amusants.

Cependant le marquis avait raison. Il était bon de songer à l'avenir de Popy. La mère, elle aussi, avait été gaie et insouciante pendant sa jeunesse. Le mariage était arrivé, et avec le mariage les enfants, et avec les enfants les fatigues et les privations; le mari était mort jeune, laissant pour tout héritage une vie difficile à la pauvre Aubazine, dont la bienheureuse gaieté s'était envolée, chassée par les besoins de chaque jour, et les maladies de trois enfants auxquels seul avait survécu Popy.

Le seul homme qui témoignât dans le pays quelque intérêt à la veuve était M. de l'Aubépin. La cabane lui appartenait; la pauvre femme recevait chaque semaine du marquis quelques adoucissements à sa misère. Il fallait obéir à celui qui se chargeait de l'avenir de Popy s'il répondait à ses bonnes intentions.

Tout en embrassant son fils, Aubazine essayait d'oublier son chagrin et insistait sur les bontés de M. de l'Aubépin. Popy ne répondait pas. Étaient-ce des bontés que ces reproches de fainéantise adressés par le marquis à l'enfant qui ne cherchait qu'à se rendre utile à chacun? Popy raisonnait à sa façon.

Ce jour-là M. de l'Aubépin lui était apparu roide, dur, coupant comme une lame de couteau dont, d'ailleurs, il avait le profil. Toute la morgue du vieux noble s'était révélée dans une bouche et un menton pleins de volonté qui avaient profondément déplu à l'enfant et lui montraient un ennemi dans celui que jusque-là il avait considéré comme un bienfaiteur.

Par la volonté du marquis, Popy était séparé violemment de la Pasquette. Qui remplacerait la Pasquette pour Popy? L'avenir. Une abstraction pour les enfants. Ce que constatait Popy, c'est que de grosses larmes montaient de son cœur à sa gorge, larmes si lourdes qu'elles ne parvenaient pas à s'échapper et qui n'en étaient que plus douloureuses.

La veuve était occupée à donner un coup d'aiguille aux habits de son garçon, qu'elle pliait dans un torchon. Popy regardait mélancoliquement ces apprêts, signal de son départ du lendemain.

— Je vais dire adieu à la tante Cadichon, dit-il après avoir un certain temps tourné dans la cabane.

Il n'osait dire : à la Pasquette.

— Mon pauvre garçon, il est bien tard. Le Cercle sera fermé.

— Bah ! En me dépêchant...

Sans attendre la réponse de sa mère, Popy s'élança dans la direction de Chantonnay. Il savait qu'il n'arriverait pas à temps, et cependant il partait, ayant soif de solitude et d'ombre. Le silence des bois correspondait au vide de son cœur. Tout se taisait dans la nature comme devait se taire désormais toute affection dans le cœur de l'enfant. Il avait besoin du calme puissant de la nuit pour oublier ses chagrins.

Ce fut ainsi que Popy arriva au bourg où, comme l'avait prévu Aubazine, les maisons étaient fermées. Dans le Cercle, pas une lumière qui annonçât la présence d'un être vivant.

Le garçon s'accouda sur une borne et pensa à la Pasquette qu'il ne verrait plus, à cette bienheureuse maison de la tante Cadichon où il avait passé de si douces soirées. Tous les souvenirs, depuis que Popy se souvenait, se pressaient dans son esprit, d'autant plus douloureux qu'ils avaient été agréables. Et maintenant le fil qui retenait ces agréables impressions était cassé ; elles tombaient comme dans un gouffre, et il semblait à Popy qu'il ne pouvait plus les repêcher.

Cependant l'enfant songea qu'il était devant la maison depuis un certain temps et que sa mère s'inquiéterait de ne pas le voir revenir. Toutefois, avant de s'en aller, il fit encore quelques pas dans la ruelle au fond de laquelle est une étable où Pasquette chaque soir enfermait la vache de la tante Cadichon.

Popy crut entendre un certain mouvement dans l'étable. A travers la porte à claire-voie, l'enfant sentit alors quelque chose de doux, de chaud et d'humide qui frottait sa main. La vache passait son museau entre les intervalles de la porte : elle avait quitté sa litière, étonnée d'entendre soupirer dans cette ruelle où nul bruit ne se faisait entendre la nuit. Ce fut une sensation d'une douceur inexprimable pour Popy que de rencontrer, avant de partir, un être vivant qui semblait compatir à ses peines.

En frottant doucement le poitrail de l'animal, alors seulement les larmes de l'enfant coulèrent. La vache l'avait reconnu. Il pouvait faire ses adieux à celle que la Pasquette entourait de ses soins.

En ce moment, la lune éclairait la ruelle. Il sembla à Popy que la vache le regardait avec de grands yeux attendris. Une dernière fois l'enfant ému passa ses bras autour du cou de l'animal pour le charger de transmettre ses dernières pensées à sa maîtresse. Puis Popy reprit courage et partit d'un trait dans la direction de la cabane de sa mère.

VII

Le lendemain, un domestique de M. de l'Aubépin vint de grand matin chercher Popy pour le conduire à Pont-du-Casse. Quoique ce bourg, célèbre dans toute la Gironde par son pèlerinage, ne fût pas éloigné de plus de sept lieues, l'enfant n'avait jamais été appelé dans cette direction. Aussi le chemin fut-il une distraction à ses tristesses.

En embrassant sa mère une dernière fois, les larmes de Popy avaient coulé de nouveau; les beautés du paysage, qui se déroulaient à mesure que le brouillard se levait, rafraîchirent les yeux de l'enfant. Aubazine lui avait donné pour son déjeuner un panier plein de provisions. La paysanne voulait que Popy se souvînt le plus longtemps possible de la maison paternelle. L'air vif du matin fit que l'enfant, malgré son chagrin, mordit des dents dans un gros morceau de pain bourré de savoureux *grattons*, tout en cherchant à percer des yeux le brouillard qui se levait lentement et semblait une toile transparente qui ne découvre les merveilles du décor qu'avec discrétion.

Tout était frais à cette heure dans la nature ; tout prenait un bain de rosée, depuis le brin d'herbe jusqu'aux troncs d'arbre. C'était comme la toilette du matin que le brouillard bienfaisant faisait à toutes choses : à la plaine et à la colline, aux vallons et aux montagnes. Popy ne pouvait se lasser de regarder ces vapeurs fines et délicates qui, après avoir baigné à la fois les cailloux de la chaussée et les plantes accrochées aux talus, doucement fuyaient à l'horizon.

Au loin, en haut de la montagne, apparaissait une lueur rougeâtre voilée par le brouillard qui semblait lui présenter ses hommages avant de se dissiper. Popy sauta au bas de la voiture qui allait au pas. Il était bon de marcher enveloppé de cet air rafraîchissant et de recevoir sa part de rosée.

Tout était tranquille dans cette partie boisée de la montagne que traversait la voiture, tout était silencieux : au loin parfois apparaissaient quelques lapins qui traversaient la route pour chercher un coin bien fourni de serpolet odorant.

Au sommet de la montagne, Popy ressentit une impression qui remplit son cœur d'épanouissement. Des bandes lilas tendre, auxquelles se mêlaient des nuances d'un vert délicat, s'effaçaient devant les rayons couleur de feu du soleil levant et faisaient lever les oiseaux à la même heure que l'astre du jour. La nature se réveillait joyeuse, accomplissant son travail de chaque matin. Pas d'arbre ni de buisson, d'où ne s'échappassent des concerts d'allégresse.

— Il est bon de vivre, semblaient chanter les oiseaux. Et de même que la nature, eux aussi faisaient leur toilette.

Déjà la lumière éclatait, dorant à son tour de ses rayons les vallons et les collines, n'oubliant ni la plante la plus frêle, ni le plus chétif insecte.

Une dernière fois Popy regarda du haut de la montagne les masses de verdure qui s'étageaient à l'horizon, cachant les deux êtres qu'il aimait le plus au monde, sa mère et la Pasquette. Au loin apparaissait encore le clocher de Chantonnay, où l'enfant avait vécu si longtemps heureux, si longtemps libre; et peut-être une émotion douloureuse se fût-elle emparée du garçon si la symphonie du soleil levant n'eût éclaté dans sa magnificence.

Le paysage tout entier se teintait d'or et de pourpre; comme d'un commun accord les oiseaux chantaient leur hymne à la nature. Une sorte d'accent de joie se détachait de l'horizon et enveloppait d'allégresse les montagnes et les vallées.

Cependant on approchait de Pont-du-Casse. La nature jusque-là avait fait la conduite à l'enfant;

elle allait se retirer devant la civilisation, et quelle civilisation!

La voiture descendait la montagne au grand trot. Popy fut étonné de se trouver dans la principale rue de Pont-du-Casse qui avait un aspect singulier, aucun magasin à cette heure n'étant ouvert.

Le seul point de comparaison que pût opposer Popy à Pont-du-Casse était la jolie petite ville de Castelfranc, dont les maisons se mirent dans la Garonne. A Pont-du-Casse, des amas d'enseignes de saints, de vierges et de martyrs détruisaient les sensations agréables qu'avait éprouvées l'enfant pendant son voyage.

Sur la fontaine de la Bienfaisance était placé le buste d'un prêtre en pierre blanche, la soutane peinte en noir. Popy pensa aux sources jaillissant des rochers en pleine forêt, et il avait le mauvais goût de les préférer à l'eau qui coulait de ce monument.

La maison devant laquelle le conducteur de la voiture s'arrêta était longue, haute et percée de nombreuses fenêtres; mais les fenêtres, protégées par des volets intérieurs, semblaient ne s'ouvrir jamais. Cette grande bâtisse, à l'exception d'un pieux bas-relief inséré dans un triangle, semblait une caserne aussi bien qu'une maison de détention. Au-dessus de la tête d'un agneau accroupi, tenant une croix dans ses pattes, un nimbe de rayons s'écartait en lignes droites et géométriques, Popy plaignait l'agneau d'être affaissé sous les angles de ce triangle, et comparait son sort à celui du pauvre animal.

L'homme qui conduisait Popy sonna à la porte du couvent. Le tintement de la cloche fut désagréable à l'enfant. Le son lui rappela le glas qui annonce la mort d'un nouveau-né au village. La porte s'ouvrit. Un moine parut, un gros trousseau de clefs à la ceinture, et le conducteur lui remit une lettre dont le marquis l'avait chargé pour le père Parenteau.

— Attendez ici, dit le portier.

Le garçon déposa son petit paquet sur les dalles et enveloppa d'un regard attristé une galerie carrée formant promenoir autour d'une vaste cour sans arbres ni verdure. De gros piliers carrés soutenaient une voûte basse peinte en blanc. L'unique ornementation de ce vestibule consistait en entablements noirs. Le silence était absolu sous les voûtes.

Un quart d'heure se passa ainsi long et morne pour Popy, dont les yeux ne rencontraient que des colorations noires et blanches. Enfin une petite porte s'ouvrit et le père Parenteau apparut, tenant à la main la lettre que lui avait remise le portier. D'un pas lent, le moine s'avançait vers Popy. Il le regarda. Popy baissait les yeux.

— Mon fils, dit le supérieur en lui prenant la main, vous m'êtes recommandé par M. le marquis de l'Aubépin qui s'intéresse à votre avenir, et j'espère que vous vous montrerez digne de ses bontés. Vous entrez ici dans un établissement pieux où la conscience vit en paix; je ne doute pas que l'influence salutaire que vous en ressentirez n'ouvre un nouveau cours à vos pensées et ne vous fasse bénir la bienfaisance de votre protecteur qui a déjà tant fait pour les pauvres de la contrée.

Popy entendait plutôt un bourdonnement que des paroles. Il s'inquiétait surtout de la façon dont le moine tenait sa main : tour à tour chacun de ses doigts était pressé comme pour subir un interrogatoire. L'enfant sentait sa main changée en chapelet et le supérieur semblait l'égrener. Il y avait quelque chose de singulier dans cette pression par la main du moine; jamais l'enfant n'avait ressenti un pareil contact.

— Ici, mon fils, continua le père Parenteau, à l'ombre de ce cloître, vous apprendrez à bénir le Seigneur. Vos pensées s'épureront et vous les sentirez monter en actions de grâces vers le Très-Haut. Chaque jour la prière vous semblera plus nécessaire, plus salutaire; chaque jour vous oublierez la vie dissipée que vous avez menée jusqu'alors. Le calme succédera aux vaines agitations, et vous serez étonné de la tranquillité et de la mansuétude que la vie de nos frères vous communiquera. Je vous laisse entre les mains du frère Lilianus ; il vous informera de ce que vous aurez à faire. Allez en paix, mon fils.

Le supérieur s'éloigna et fut remplacé par un moine qui fit signe à Popy de le suivre. Un peu troublé par ce qu'il venait d'entendre, l'enfant secoua la main qui lui démangeait d'avoir été si longtemps pressée. Il marchait derrière le frère Lilianus pour donner à ses doigts du mouvement, comme s'il eût joué toute une journée de la cliquette.

En ce moment le moine se retourna, et la main de Popy resta en l'air, immobile, n'osant continuer cet exercice. Le frère Lilianus ouvrit une petite porte donnant sur le cloître, et conduisit l'enfant dans une salle autour de laquelle pendaient des serviettes au-dessus de grands pots à eau.

— Nous allons procéder par le commencement, dit le moine à Popy.

Ce commencement n'était pas sans offrir quelque curiosité à l'enfant. Les portes du couvent ouvertes, il entrait, il le voyait bien, dans un monde qui devait lui réserver plus d'une surprise, et il attendait la surprise.

Le moine, ayant fait asseoir Popy sur une haute chaise, lui recommanda de rester tranquille ; puis il décrocha d'un clou une paire de ciseaux assez énorme pour tailler un buisson et en fit jouer les branches dans la chevelure de l'enfant qui, en effet, n'était pas sans rapports avec un buisson : drue, épaisse, d'un jaune fauve que les rayons du soleil avaient coloré capricieusement par places, elle offrait du travail aux grands ciseaux.

Ce n'était pourtant pas l'époque de couper les cheveux de Popy. Sa mère ne les lui taillait qu'au moment où se faisait la tonte des brebis. Opération régulière comme les saisons et qui ne se pratiquait pas dans la cabane de la pauvre femme comme dans cette salle basse.

Au maniement et à la précision de l'instrument que le moine tenait en main, l'enfant jugea qu'une vaste éclaircie formant un cercle régulier devait en résulter autour de sa tête.

Le couvent a sa mode de coupe de cheveux à laquelle sont expertes les servantes de curés qui veillent à la bonne tenue des enfants de chœur. C'est ce que, dans le Nord, les paysans appellent couper les cheveux au *télot*, c'est-à-dire qu'une écuelle creuse étant posée sur le crâne des garçons, tout ce qui dépasse les bords du vase est inflexiblement rogné.

Popy semblait honteux de l'opération. Lui, à qui sa chevelure avait rendu tant de services contre le soleil, manifestait une certaine inquiétude des mèches épaisses qui tombaient sous les lames des grands ciseaux. Aussi passa-t-il sa main sur son front pour se rendre compte de la disposition nouvelle de sa chevelure. Quoique la coquetterie lui fût étrangère, il s'aperçut avec tristesse que le moine ne lui avait laissé qu'une sorte de calotte de cheveux dont l'extrémité devait manquer d'agrément; mais il n'y avait pas de miroir dans cette salle, il fallait se contenter du toucher, quelque idée imparfaite qu'il donnât de la tonte.

— C'est fait, dit le moine, fier d'avoir accommodé à la livrée du couvent une tête en cinq coups de ciseaux. Maintenant, petit coquin, tu vas me suivre à l'endroit où le père supérieur t'a assigné un emploi.

Tout en portant la main à son crâne dépouillé si brutalement, Popy suivit le moine. Ils descendirent une vingtaine de marches, traversèrent une salle ornée d'un Christ, d'une chaire, de longues tables de bois, et arrivèrent à une pièce voûtée en arceaux, au milieu de laquelle deux moines étaient occupés à dresser sur une crémaillère une immense marmite de cuivre prête à subir le supplice du feu. C'était la cuisine.

— Voilà, mes frères, un petit coquin que notre père supérieur m'a chargé de vous amener.

— Bien, dit l'un des moines. C'est le marmiton qui doit remplacer notre frère Héraclien. Que sais-tu faire en cuisine?

Popy ouvrit des yeux si démesurément étonnés que son introducteur, le coupeur de cheveux, dit :

— Je crois bien que le petit coquin sait seulement la manger.

Ce qui était vrai.

— Bah! ajouta le moine perruquier en s'en allant, le coquin s'en tirera vite.

Popy, étonné du sort qui l'attendait en cet endroit, jeta un coup d'œil sur les deux frères préposés au service de la cuisine. L'un long, maigre, jaune et triste, l'autre gros, court, rubicond et joyeux, symbolisaient à la fois les jeûnes et l'abondance. Mais qui triomphait de la cuisine ascétique ou de la ripaille?

Le moine maigre, après qu'il eut revêtu l'enfant d'un long tablier formant plastron sur la poitrine, accumula près de Popy une brassée de légumes, et, lui mettant un couteau en main, il lui enseigna comment il fallait tailler les carottes et les navets avant de les plonger dans la grande marmite bouillonnant devant le feu.

— Tu sais plumer une volaille? dit ensuite le moine gras à Popy.

L'enfant secoua la tête.

— Ce n'est pas plus difficile que ça, reprit le cuisinier en introduisant dans le tablier de Popy une poule dont il arracha quelques plumes. La volaille préparée, tu auras soin de ne pas la plonger dans le coquemar aux légumes.

Popy accomplit sa besogne à la satisfaction des maristes chargés de le former.

— Maintenant, lui dit le moine maigre, tu as dix minutes pour servir les tables du réfectoire.

Des piles d'assiettes, des couteaux, des cuillers et des fourchettes ayant été confiés à Popy, il passa dans la pièce attenante à la cuisine, et plaça un couvert sous chaque nom inscrit sur la table, et ce ne fut pas sans un certain sentiment d'orgueil que le garçon reçut les félicitations des deux moines sur son service.

C'en était fait. Popy était sacré marmiton. Aussi cette journée se passa sans trop de regrets du passé. L'enfant avait été trop occupé pour penser.

VIII

On remarqua la joie du marquis le jour du départ de Popy; mais aucun des habitués du Cercle n'en devina la cause. Il eût paru hors de toute vraisemblance que le vieillard éprouvât une vive jalousie pour un enfant de quinze ans.

Toutefois, Cadillac, qui observait M. de l'Aubépin à la dérobée, constata un singulier épanouissement d'allégresse peu en rapport avec la mélancolie habituelle de sa physionomie.

Avant cet événement, le caractère morose et taciturne du marquis avait paru augmenter; les repas au château étaient tristes, et Cadillac, malgré son vocabulaire de compliments, ne recevait même plus de regards encourageants de la Trionne, qui elle-même subissait le contre-coup des bizarreries de son maître.

Les gens qui aiment véritablement la table se plaisent à couper leur nourriture par quelque conversation. Aussi Cadillac, quoiqu'il fût plus glouton que gourmand, avouait-il que l'entassement des mets, sans l'assaisonnement de la parole, lui était antipathique.

— Si je n'avais pas un faible pour le marquis, disait-il au notaire Despujols, je ne m'assiérais plus à sa table, car c'est me désobliger que de m'y recevoir avec une telle figure.

Heureusement le départ de Popy changea momentanément le caractère du marquis, et l'estomac de Cadillac s'en ressentit d'autant : de nouveau il l'ouvrit à deux battants pour faire honneur à la cuisine de la Trionne, qui, elle aussi, témoignait sa satisfaction du changement d'humeur du vieillard.

Ce qui contribua particulièrement à la modification de caractère du marquis fut que la Pasquette ne paraissait pas ressentir un chagrin particulier de la disparition de Popy. M. de l'Aubépin jugeait des sentiments de la jeune fille par la profondeur du sien. Il souffrait vivement des rencontres perpétuelles du garçon et de la jeune fille ; mordu par les serpents de la passion, le marquis crut un instant aux mêmes souffrances chez les deux enfants.

C'était maintenant avec des joies sans traverses que le marquis attendait au retour des champs la Pasquette, dont il se plaisait à écouter l'innocent babil. Un plaisir suprême que d'entendre les paroles de la jeune fille, qui répandaient comme un parfum dans ce vieux cœur.

Le marquis était bien seul à regarder la Pasquette pendant les longues heures passées au Cercle, car les habitués, qui discutaient, fumaient et jouaient aux cartes, ne faisaient aucune attention à l'enfant. Surtout M. de l'Aubépin travaillait à s'insinuer dans les bonnes grâces de la tante Cadichon, qui ne se doutait pas que les attentions du marquis passaient au-dessus de sa tête. Non pas qu'un calcul entrât dans l'esprit du vieillard pour surprendre la confiance de la tante de la Pasquette. M. de l'Aubépin avait l'âme trop délicate pour s'abaisser à de pareils moyens ; mais la bienheureuse sensation que lui faisait éprouver la contemplation de l'enfant se communiquait à tous ceux qui l'entouraient, à ses frères et à ses sœurs comme à la brave mercière.

Cet homme nerveux et impressionnable, qui s'était retiré du monde et vivait dans la solitude parce qu'il ne pouvait supporter la vie de société ni la contradiction (et en ceci il était mal tombé avec la marquise de l'Aubépin, un des plus violents entêtements de la Gironde), cet homme que le moindre bruit froissait, en était arrivé à regarder comme indispensable à son bonheur le spectacle de l'irritable et bruyante marmaille dont le souper se passait rarement sans échange de caresses qui ressemblaient furieusement à des coups.

D'année en année les enfants étaient venus au monde; d'année en année ils avaient poussé avec un écart régulier de taille qui faisait que, réunis sur une seule ligne, ils offraient l'aspect d'un buffet d'orgues. Quand, à l'heure du souper, les tuyaux d'orgues étaient mal disposés, il n'y avait pas de main assez habile pour en tirer des sons harmonieux.

Vers huit heures du soir, alors qu'ils avalaient la soupe avant d'aller se reposer, si un méchant génie soufflait la discorde parmi eux, les cris partaient des plus petits pour se communiquer aux plus grands, à moins qu'ils ne partissent des plus grands pour remuer la bile des plus petits.

Encore, quand Popy était là, le singe imaginait assez de grimaces pour dérider un moment cette marmaille; ou il se livrait à quelque gambade surprenante qui leur faisait oublier qu'ils avaient l'intention bien expresse de crier.

Le marquis s'efforça de faire oublier Popy, quoiqu'il ne sût ni faire le singe, ni cabrioler, ni imprimer aux lignes mélancoliques de sa figure de comiques contractions.

Mais on ne pouvait laisser les sept enfants troubler la tranquillité du Cercle : le souvenir de Popy eût été évoqué trop souvent par les habitués, et on l'eût regretté de telle sorte que ce regret se fût ajouté à ceux qui pouvaient remplir l'esprit de la Pasquette.

M. de l'Aubépin redevint jeune par politique. En se promenant seul dans les bois, il chercha à se rappeler les anciennes rondes que sa nourrice lui chantait, et comme dans les tranchées que fouillent les géologues pour y retrouver les terrains primitifs, le marquis creusa dans ses mélancolies et eut la bonne fortune de retrouver des fragments de chansons de son enfance qui, depuis soixante ans, étaient enfouies en lui. Ces chansons étaient bien usées et il n'en restait que quelques vers qui ne se rattachaient plus les uns aux autres; mais le vieillard remplaçait les vers oubliés par des *traderidera* qui l'égayaient lui-même.

Celui qui eût alors rencontré M. de l'Aubépin sous les pins eût été étonné de la tension de sa physionomie. Le vieux marquis s'essayait, lui aussi, à faire le singe; et comme il lui était difficile de cabrioler à l'imitation de Popy, il obtenait par la volonté des poses encore plus bizarres que celles de l'enfant, tant elles concordaient peu avec les allures paisibles du vieillard, qui avait passé quarante ans dans de flegmatiques méditations.

En voyant la conscience que le marquis apportait à ce singulier travail, jamais le palombier, qui si longtemps avait donné un asile dans sa cabane à l'impassible vieillard, n'eût pu tirer un coup de fusil, tant était singulière dans le bois cette répétition des exercices du soir.

La première fois, les enfants furent fortement étonnés à l'aspect de l'étrange casse-noisette qui s'agitait devant eux; mais apaisés, ils allèrent se coucher, tranquilles, emportant dans le cerveau l'image d'un être invraisemblable. Satisfait de ces résultats, le vieillard étudia d'autres effets. Les jeux de physionomie du marquis avaient eu pour résultat de faire oublier Popy; cependant de semblables distractions s'usent vite et les cris des enfants, blasés sur ce spectacle, recommencèrent. Alors M. de l'Aubépin demanda à ses membres un concours que sa physionomie ne lui prêtait plus, et il désaccorda tellement ses jambes et ses bras, que seul un compas en délire eût pu donner une idée de ces singulières tensions des membres. Plus que la physionomie, ces poses émerveillaient les enfants qui, cette fois, se laissèrent aller à de violents accès de gaieté que partageait la Pasquette.

Le marquis était triomphant. Il avait trouvé le secret d'amuser les petits tyrans; et sa plus grande récompense fut quand, fatigué, il voulut s'asseoir.

— Encore! s'écrièrent les enfants d'un ton qui n'admettait pas de réplique.

Jamais comédien que la foule rappelle pour le saluer de bravos n'éprouva de satisfactions d'amour-propre pareilles à celles que ressentit le marquis en entendant ce mot. Il ne se rappelait pas que Popy lui-même eût reçu une telle récompense. M. de l'Aubépin était brisé de fatigue; mais amplement payé de ses efforts et le cœur plein de contentement, le vieillard recommença ses poses.

— Encore! s'écrièrent de nouveau les enfants.

— En voilà assez, marmaille, dit la Cadichon, qui heureusement vint au secours du marquis exténué, car depuis longtemps ses membres n'avaient été condamnés à un pareil exercice.

Mais aussi, quel succès couronna ses efforts quand, à la suite d'une nouvelle séance, les enfants décorèrent le vieillard du titre de *joujou!* M. de l'Aubépin aurait été nommé grand-croix de l'ordre de Saint-Louis qu'il n'eût pas été plus caressé dans sa vanité. Lui, qui souffrait de ne pouvoir chasser sa mélancolie, avait réussi à divertir la bande des frères et des sœurs de la Pasquette.

Toutefois, le marquis ne se rendait pas compte qu'il faisait partie de la classe des jouets singuliers qui provoquent plus d'étonnement que de sympathie. Son rôle d'amuseur ne venait pas de source, ni franchement, mais par une extrême volonté. Le vieux pantin, comme par l'effet d'un mécanisme, obéissait strictement aux injonctions des enfants; son jeu eût exigé un ouvrier pour huiler sans cesse des ressorts secs et usés. Inévitablement le marquis eût déposé ce travestissement qui le gênait comme aussi le masque qui avait tant de peine à s'adapter à sa figure, si la tante Cadichon n'eût rappelé à la tranquillité les enfants en leur disant :

— Si vous êtes sages, le grand joujou dansera demain.

Plus d'une fois, le souvenir de son marquisat se représenta à l'esprit du vieillard. Était-il convenable à un homme, le seigneur de la contrée, de se ravaler à de tels exercices? Le père de M. de l'Aubépin avait été page de Louis XVIII, la mère dame d'honneur de la duchesse d'Angoulême.

En entrant le soir dans sa chambre à coucher, le vieux marquis osait à peine soutenir les regards de ses aïeux, qui avaient eu tabouret à la cour et ne fussent jamais descendus à de semblables écarts, même pour flatter leur souverain.

A la fête patronale qui eut lieu quelques semaines plus tard, un daguerréotypeur nomade installa sa baraque sur la place de Chantonnay. L'homme faisait des portraits à vingt sous : toutes les filles du pays voulurent avoir leur image. La tante Cadichon insista particulièrement pour que sa nièce fît faire son portrait, car la Pasquette manquait de coquetterie et ne témoignait aucun désir de poser devant le daguerréotypeur.

Dès lors le profil de la jeune fille décora le Cercle et fut accroché au manteau de la cheminée, où tous les habitués admirèrent sa parfaite ressemblance. Combien le marquis eût voulu en posséder une épreuve ! Mais le portrait n'était tiré qu'à un exemplaire et il n'y fallait pas songer.

Longuement M. de l'Aubépin complota d'en faire faire une reproduction. Il eût fallu avoir en main l'original, et l'emprunter semblait au marquis une affaire délicate. A quel titre demander à la tante Cadichon l'image de la jeune fille ?

Les vieillards amoureux sentent de nouveau poindre en eux les timidités de la première jeunesse. A supposer que la Cadichon ne s'étonnât pas de la demande, elle le dirait à d'autres, à la Pasquette, pour expliquer la disparition du portrait. Le secret que le vieillard craignait de laisser pénétrer ne serait-il pas dévoilé tout à coup ?

Longtemps le marquis hésita en voyant le portrait de la Pasquette se jaunir par la fumée de tabac des habitués. Pendant six mois M. de l'Aubépin attendit l'heure propice pour réaliser son plan. La foire du pays amenait chez la tante Cadichon un certain nombre de marchands de bestiaux auxquels, ce jour-là, par exception, on ouvrait les portes du Cercle. L'alerte était grande pour servir les buveurs.

M. de l'Aubépin en profita pour s'emparer du portrait et disparaître ; mais plus d'une fois le vieillard retourna la tête pour voir s'il n'était pas poursuivi.

Arrivé chez lui, le marquis ouvrit un grand portefeuille qui contenait ses titres de propriété, ses valeurs ; ce fut là qu'il cacha le portrait, plus précieux pour lui que sa fortune. Puis, s'étant armé de courage, M. de l'Aubépin reparut le soir au Cercle, prêt à affronter le thème d'une conversation épineuse qui, naturellement, roulerait sur le rapt du portrait. Et cependant personne ne l'avait remarqué jusque-là, quoique l'endroit où était le daguerréotype le matin même restât vide.

Ce fut un des enfants qui, le premier, mit sur la piste en réclamant sa sœur.

— Me voilà ! dit la Pasquette qui accourut.

— Non, non, sœur, fit l'enfant en étendant la main vers la place du portrait.

Il apportait une telle insistance à signaler la disparition du daguerréotype que chacun s'étonna de l'enlèvement d'un objet qui avait été vu accroché le matin même.

— Quelque marchand de bestiaux aura emporté l'image pour la donner à ses drôles, dit la tante Cadichon.

Nulle idée d'amoureux ne vint troubler la tranquillité du marquis qui sortit ce soir-là respirant l'air à pleins poumons, comme pour mieux se laver de ce larcin.

M. de l'Aubépin attendit quelques jours encore de peur que les soupçons ne se portassent sur lui, et, enfin rassuré, il partit pour Bordeaux, d'où il revint avec un écrin merveilleux dans lequel était enchâssé le portrait.

Ce fut là, désormais, la joie de sa vie. Il ne regardait plus les portraits des chevau-légers, des commandants de galère, ses aïeux. Le soir, avant de s'endormir, M. de l'Aubépin ouvrait l'écrin et ne se lassait pas de considérer l'image de la Pasquette. A son réveil il la contemplait encore. Et quoique ce portrait mal venu fût bien éloigné de la réalité, le marquis y retrouvait les lignes chéries qui emplissaient son cœur, le faisaient battre doucement et répandaient de doux rayonnements sur sa vieillesse.

IX

C'est à Popy qu'eût dû revenir ce portrait pour l'encourager dans la voie qu'il suivait bien contre son gré. Sa besogne à la cuisine était considérable : toutefois, éplucher les légumes, aider à les cueillir, n'étaient pas de nature à faire oublier à l'enfant les souvenirs du village et la brusquerie avec laquelle il avait été séparé de ceux qu'il aimait.

Le père Parenteau comptait faire du jeune garçon un aide cuisinier en remplacement du frère Héraclien, qui avait laissé toute sa graisse au feu de la cuisine et serait mort de consomption en y prolongeant son séjour. Popy semblait insuffisant pour cet emploi et ne donnait que des preuves d'inintelligence culinaire.

Les quelques jours que l'enfant passa aux fourneaux durent compter aux moines pour des indulgences plénières, car les essais de cuisine du drôle furent déclarés tellement abominables par la communauté qu'un jeûne extraordinaire, non prévu par les canons de l'Église, en résulta.

Popy semblait parfois avoir jeté dans la chaudière aux légumes une salière tout entière. Aussi le sommelier fut-il interpellé vigoureusement pour remplacer par du vin les plats qui faisaient défaut. Les moines eussent fait naufrage et par suite été condamnés à avaler des tonnes d'eau salée, qu'ils n'eussent pas été plus altérés. Dans d'autres circonstances, Popy sembla vouloir corriger le sel par le poivre, et cette alternance produisait de déplorables effets dans la cuisine monacale.

En servant dans le réfectoire, et quoique le silence fût de règle pendant un repas assaisonné par une lecture pieuse, Popy recueillit des regards menaçants et de sourds rugissements qui montraient que la cuisine laissait une violente irritation dans ces estomacs; mais l'enfant avait pris son parti de s'aliéner le palais des moines, et ce n'était pas tout à fait innocemment que la viande et les légumes avaient été relevés par des excitants désastreux.

La salle basse, dans laquelle le néophyte était confiné au milieu des fourneaux, lui semblait une prison; aussi, pour être relevé de son emploi, apporta-t-il à son service une indifférence coupable. D'aide de cuisine, grade auquel on avait cru pouvoir l'élever, Popy redescendit aux fonctions de marmiton, y apportant une négligence calculée de telle sorte qu'un moine fut appelé à le remplacer.

A la suite de ces méfaits, Popy fut définitivement remis entre les mains du jardinier. On espéra que la vie en plein air, qu'avait menée l'enfant jusqu'alors, rendrait ses services plus profitables à la communauté.

En effet Popy se prêta complaisamment à son nouvel emploi, qui était d'arroser, de bêcher et de brouetter. Le potager occupait une certaine étendue de terrain; il fallait beaucoup d'eau pour l'entretenir : Popy passait ses matinées à emplir les arrosoirs. Une fonction monotone; mais l'enfant se trouvait au soleil et pouvait se délasser de son travail dans un petit bois de pins situé au fond du clos.

Un an se passa de la sorte sans que Popy reçût de nouvelles de sa mère, à qui l'entrée du couvent était interdite. Ce temps lui parut long. Une fois pourtant M. de l'Aubépin, qui rendait visite au père Parenteau, vint le voir et donner à Popy des nouvelles d'Aubazine; mais ce ne fut pas avec de vives marques de sympathie que l'enfant se trouva en face de l'auteur de son incarcération. De sourdes rancunes se manifestaient visiblement à la vue du vieillard qui avait privé Popy de sa liberté.

— Ce garçon ne témoigne pas de bons instincts, dit le marquis au père Parenteau. J'ai remarqué que le souvenir de sa mère ne lui semble pas agréable.

— Nous le surveillons, répondit le moine, et il est ici à bonne école.

Pauvre Popy, comme on méconnaissait ses sentiments! Il n'était pas de jour où son cœur ne s'envolât dans la direction de la cabane de sa mère et de la Pasquette, qu'il unissait dans une égale amitié, comme les deux seuls êtres qui eussent répondu à son affection. Pour sa mère et pour la Pasquette il se sentait capable de tous les dévouements; au contraire germait en lui une hostilité contre le marquis.

M. de l'Aubépin parti, le père Parenteau prit à part Popy.

— Mon enfant, lui dit-il, vous ne paraissez pas vous faire une idée des bienfaits dont M. le marquis accable votre famille... Il vient de me confier encore une somme dont j'ai la libre disposition pour votre mère, si votre conduite répond à ce que nous sommes en droit d'exiger de vous... Ne manquez pas à l'avenir, dans chacune de vos prières, de joindre le nom de M. de l'Aubépin aux vœux que vous adressez au ciel pour qu'il vous rende meilleur. Priez pour le bienfaiteur de votre famille, pour celui qui veille à vos besoins, pour l'homme généreux qui se charge de votre avenir et qui fait montre de tant de sollicitude pour vous et les vôtres.

Popy baissa la tête sans répondre. Il lui était

pénible, alors qu'il faisait sa prière du soir avec les moines, de faire intervenir le nom du marquis au milieu des souvenirs de sa mère et de la Pasquette.

Il eût fallu un grand effort de volonté dont l'enfant se sentait incapable, et il ne pouvait oublier ses rancunes contre le vieillard qui jadis, affectueux pour lui, était devenu rogue et désagréable sans qu'un motif plausible eût produit cette altération de caractère. Et pourtant, lui-même, Popy sentait ses instincts se modifier sous la pression de la volonté du marquis : mille pensées de révolte pointaient dans son esprit, qui étonnaient le jeune garçon. Il constatait maintenant que s'il pliait en apparence, c'était pour se redresser aussitôt que la surveillance du père Parenteau faisait défaut.

Quoique les travaux de jardinage fussent moins désagréables à Popy que le séjour des cuisines sans air ni soleil, l'enfant, en regardant les fleurs qu'entretenait le jardinier, pensait à celles des champs et des bois.

Sur un coteau voisin de la cabane de sa mère, Popy se rappelait un églantier, épais comme un buisson, d'où s'échappaient au printemps tant de roses qu'on ne pouvait les compter. De la racine de l'églantier s'élançaient, à la fin du printemps, des jets vigoureux qui se mêlaient aux anciennes branches.

Popy se comparait à ces rejetons que le jardinier du couvent sacrifiait pour obtenir des arbustes qu'il cultivait une chose droite et régulière. Et cet état de choses, qui répugnait à ses sentiments d'indépendance, était dû au marquis de l'Aubépin !

Il fallait actuellement trop d'efforts pour que le garçon pliât. Quoi que fît le père Parenteau pour peser sur ses sentiments, leur imprimer une direction, Popy se redressait toujours.

Il ne s'intéressait qu'à un seul être dans le couvent, le frère Athanase, le seul qui vécût librement et à qui il fût permis d'errer dans les jardins à toute heure. Le moine y passait la journée à peindre des fleurs, des plantes et des fruits. Jamais ce mariste, jeune encore, ne parlait.

— C'était, dit à Popy le jardinier, un vœu qu'avait fait l'homme en entrant au couvent.

D'accord avec le supérieur, le frère Athanase avait troqué la parole contre la liberté.

Mais son pinceau parlait pour lui. Popy suivait avec curiosité le travail du moine et les moissons d'études que le frère Athanase emmagasinait dans sa cellule.

Ce qui plaisait particulièrement à l'enfant était que le moine ne s'intéressait qu'aux plantes des champs, celles qui poussent au hasard et n'exigent aucuns soins. Dans les fleurettes qui émaillent l'herbe des prés, le frère Athanase découvrait des merveilles de détails; Popy retrouvait ses fleurs, les seules qu'il eût appris à aimer, qui n'avaient ni noms ni origines, mais dont l'enfant eût pu dire : celle-là a poussé dans un terrain ombragé, celle-ci a été cueillie dans la vallée ou la montagne, à la lisière d'un bois ou sur le versant d'un fossé.

A la vue de ces reproductions, les yeux de l'enfant témoignaient une telle admiration que le moine s'était pris d'amitié pour lui et, sans y répondre, écoutait son babil avec plaisir.

Ce furent de bons moments pour l'enfant que d'être admis dans la cellule du frère Athanase à la création de telles merveilles. Dans cette écriture nouvelle, Popy apprenait à lire. Il connaissait les fleurs des champs, mais pas sous cet aspect. L'enfant découvrit en lui un regard intérieur et nouveau qui semblait communiquer à la plante la plus humble une élégance inattendue. De l'attache de la fleur à la tige, des feuilles qui les entouraient, résultait une parenté que jamais l'enfant n'avait soupçonnée.

Dans un oiseau qui se perchait sur une branchette de son dessin, le moine trouvait un concours harmonieux; un papillon qui cherchait son butin dans la corolle d'une fleur, une chenille dont les anneaux se déroulaient sur la tige d'une plante, semblaient un écrin. Un fruit des champs, une prunelle de haie, une fraise, mêlés à la composition, donnaient des notes parfois douces, parfois éclatantes. Une magie qu'un pareil art!

— Que je voudrais savoir en faire autant! s'écria un jour Popy.

Ce mot amena un pâle sourire sur les lèvres du moine.

Dès lors, la vie de couvent parut moins pénible à l'enfant, pour qui une feuille, une branche tombée, un insecte attaché aux nervures d'une feuille, devenaient un spectacle intéressant.

Ayant appris le secret de regarder les objets, le garçon en abusait, car il se laissait aller à des méditations singulières pour le jardinier qui l'employait. Parfois, au contraire, Popy se mettait à la besogne avec ardeur, faisant force brouettage de terre et de fumier, creusant des trous profonds et accomplissant en quelques heures le travail qui avait été tracé pour la journée. Alors, sa tâche accomplie, il se réfugiait dans la pépinière au bout du jardin, où il avait caché une ardoise et un crayon, et il passait des heures entières à essayer de retracer les fleurs qu'il avait devant les yeux.

Tout d'abord Popy n'obtint que des confusions linéaires qui le désespéraient. Ces fleurs, qu'il voyait si simples, offraient sur l'ardoise des difficultés nombreuses de reproduction. Des mondes de délicatesses que ces plantes à les regarder de près! mais l'enfant avait du courage et ne se rebutait pas. Après de nombreux essais il arriva, non comme le moine, il le sentait bien, à rendre les poses penchées de certaines plantes, l'attitude résolue de certaines autres. Toutefois ces essais semblaient à Popy secs et mesquins, il y manquait le charme que le moine savait donner aux plus modestes fleurettes. Dans le tour de main du frère Athanase était un secret que l'enfant ne pouvait parvenir à pénétrer.

Ayant reconnu son impuissance, Popy alla porter son ardoise au moine. C'était la meilleure fleur qu'il espérait avoir retracée; avec émotion, il la plaça sous les yeux de celui qui savait si bien rendre la grâce de toutes choses.

Le moine sourit et regarda l'enfant avec sollicitude. Puis il posa l'ardoise devant lui, donna quelques coups de crayon à la tige, aux feuilles, et, comme par enchantement, le dessin s'illumina.

Ne pouvant communiquer par la parole, Popy regardait le frère Athanase avec attention. Dans les yeux du moine se lisaient des traces de mélancolie ineffaçables; ses lèvres semblaient s'être fermées à jamais pour ne donner passage à nulles confidences. L'homme était discret comme les fleurs qu'il peignait. Malgré son mutisme, Popy en arriva à une certaine familiarité avec le jeune moine qui, par ses regards sympathiques, le mettait à l'aise.

Un jour que Popy avait soumis au moine un nouvel essai, celui-ci parut plus satisfait que de coutume. Peu à peu la main de l'enfant s'était assouplie : elle obéissait au regard, qui lui-même avait appris à voir, et Popy relevait déjà de couleurs joyeuses les parties du dessin qui l'intéressaient particulièrement. Cependant il rôdait autour du frère Athanase comme s'il voulait lui communiquer quelque secret, et le moine, qui s'en était aperçu, attendait la confidence.

— J'ai un parent à qui je voudrais envoyer un souvenir, se hasarda à dire Popy. Serait-il possible, mon père, d'entourer son nom de fleurs peintes par moi? Cela me ferait grand plaisir.

Sans répondre, le moine prit l'ardoise de l'enfant et esquissa une gerbe de fleurs en forme d'ovale, en réservant une place au centre.

— Je sais à peine écrire, dit Popy. Lire, oui, à peu près; mais l'écriture, le maître n'avait pas le temps de l'enseigner.

Pauvre garçon! Le regard du mariste parut empreint d'une réelle compassion.

Et pourtant Popy semblait plus hésitant que jamais. Combien il était fâcheux que le moine ne pût parler. Un mot, une parole eussent été si utiles à l'enfant pour l'amener à dire ce qu'il voulait exprimer, ce qui avait tant de peine à sortir. Cependant il prit son parti tout à coup.

— C'est pour la fête de mon parent... Il s'appelle Pasquet.

En parlant ainsi Popy rougit considérablement, ce que le moine eût remarqué s'il n'eût été occupé à écrire en gros caractères *Pasquet* au milieu de la guirlande de fleurs.

La prudence arrêta Popy, qui faisait ses efforts pour ne pas sauter sur l'ardoise et s'enfuir avec la merveille.

En descendant l'escalier, l'enfant était pâle d'émotion; il serrait l'ardoise contre lui. D'un bond il la porta dans sa cellule, la regardant avec l'intérêt qu'on porte à un être cher dont la convalescence peut être suivie d'une rechute. Ces crayons étaient si fragiles que Popy craignait pour la réalisation d'un projet qu'il nourrissait depuis si longtemps. Comme un portrait aimé il couvait des yeux l'ardoise qui lui représentait le plus précieux des trésors.

Toutefois l'enfant retourna au potager pour ne pas donner l'éveil au jardinier. Il fallait se montrer prudent, surtout ne pas trop afficher sa liaison avec le frère Athanase.

Le moine était toléré dans le couvent pour ses peintures dont le père Parenteau faisait cadeau aux béguines de Pont-du-Casse; mais Popy avait démêlé qu'au fond on tenait en médiocre estime les occupations du mariste.

Le marquis n'avait pas fait entrer l'enfant au couvent pour étudier sous un tel maître; aussi, depuis la passion que la peinture lui inspirait, le zéle de Popy pour le jardinage semblait-il s'être considérablement accru, et le frère jardinier, sous la direction duquel il avait été placé, trouvait-il un certain repos à ses labeurs.

Au bout d'un an consacré au perfectionnement de la main et à l'étude des choses de la nature, Popy ressentit un vif chagrin. Le frère Athanase fut atteint d'une longue indisposition, que le médecin traitait de maladie de langueur. Le moine était pâle d'habitude : de jour en jour son teint devint comme de cire, ses traits s'allongèrent, ses mains s'amaigrirent. Dans ses yeux brillait une flamme maladive, semblable aux dernières lueurs d'une lampe à laquelle l'huile manque.

Les maristes prêtaient une médiocre attention à ce singulier état. La plupart des moines n'avaient que de l'indifférence pour cette nature délicate qui vivait discrètement à côté d'eux, sans communication.

Les derniers jours du moine furent employés à peindre. A voir le bouquet splendide qu'il traçait avec ses pinceaux, on n'eût pas jugé l'homme atteint si profondément. Popy seul s'en doutait. Il voyait les efforts que le religieux faisait pour cacher sa situation.

Un matin que le frère Athanase, couché, donnait un dernier coup de pinceau à sa composition, il poussa un sanglot, auquel succéda un flux de sang. Popy effrayé courut à l'infirmerie demander des secours. Tout remède était inutile.

Quand l'enfant revint dans la cellule, le mourant eut encore la force de prendre sa boîte à couleurs et de la cacher sous le vêtement de Popy, comme s'il eût voulu que ce cadeau restât ignoré.

L'enterrement du pauvre religieux, mort sans l'assistance d'amis et de parents, inspira une vive tristesse à l'enfant. Tel était le triste sort qui lui était réservé. Il pouvait s'éteindre ainsi, seul entre les quatre murs de l'infirmerie, sans que sa mère fût à son chevet. Les moines qui entouraient l'enfant lui témoignaient si peu d'affection, le marquis de l'Aubépin lui-même rendait de si rares visites au couvent, que Popy s'y trouvait plus renfermé que dans un tombeau.

Maintenant l'enfant arpentait les diverses parties du parc, toisant les murs comme un architecte qui en cherche les parties faibles.

Son maître était parti, lui voulait partir à son tour. Il manquait d'air dans le couvent, il étouffait. La crainte d'y mourir le poursuivait.

Quelquefois la nuit Popy se réveillait en sursaut

à la suite de rêves où il voyait les murs de sa cellule se resserrer, s'avancer vers lui et prendre la forme étroite de la boîte de sapin dans laquelle avait été enfermé le frère Athanase. C'étaient des visions de robes noires, de chants d'église lugubres, de grandes larmes qui pleuraient au-dessus de sa tête. Avec des sueurs froides Popy se réveillait en appelant sa mère ou la Pasquette. Ni sa mère ni la Pasquette ne répondaient.

S'il se fût trouvé quelqu'un qui lui témoignât de la sympathie, Popy lui eût confié le secret de ses nuits troublantes ; mais qui eût prêté quelque attention à ses angoisses ?

Ce qu'il croyait pouvoir apprendre, Popy l'avait appris. Il avait terminé son bouquet de fleurs et inscrit au milieu le nom de *Pasquet*, le seul qu'il eût osé confier au moine.

Un peu au hasard, un peu à force de réflexions, l'enfant arriva, en se répétant souvent le nom, à écrire *Pasquett*. Il lui sembla que les lettres ainsi disposées répondaient mieux à la prononciation. Ce problème fut cherché un mois par Popy. L'ornementation du nom fut plus facile. Ceci, Popy le savait à fond. Il avait vu tant de fois le moine encadrer de feuillages les peintures de saints et de saintes !

Le souvenir de la Pasquette pouvait être traité avec le même soin. Sur des gerbes de fleurs et de fruits couraient de jolis insectes que Popy traita avec une précision qui lui semblait le comble de l'art.

On eût compté les feuilles des roses, les nervures des feuilles dans cet encadrement fertile en patience. Aussi l'enfant mit six mois à son dessin, trouvant toujours quelque coin à faire valoir, ajoutant sans cesse au détail.

Quand la composition fut terminée, la gaieté s'empara de nouveau de l'enfant; il redevint ce qu'il était avant son entrée au couvent, et le jardinier fut étonné du redoublement d'entrain avec lequel Popy accomplissait sa tâche.

Cette bonne humeur cachait un projet qui ne devait pas tarder à recevoir son exécution.

Une après-midi le jardinier s'était retiré dans le petit bois pour s'y reposer. Popy qui rôdait aux alentours, distrait en apparence, avait l'œil aux aguets.

Comme s'il avait voulu imiter son patron, il s'introduisit sous la feuillée et s'étendit à quelques pas du dormeur; mais Popy ne songeait guère à se reposer. Relevant son corps à moitié, un bras accoudé sur la terre, à diverses reprises il passa la main au-dessus de la figure du moine, de même qu'il eût agi pour en écarter les mouches. Le dormeur ne se réveilla pas.

Un tablier de toile protégeait l'habit du moine,

et devant le tablier une poche dans laquelle le frère serrait ses menus outils de jardinage.

Appuyé sur la main gauche, Popy se redressa encore, sans quitter du regard la figure du dormeur. Il couvait de l'œil en même temps la poche entr'ouverte et semblait un serpent se ramassant sur lui-même avant de fondre sur sa proie. Toutefois, l'anxiété de Popy était visiblement égale à sa résolution. La résolution l'emporta.

Ardente, impassible, la main droite de l'enfant s'avança dans la direction de la poche du moine. Puis, jetant un dernier coup d'œil en arrière pour s'assurer que personne ne s'inquiétait de son manége, Popy plongea la main ouverte dans la poche du moine et la retira fermée.

Le frère ne s'était pas réveillé, mais l'enfant était pâle !

Cependant il se releva, mû comme par un ressort, écarta la feuillée, sortit avec précaution du bois, et ce ne fut qu'à la lisière que, d'un bond, il s'élança vers le hangar qui servait de remise aux instruments de jardinage. Une plate-bande longeait les murs de la cabane. Avec les mains, Popy creusa un trou et y enfouit l'objet qu'il avait pris dans la poche du moine.

En passant près d'un plant de tomates, l'enfant en prit une, la suça avec avidité, tant l'émotion avait desséché son gosier ; puis il alla au puits et avec ardeur remplit d'eau une grande auge voisine. La sueur coulait de son front sur ses joues. Le sang les colorait vivement. Popy semblait heureux de cette réaction qui détendait ses nerfs et chassait une pâleur accusatrice.

Ce fut seulement à l'appel de la cloche annonçant le repas des moines que le jardinier qui, inquiet, parcourait les allées en divers sens, demanda à Popy s'il n'avait pas la clef du hangar.

— Mais vous ne me l'avez pas donnée, répondit Popy en s'efforçant de regarder le moine en face.

— C'est singulier, reprit le jardinier; je l'avais ce matin, puisque j'ai pris ma bêche dans la cabane.

— Votre poche est large, dit effrontément Popy; la clef est peut-être tombée pendant que vous vous baissiez.

Le moine se contenta de cette réponse.

Ce soir-là Popy ne mangea pas et en prit prétexte pour se plaindre d'une fièvre produite par l'ardent soleil de la journée; il se disait brisé et obtenait la permission de ne pas assister aux offices du soir.

Rentré en cellule, Popy s'étendit sur sa couche, méditant. La première partie de son projet avait réussi. L'enfant était en possession de la clef du hangar. Sa fièvre de commande le quitta aussitôt, mais celle de la liberté était plus tenace.

Sautant au bas de sa couche, où il ne trouvait pas le repos nécessaire pour le succès de son entreprise, Popy tira un drap du lit, le déchira en trois dans la longueur, en noua solidement les bouts et se l'attacha en écharpe autour du corps.

Dans une boîte de forme allongée dont le frère Athanase lui avait fait cadeau pour mettre les pinceaux, l'enfant enferma son précieux dessin au nom de Pasquette, suspendit la boîte à son cou et attendit que la cloche du couvent sonnât minuit, l'heure à laquelle les moines rentraient de la chapelle.

Longue attente pour qui a soif de liberté! Les moyens de la réaliser avaient empreint la physionomie de Popy d'une gravité d'homme.

Tout le couvent semblait plongé dans le sommeil. Popy traversa avec précaution les longs corridors, éclairés de loin en loin par de tremblantes veilleuses. Quatre étages de corridors se succèdent parallèlement, auxquels un escalier sert de communication; mais la porte du corridor du rez-de-chaussée, donnant sur le jardin, était fermée. L'enfant descendit à tâtons à la cave; il avait remarqué qu'un soupirail donnait sur une terrasse en avant du couvent. Briser le treillage en fil de fer rouillé du soupirail fut facile, et en se trouvant dans le jardin Popy respira. Tout, jusque-là, réussissait et présageait un heureux succès.

Après avoir longé les murailles afin d'être masqué par les arbustes des plates-bandes, le garçon arriva sans mécompte au hangar près duquel il avait enfoui la clef dérobée au jardinier. Quoique la nuit fût noire, Popy retrouva facilement le précieux outil.

Dans cet endroit, le bruit d'une serrure pouvait se produire impunément, le jardin, par son étendue, étant éloigné du couvent. Et cependant, il semblait à l'enfant que son cœur battait aussi bruyamment qu'un rappel de tambour, et que ce bruit devait donner l'alerte aux moines.

Il n'y avait plus à hésiter. Popy était arrivé au point épineux de son entreprise.

Entré dans le hangar, l'enfant en ressortit, soulevant avec peine l'extrémité d'une lourde échelle dont le poids, en toute autre circonstance, eût dépassé ses forces; mais l'aspiration à la liberté décuple la puissance des nerfs. Après avoir traîné l'échelle dans une allée faisant face au mur d'enceinte, Popy se trouva vis-à-vis du dernier obstacle à sa liberté.

C'était une longue muraille, dont plus d'une fois l'enfant avait mesuré avec tristesse l'élévation; derrière cette muraille apparaissait la cime de hauts peupliers. Toujours, devant la muraille et le feuillage mobile des arbres, l'idée de fuite s'était présentée au garçon. Il se rappelait l'arbre de la liberté planté devant l'église de son village.

L'échelle soulevée par un suprême effort et appliquée contre la muraille, Popy gravit les échelons vivement sans s'apercevoir que dans l'ombre calme une ombre mobile s'avançait.

— Qui est là? cria une voix que Popy reconnut pour être celle du frère jardinier.

L'enfant s'arrêta et se colla contre l'échelle. Le bruit ayant cessé, il enjamba de nouveaux échelons.

Mais l'échelle fut secouée si violemment que Popy n'eut que le temps de l'abandonner pour se cramponner aux branches d'un vieil arbre formant espalier.

Encore un instant, il eût recouvré la liberté. Maintenant l'enfant se sentait perdu. Et quelle sombre reclusion l'attendait après sa tentative de fuite!

— Qui est là? reprit la voix menaçante du moine.

Popy n'était éloigné de la crête de la muraille que de sa hauteur; mais les branches de l'arbre auquel il était cramponné se brisaient sous ses pieds, et sans un crochet de fer enfoncé dans le mur qu'il saisit de la main et une pierre formant saillie qu'heureusement son pied rencontra, il serait tombé au pied de la muraille.

Le moine s'était rapproché du tronc de l'arbre;

le bruit des branches brisées lui indiquait que le fugitif avait abandonné l'échelle.

Un objet flottant toucha tout à coup le visage du jardinier.

Le drap que portait Popy en écharpe s'était dénoué. Le moine le tira à lui, et l'enfant se débarrassa vivement de cette corde improvisée qui infailliblement l'eût fait tomber si le jardinier l'avait tirée à lui avec force.

Popy ne s'en regardait pas moins comme perdu. Il tenta un dernier effort. Sa main gauche n'avait pas lâché le montant de l'échelle encore dressée contre ce mur. Un pied imita la main. Le corps suivit.

En quatre enjambées, Popy fut sur la crête du mur et, haletant, il l'enfourcha.

Mais le drap lui manquait pour descendre de l'autre côté. Sauter en bas, la hauteur était trop considérable. S'il ne se tuait pas, l'enfant se briserait les membres et tomberait à la porte de cette prison à l'intérieur de laquelle les moines le ramèneraient pour lui infliger une longue détention.

L'échelle était trop lourde pour que Popy put l'attirer à lui et la dresser contre la face du mur extérieur.

En ce moment Popy qui, de la main, s'appuyait sur le haut de l'échelle la sentit remuer de nouveau, mais sourdement. Il comprit que le moine grimpait les échelons et le rejoindrait bientôt sur la crête du mur.

Un bouillonnement éclata dans les veines de l'enfant, monta à son cerveau, obscurcit ses yeux.

La chasse continuait, implacable.

Lentement, le moine montait les échelons craignant d'être attaqué par un complice du voleur qui pouvait être aux aguets à l'extérieur du jardin.

L'épaisseur de la nuit l'empêchait de reconnaître la position de son adversaire.

Elle était bonne.

Solidement assis sur la crête du mur, le serrant fortement avec ses genoux, Popy avait conquis un avantage sur celui qui lui donnait la chasse.

Si le moine continuait à s'avancer ou faisait mine de déloger l'enfant de sa position, Popy n'avait qu'à s'arc-bouter et à infliger à l'échelle une pente qui entraînerait son adversaire dans une chute certaine.

Il n'en était pas ainsi. Avec précaution, le jardinier gravissait les échelons.

Malgré la pensée de vengeance naturelle contre un être qui l'empêchait de recouvrer sa liberté, Popy entrevit les suites de la défense : un homme blessé dangereusement, peut-être tué.

L'enfant eut pitié du moine qui n'avait pas été mauvais pour lui; il ne voulut pas charger sa conscience d'un meurtre, si légitimé qu'il fût par une légitime défense. Et quoique, en ce moment suprême, le souvenir de sa mère et de la Pasquette lui revînt doux et bon, Popy préféra se sacrifier.

Quittant sa position d'enfourchement, l'enfant s'assit sur la crête du mur, les jambes pendantes, sur la face opposée au jardin.

A un mètre de la muraille, un cordon d'ombres était produit par le feuillage des grands peupliers.

L'échelle remuait toujours. Le moine montait avec plus de certitude.

Se pelotonnant, les bras tendus en avant, Popy se lança dans l'ombre.

Le feuillage frissonna, les branches craquèrent.

Un choc à la tempe ne permit pas à l'enfant de réfléchir.

Il était sauvé !

Ses yeux, habitués à l'obscurité, avaient perçu un peuplier d'un tronc considérable; mais les bras de l'enfant s'étaient allongés comme par miracle pour l'étreindre.

Sans s'inquiéter du choc, Popy descendit du peuplier comme un écureuil, se trouva dans les terres labourées, les traversa plus vite qu'un lièvre poursuivi, et tomba abattu dans un massif de pins.

Ces divers incidents s'étaient produits comme dans un rêve. D'un rêve en effet sortit Popy, qu'une sensation froide sur la peau réveilla après un évanouissement d'une demi-heure. Son sang coulait d'une blessure qu'il s'était faite à la tête ; mais, l'enfant ne se préoccupait guère de sa blessure.

Quittant le bois de pins, il se mit en quête d'un courant d'eau, baigna sa plaie, appliqua dessus une plante aquatique, et, rafraîchi, continua son chemin en s'orientant d'après les étoiles.

X

La première chose qu'aperçoit un paysan de la Gironde en ouvrant sa porte est la petite croix qu'il tient pour plus efficace protectrice de sa demeure qu'une plaque d'assurances. Elle est touchante cette croix faite en vieux linge, ornée d'épis de blé et de racines de champ ; avec le temps la croix prend des formes singulières, se tord sous l'action de l'humidité, se fane sous celle de la poussière ; elle n'en reste pas moins pendant un an l'emblématique sauvegarde de la maison.

Trois heures après sa fuite du couvent, Popy plaça le merveilleux dessin en l'honneur de la Pasquette sous la croix de la porte de la Cadichon. Puis il s'éloigna.

La Pasquette ne manquait jamais le matin de jeter un coup d'œil sur le signe qui avait protégé sa famille la nuit ; l'enfant faisait une prière mentale et remerciait Dieu d'avoir endormi dans le repos ses frères, ses sœurs et sa tante.

Lorsqu'elle aperçut sous la croix son nom entouré d'une couronne de fleurs, la Pasquette ressentit une singulière émotion. Elle non plus ne savait pas lire. Elle vit seulement que certains caractères étaient tracés au centre de la couronne si admirablement coloriée.

— Ma tante, s'écria-t-elle, ma tante!

— Qu'est-ce? fit la brave Cadichon qui descendit vivement.

La Pasquette tendit le dessin à sa tante.

— Voilà, dit-elle, ce que j'ai trouvé sous la croix.

— Une image! s'écria la Cadichon en écartant de toute la longueur de son bras le dessin pour mieux le voir. Passe-moi mes lunettes!

La vieille, ayant assujetti ses conserves sur le nez, regarda avec étonnement les fleurs, le feuillage de l'encadrement; mais de même que sa nièce, elle ne put déchiffrer l'écriture.

En ce moment les voisins ouvraient leurs portes : le boucher accrochait son étal, le mercier étalait sa marchandise, le quincaillier groupait à la montre ses ustensiles de ménage; mais ni le boucher, ni le mercier, ni le quincaillier, ni le tueur de porcs qui vint à passer, ne pouvaient parvenir à lire cette écriture quoiqu'elle fût en gros caractères. Les oies qu'on venait de lâcher dans le bourg, les poules qui cherchaient leurs grains dans les fissures des pavés, les grands bœufs qui passaient en allant aux champs auraient plutôt déchiffré cette légende que ces braves gens dont l'ignorance avait été gratuite et obligatoire.

Cependant la Pasquette demandait à chacun quel était celui qui avait accroché l'image à la porte de sa tante. Personne ne répondait, sauf le boucher qui dit avec un gros rire :

— Ce n'est pas tant la porte de la Cadichon qu'on a voulu orner que celle de la nièce.

L'enfant rougit. Le mot du boucher répondait trop à ses propres sentiments.

Le résultat était que chacun admirait la peinture, que la boutique ne désemplissait pas de commères épiloguant à ce sujet, et que plus d'une jolie fille du bourg se mordait les lèvres de dépit de n'avoir pas trouvé un pareil chef-d'œuvre en se levant.

Le premier moment de surprise passé :

— Pasquette, dit la Cadichon, tu oublies le bétail pour l'image.

A contre-cœur, pour la première fois, la jeune fille se rendit aux champs, suivie de ses animaux. Un nouvel incident se produisait dans sa vie, qui la rendait rêveuse. Ce n'était pas l'époque de sa fête : d'ailleurs qui la lui eût souhaitée si galamment? Personne dans le pays n'était connu pour posséder un si merveilleux talent d'enlumineur.

La peinture venait donc de loin. D'où ? Spontanément une association d'idées se présenta à la Pasquette, singulière et troublante : l'enlèvement de son portrait et l'envoi du dessin. Il y avait là matière à rêverie. Ah! si le petit singe de Popy fût resté dans le village, lui seul était capable d'aider Pasquette à éclaircir ce mystère!

Ce fut alors que se représenta avec vivacité le souvenir de Popy. Pauvre garçon ! Il y avait deux ans maintenant qu'il avait quitté le village! Ce jour-là, la Pasquette regretta son ami plus que de coutume.

Le soir, l'enfant reprit le chemin de Chantonnay, un peu étonnée de ne pas rencontrer M. de l'Aubépin sur sa route. Tous les soirs, le marquis venait au-devant de la jeune fille ; tous les soirs il la reconduisait au bas de la montagne. Cette habitude était telle qu'en toute autre circonstance la rencontre eût manqué à la Pasquette ; mais, à cette heure, la mystérieuse image remplissait son esprit de telle sorte que nulle autre pensée ne pouvait s'y loger.

Au bas de la colline l'enfant rencontra une vieille qui lui dit d'un singulier ton :

— Le notaire a lu l'écriture. Tu dois être fière ; c'est ton nom qui est inscrit au milieu des fleurs.

La Pasquette reçut un coup et s'efforça de ne pas paraître prendre garde au mot de la vieille.

En ce moment Cadillac traversait la chaussée.

— Eh bien, Pasquette, dit-il, ton amoureux t'a envoyé un joli souvenir.

Son *amoureux!* La jeune fille commença à craindre de comprendre.

Une autre femme, qui passait, dit à l'enfant :

— Il est bien galant, tout de même!

La Pasquette n'osait plus lever la tête : elle craignait presque d'entrer chez sa tante et ralentissait sa marche.

— Dépêche-toi, lui cria la brave Cadichon qui l'attendait sur le seuil de la porte. C'est ton nom qui est inscrit parmi les fleurs.

La jeune fille leva des regards émus et inquiets vers sa tante.

— Le maître d'école, continua la tante Cadichon, déclare qu'il ne saurait lui-même tracer de pareilles lettres; le notaire non plus n'a jamais vu de si belle écriture. Tout le village est à l'envers.

La jeune fille, pour cacher son trouble, alla conduire les bestiaux à l'étable. Son cœur battait à tout rompre.

Quand elle entra dans le Cercle :

— Pasquette ! Voilà Pasquette ! s'écrièrent les habitués.

La figure de l'enfant s'empourpra. Ses yeux se fermèrent. Elle ne voyait plus, elle n'entendait que le battement de ses artères, les pulsations de son cœur. Ses jambes se refusaient à la porter.

Elle se laissa tomber sur une chaise plutôt qu'elle ne s'assit.

— Il n'y a pas à s'en dédire, fit le notaire qui prit le dessin de Popy et le mit sous les yeux de l'enfant. Le nom de Pasquette est bien tracé au milieu des roses.

Mais la jeune fille ne voyait pas plus l'image que le marquis de l'Aubépin qui se tenait dans un coin du Cercle, froid, muet, les lèvres serrées. Il semblait à la Pasquette que tous les regards plongeaient en elle comme des juges chargés de l'interroger.

Heureusement les enfants vinrent faire diversion à l'embarras de leur sœur. Comme une nichée de petits oiseaux qui ouvrent le bec et poussent des cris affamés en attendant leur mère en retard, les enfants réclamaient Pasquette avec d'autant plus d'insistance que leur divertissement habituel leur manquait.

Ce jour-là le marquis de l'Aubépin ne semblait pas d'humeur à les égayer; il restait dans un coin, comme un jouet cassé.

— Allons, marmaille, dit la Cadichon, taisez-vous si vous voulez avoir de la cruchade.

Cette annonce de *cruchade* calma immédiatement les enfants; mais la Pasquette se demanda pourquoi sa tante, si occupée dans la journée par son commerce, avait fait cuire ce plat national des campagnes de la Gironde qu'on ne sert habituellement qu'aux jours de fête.

Les habitués du Cercle redressèrent également la tête; ils entrevoyaient une sorte de lien entre la peinture accrochée à la porte et ce plat des grandes réjouissances; aussi acceptèrent-ils avec enthousiasme une tranche de la savoureuse cruchade, que seul le marquis de l'Aubépin repoussa avec un geste dédaigneux.

Les enfants ayant terminé leur repas, la Pasquette en profita pour s'échapper. C'était l'heure de la toilette du soir des enfants, à laquelle elle procédait avec une sorte de joie maternelle. Tous ces baisers de petits êtres, qui allaient entrer dans un sommeil plein d'innocence, lui faisaient oublier les peines que lui causaient des ablutions parfois difficiles. Mais ce jour-là la Pasquette avait autre chose en tête. Ses frères et sœurs pouvaient courir en chemise par la chambre; elle ne les voyait pas. Il leur était permis de se taquiner et de crier; elle ne les entendait pas.

Singulier état d'esprit que la jeune fille n'avait jamais ressenti! Une sorte de douce confusion, de langueur et de rêverie s'emparait d'elle, qui faisait que toutes ses idées se portaient vers la mystérieuse image. Elle cherchait et ne trouvait personne dans son entourage qu'elle pût accuser de ce galant envoi.

A peine couchés, les enfants avaient fermé leurs paupières.

La Pasquette songeait. Elle se demandait si ce merveilleux souvenir n'était pas envoyé pour faire oublier le rapt de son portrait. Et un trouble, qui n'était pas sans charme, se mêlait à ses inductions.

Ce fut seulement en entendant le bruit de la sortie des habitués que la Pasquette se rappela qu'elle était restée près des enfants plus longtemps que de coutume. Il fallait desservir et ranger la salle du Cercle pour le lendemain. La jeune fille fut heureuse de ne pas avoir à supporter les regards de ce monde qui la regardait si curieusement.

Seul, le marquis de l'Aubépin était resté, plein d'anxiété de ne pas voir la Pasquette avant son départ. Il laissa partir les habitués, tourna autour de la salle et tout à coup, faisant effort sur lui-même :

— Ma brave Cadichon, dit-il, permettez-moi de vous donner un conseil.

La voix du vieillard était si particulièrement altérée que la bonne femme le regarda avec étonnement.

— Le moment est arrivé, dit le marquis, de surveiller votre nièce.

— Pasquette?

— Ayez l'œil ouvert... Votre nièce est d'un âge...

La tante Cadichon sourit en entendant le marquis s'exprimer ainsi. Elle était enchantée de voir poindre une amourette; cela teintait son esprit de rose, car l'amour dans le Midi se présente naturel et gai. Loin de réprimander sa nièce à propos d'une innocente affection, la Cadichon eût prêté plutôt son assistance pour l'encourager. Cependant elle ne voulut pas contrarier les idées du vieillard, et sans se poser en duègne austère, elle le laissa libre de croire qu'elle suivrait ses conseils.

La Pasquette était descendue. Sa tante l'embrassa sans lui dire un mot de l'avertissement de M. de l'Aubépin. La Cadichon avait hâte de se reposer.

— Si tu es fatiguée, dit-elle à sa nièce, ne range pas ce soir le Cercle, mets seulement les volets.

La Pasquette n'était fatiguée que de porter ses pensées. Il lui était plus agréable au contraire de ranger et de remuer les meubles pour les mettre en place. Cette diversion l'aidait à soulever le poids de son cœur.

En allant et venant, elle jeta un coup d'œil furtif sur l'image placée sur la cheminée. Il lui semblait que son nom était éclairé d'une douce flamme.

Au moment où elle s'approchait de la fenêtre pour mettre les volets, la Pasquette recula vivement. Une ombre, attachée aux vitres, s'était effacée tout à coup. Quelqu'un la regardait du dehors! Cette idée répondait trop aux propres pensées de la jeune fille pour qu'elle ne s'y arrêtât pas.

La Pasquette se retira dans le fond de la pièce, se demandant si elle ne devait pas appeler sa tante. Mais déjà elle devait être endormie ! Un sentiment singulier l'empêchait d'ailleurs de troubler la brave Cadichon par cet incident.

Retenant son souffle, le cœur battant, la Pasquette écoutait. Pas un bruit ne se faisait entendre au dehors ! Le pays était calme comme d'habitude. La jeune fille, plus rassurée, regarda comme chimérique cette ombre qu'elle avait cru apercevoir au dehors. Ayant rappelé son courage, elle ouvrit la porte résolûment en jetant un coup d'œil rapide du côté de l'impasse.

Le silence était égal à la nuit. La Pasquette prit un des volets et le posa contre la devanture de la porte ; comme elle allait dresser le second, elle entendit le vent lui apporter deux fois son nom : Pasquette ! Pasquette !

Avant qu'elle eût le temps d'être effrayée, Popy se trouvait devant elle, la regardant avec tendresse.

— Popy ! s'écria-t-elle, atteinte par une commotion qu'elle n'avait jamais ressentie.

Un éclair traversa alors ses visions.

— C'est toi qui m'as envoyé la peinture ! s'écria-t-elle.

Popy prit les mains de la jeune fille. Une tendre explosion éclatait d'autant plus vivement qu'elle avait été longtemps comprimée.

Un certain temps les deux enfants se regardèrent, comme pour lire leurs sentiments plus profondément. Une ombre de tristesse se faisait jour sur les traits de Popy malgré son bonheur, et la Pasquette voyait bien cette tristesse mêlée à la joie du retour.

Ils ne se parlaient pas; les mains pressées l'une par l'autre parlaient et se communiquaient d'ineffables tendresses.

Leurs poitrines étaient rapprochées; leurs cœurs battaient à l'unisson, leur souffle se confondait.

— Quelqu'un! s'écria la Pasquette en se détachant brusquement de Popy.

Et elle rentra précipitamment dans la boutique, pendant que Popy cherchait des yeux cette ombre qui avait disparu dans d'autres ombres, troublant de doux adieux.

XI

Deux ans s'étaient écoulés depuis ces incidents sans que la vie calme de Pasquette fût troublée. Un événement inattendu vint changer son existence.

Un matin que la Cadichon mettait en ordre sa boutique, elle aperçut à travers les vitres de la montre le notaire Despujols dans un état d'émotion qui modifiait profondément sa petite personne, d'habitude correcte et officielle.

— Seigneur! pensa la Cadichon, que peut avoir le notaire de poche?

On désignait ainsi familièrement dans le pays M. Despujols à cause de sa taille exiguë. Lui qui ordinairement marchait à pas comptés dans la rue, la Cadichon l'avait vu faisant des écarts de géant malgré ses petites jambes.

Il entra dans la maison du maître d'école, en sortit presque aussitôt en sa compagnie, lui parlant avec animation. De la main, il lui montrait le clocher de l'église et faisait un geste de commandement comme s'il s'agissait de sonner les cloches à toute volée.

— Il y a quelque chose, eut à peine le temps de se dire la tante Cadichon, car aussitôt le notaire entra dans la boutique en s'écriant :

— Vous savez, vous savez, le marquis de l'Aubépin est mort!

— Oh! le pauvre! fit la Cadichon qui resta au milieu de la boutique, comme si elle avait été changée en pierre.

Chose singulière, les deux yeux du petit notaire, par extraordinaire, manquaient d'ensemble et exprimaient des sentiments tout à fait divers. Si l'un reflétait la tristesse, l'autre était teinté de joie, avec une nuance beaucoup plus marquée que celle de la douleur.

— Madame Cadichon, dit le notaire avec un ton respectueux que la mercière ne lui connaissait pas, j'ai à vous entretenir en particulier.

La brave femme jeta un regard dans tous les coins de sa boutique pour montrer que nul être présent ne troublerait l'entretien.

— Non, dit le petit notaire, on pourrait nous déranger, montons à votre chambre.

Avec inquiétude, la Cadichon ouvrit la porte menant au premier étage et suivit le notaire qui, en trois enjambées, atteignit le haut de l'escalier. Jamais la mercière n'eût soupçonné cette agilité d'oiseau à l'honorable M. Despujols.

— Savez-vous, dit-il, ce que j'ai trouvé dans la main de M. le marquis?

— La Cadichon l'ignorait absolument et le témoignait par son profond étonnement.

— Je ne devrais peut-être pas vous confier en ce moment le secret; mais c'est une restitution... Ce que j'ai trouvé ce matin pouvait au besoin être mis sous les scellés... A quoi bon? Un scandale éclaterait dans le pays si quelqu'un en avait connaissance... Vous en porteriez le poids. Seule la Trionne était présente et tellement abattue par la douleur qu'elle n'a pas prêté attention à un secret qui intéresse si particulièrement votre famille... Promettez-moi de n'en pas parler !

La Cadichon leva les bras au ciel et jura par Notre-Dame de Pont-du-Casse qu'âme qui vive ne connaîtrait ce secret de sa bouche.

— Voilà l'objet que vous avez tant cherché, dit le notaire en tirant de son portefeuille le portrait de la Pasquette.

— Seigneur ! s'écria la Cadichon, ne comprenant pas que l'image de sa nièce eût été trouvée dans les mains du marquis... Oh ! la Pasquette va être contente de revoir son portrait.

— Le portrait ! le portrait ! fit le petit notaire... Ne lui montrez pas ! Il s'agit de bien autre chose !

En ce moment le peu de tristesse qui existait dans l'œil gauche du notaire avait tout à fait disparu. Quand il prit la main de la Cadichon, car il lui prit la main, l'œil droit du notaire rayonnait de façon à remplir la boutique de joie.

Jamais la mercière n'avait vu le notaire en pareil état. Il ne tenait pas en place, et quand il descendit M. Despujols marcha sur les terrailles amoncelées dans la boutique sans s'inquiéter s'il les écrasait.

Tout à coup les cloches venant à sonner :

— Et le juge de paix que j'oubliais ! s'écria le petit notaire. Et les parents à convoquer !

Il partit comme une flèche, laissant la Cadichon plongée dans de singulières réflexions. Elle pensait à l'œil droit de M. Despujols et se disait que jamais le décès d'un personnage considérable n'avait été annoncé si singulièrement.

Le notaire n'avait fait que parler et n'avait rien dit. En pareille occasion une commère ne se contente pas d'une nouvelle si sommaire. Il n'avait pas même été question de la maladie du marquis.

La veille au soir, M. de l'Aubépin était présent au Cercle. Elle-même, la Cadichon, n'avait pu faire mention de ce détail important. Le marquis était donc mort sans les secours de la religion. Quel étrange événement! Et ce portrait qui avait disparu si longtemps pour se retrouver dans la main du défunt!

N'étaient-ce pas des rêves bizarres qui troublaient à cette heure le sommeil de la mercière? Car elle rêvait, le fait était certain. Non, M. Despujols n'était pas entré dans sa boutique!

La Cadichon ne pouvait toutefois regarder comme illusoire l'écrin, garni de satin blanc, au milieu duquel était encadré le portrait.

Ce portrait était bien celui de la Pasquette. D'ailleurs les cloches, sonnant à toute volée, amenaient sur la place les gens du village, que la Cadichon reconnaissait pour des êtres vivants, en chair et en os.

Ah! si la brave femme n'eût pas juré, elle eût été immédiatement prévenir sa nièce de la trouvaille mystérieuse de l'écrin. Aussi à cette heure était-elle embarrassée du portrait qu'elle faisait passer d'une poche dans l'autre, ne le trouvant en sûreté dans aucune.

Cependant les commères arrivaient en presse. Le bruit du décès du marquis s'étant répandu dans Chantonnay, chacun venait chercher des nouvelles au Cercle.

Des nouvelles, la Cadichon en savait peu et beaucoup; mais il lui était interdit de parler. Elle se contenta de donner un bulletin détaillé des faits et gestes du marquis, pendant sa dernière soirée passée au Cercle. Assis dans l'embrasure de la cheminée, comme d'habitude, M. de l'Aubépin avait pris une part médiocre à la conversation, et, suivant l'usage, Cadillac l'avait reconduit jusqu'au haut de la montagne.

Ce dernier renseignement fut accueilli comme un trait de lumière par les commères, qui en tirèrent immédiatement des conclusions.

— Cadillac hérite!

Telle fut la pensée de tous les paysans. Justement, à cette heure, traversait le village l'héritier auquel les gens ne prêtaient qu'une médiocre attention dans la vie habituelle.

Ce jour-là, Cadillac recueillit autant de saluts qu'un évêque, ce qui l'étonna quelque peu. Vivant sans servante dans sa petite maison, il ignorait l'événement.

— Le pauvre marquis! s'écriaient les gens en serrant les mains du Gascon d'une façon significative.

Ce fut seulement chez la Cadichon que Cadillac apprit la mort imprévue de M. de l'Aubépin.

— Il était encore hier avec moi à dix heures du soir, s'écria-t-il, ne pouvant croire à cette nouvelle.

Sans en dire davantage, Cadillac s'élança dans la direction du château. Les cloches sonnaient toujours; mais le Gascon en percevait le tintement d'une façon particulière : au souvenir du défunt se mêlaient un certain nombre de pensées de fortune qui n'avaient rien de funèbre.

L'homme se sentait entraîné vers le château, dans son empressement d'apprendre de « bonnes nouvelles ». Dans l'élan que prit Cadillac pour arriver plus vite en haut de la montagne, ses jambes s'ouvraient grandes et démesurées, mues par des ressorts qu'il ne soupçonnait pas.

Il semblait à Cadillac que la nouvelle de son héritage devait être inscrite sur les murs, dans l'air, sur la figure des gens.

Il arriva au château. Les murs étaient impassibles, l'air était vif et les serviteurs du marquis fondaient en larmes.

— Comment, le juge de paix n'est pas encore arrivé? demanda d'un ton de maître Cadillac à la

Trionne qui, assise devant la cheminée, la tête penchée sur ses genoux, remplissait la cuisine de ses sanglots.

Le Gascon, n'obtenant pas de réponse, se dirigea vers la chambre du défunt. Les volets en avaient été fermés. Au pied du lit se tenait un prêtre qui priait pour le mort.

Il était tranquille à cette heure le pauvre marquis, dont la figure et les mains se détachaient en couleur de cire sur les linges blancs du lit. Il avait passé de vie à trépas sans longues souffrances ; son visage était calme.

Un christ avait été placé sur une petite table, entouré de cierges, et les gens de la propriété défilaient sans bruit dans cette chambre où s'était éteint le dernier des l'Aubépin. Tous avaient des larmes pour le mort, et Cadillac s'étonnait qu'on ne s'inquiétât pas de sa présence.

En voyant défiler les paysans dans les longs corridors dont les portes des diverses chambres étaient ouvertes :

— C'est incroyable, pensa le Gascon, qu'on laisse ainsi après décès une maison à l'aventure.

Il arpentait de long en large le corridor, faisant signe aux gens qui sortaient de la chambre du mort de ne pas s'arrêter et de descendre les escaliers.

Ce fut seulement à une heure de l'après-midi

qu'arriva le juge de paix, suivi de son greffier et du notaire.

— Monsieur Despujols, s'écria Cadillac, il n'est que temps d'apposer les scellés

— Que se passe-t-il? demanda le juge de paix.

— Tout est ouvert dans le château, à la disposition du premier venu... Il faut veiller aux intérêts des héritiers.

— C'est mon intention ; aussi suis-je venu sans prendre le temps de déjeuner.

— Nous déjeunerons après la pose des scellés, dit Cadillac.

— Pardon, avant, fit le juge de paix, si vous le permettez.

Cadillac n'osa insister, quoique en toute circonstance un repas quelconque lui fût agréable.

— D'ailleurs, j'en ai pour cinq minutes, dit le juge de paix. Une croûte de pain, une tranche de saucisson, un verre de vin! Aussitôt après, nous procéderons à la pose des scellés.

Cadillac approuva mentalement ce menu de repas auquel il ne toucha pas! En ce moment, le cerveau gouvernait son estomac, qui par extraordinaire était entièrement fermé. Ce fut d'ailleurs pour lui le plus succulent des repas que l'opération à laquelle il assista : jamais il n'avait tant remarqué d'armoires, de tiroirs, de coffres pleins.

— Ceci maintenant est bien à toi, se disait-il,

quand la bande de parchemin fut fixée sur les ouvertures des meubles, scellée d'une large empreinte de cire.

Que d'habits! que de linge! que de provisions de toute espèce! Il y en avait pour des siècles, tant le marquis vivait simplement.

Quand le juge de paix procéda à la fermeture du secrétaire plein de titres de rente, de sacs d'argent ficelés, Cadillac eut une vision.

Combien il s'applaudit alors de sa triomphante idée d'avoir proposé au marquis d'être l'exécuteur testamentaire de lui, Cadillac!

Était-ce assez fin, et comme il avait bien fait de prendre ses précautions d'avance! Évidemment, cette confidence avait donné l'idée à M. de l'Aubépin de rendre la pareille à celui qui lui témoignait tant de confiance.

La mission du juge de paix terminée, Cadillac s'attacha aux pas de M. Despujols et l'accompagna avec l'insistance d'un héritier qui veut connaître la teneur d'un testament; mais l'impénétrable petit notaire esquivait les questions du Gascon sur la situation financière du défunt.

— A combien, monsieur Despujols, estimez-vous la fortune de M. de l'Aubépin?

— C'est selon, disait le notaire.

— A peu près?

— Peuh!

— Mais enfin?

— M. le marquis n'était pas administrateur.

— Sans doute. Un bon administrateur doublerait facilement les revenus de l'Aubépin... Je le sais... Mais croyez-vous que le défunt laisse cinq cent mille francs?

— Il faudrait voir, disait le prudent notaire.

N'en pouvant rien tirer, Cadillac alla donner un coup d'œil aux propriétés attenantes au château. En effet, elles n'étaient pas administrées avec l'économie d'un bon propriétaire. Trop de paysans vivaient aux dépens de cette propriété : n'étant pas surveillés par l'œil du maître, ils se fiaient au rendement naturel de la terre. Et si un régisseur remplaçait le marquis, il avait des goûts trop prononcés de chasseur pour veiller aux intérêts de son maître. Sa principale occupation était d'aménager des terrains pour en faire de merveilleuses palombières; et, comme le spectacle de cette chasse était l'unique divertissement que se donnât M. de l'Aubépin, le seul qui convînt à ses goûts solitaires, le régisseur était maître de ses actions.

Le soir, au Cercle, Cadillac se fit remarquer par son absence. Un des habitués qui le rencontra voulut l'y entraîner.

— Pas aujourd'hui, dit le Gascon. Il serait indigne de se récréer dans ces jours de deuil... Je rentre chez moi consacrer la soirée au souvenir de celui qui me faisait l'honneur de m'appeler son ami.

Le lendemain, le bruit se répandait dans le pays de la commande d'une douzaine de mouchoirs que Cadillac avait faite au quincaillier qui tient également les articles de bonneterie.

— Tous les mouchoirs qu'il possédait, disait Cadillac, avaient été trempés dans la nuit par un déluge de larmes versées sur le trépas du marquis.

On parla d'autant plus de cet incident qu'au convoi du défunt, Cadillac tira de sa poche un de ces mouchoirs, qu'il avait fait border d'un crêpe de la largeur de deux doigts.

Ce n'étaient pas les parents de feu M. de l'Aubépin qui avaient arboré de pareils signes de chagrin, car on remarquait dans la nef de l'église une nuée de cousins, de petits-cousins et d'arrière-cousins, les Langlade, les Castelviel, les la Roquille, les Villetorte, qui étaient venus assister au convoi et surtout à l'ouverture du testament.

Le deuil était conduit par un vieux chevalier de Saint-Louis, le baron Périssac d'Ordonnac, qui représentait la noblesse. Le comte de Villetorte tenait un des coins du poêle; il était bossu, mais d'une noblesse incontestable. M. de la Roquille lui faisait face, et un prêtre allié à la famille, l'abbé de Sallebœuf, complétait le cortége.

Immédiatement à la suite des parents venait Cadillac, continuant à tremper de larmes ses mouchoirs encadrés de crêpe et témoignant par là de la profondeur de ses chagrins.

Aucun discours ne fut prononcé sur la tombe du défunt, quoique la question eût été vivement discutée parmi les parents; mais la situation de M. de l'Aubépin vis-à-vis de la marquise rendait toute éloquence difficile.

Il était impossible de grossir le peu de titres que possédait le défunt par celui de « bon époux », qui est un des plus précieux thèmes sur lesquels brode un orateur à cour de matières. La séparation des deux conjoints eût nui à l'oraison funèbre; c'est pourquoi l'abbé de Sallebœuf resta muet.

La cérémonie terminée, les parents vinrent déjeuner au château, attendant la lecture du testament, que M. Despujols devait faire à une heure.

Cadillac ne se possédait plus. Quand il vit le petit notaire avec son grand portefeuille gravir la montagne, il se précipita sur lui et manifesta une telle émotion que M. Despujols, rompant avec sa réserve habituelle, crut pouvoir lui dire :

— Cadillac, vous serez content!

La bonne parole! Cette fois, dans son épanouissement, le Gascon oublia de tirer de sa poche son crêpe lacrymatoire.

Le principal signe des réunions solennelles en

province est la disposition des siéges. Quand, dans une grande pièce, les fauteuils et les chaises forment éventail, il s'agit d'un grave événement. Cette symétrie ne faisait pas défaut à la lecture du testament du marquis. La table du notaire était au milieu du salon et, posés comme par la règle d'un architecte, les fauteuils et les bergères ne s'écartaient pas de cette courbe officielle qui permettait à chacun des assistants de voir et d'entendre.

Le notaire, ayant salué les parents du marquis, étala sur la table son portefeuille de maroquin noir, l'ouvrit, toussa pour nettoyer ses cordes vocales, se leva et lut :

« L'an de grâce 1827, moi, marquis Agénor
« de l'Aubépin, voulant disposer de mes biens et
« propriétés en toute liberté, j'ai déposé chez
« maître Despujols, notaire, le présent testa-
« ment dont un double existe dans un des tiroirs
« de mon secrétaire.

« J'évalue ma fortune à six cent mille francs,
« dont quatre cent mille en biens et en propriété.

« Par le présent testament, j'institue pour exé-
« cuteur testamentaire le père Parenteau, de la
« compagnie de Marie, et lui lègue en argent cent
« mille francs pour qu'il en fasse, en toute liberté,
« l'emploi le plus pieux qui lui conviendra. »

Ici le notaire s'arrêta un instant comme à la fin d'un premier chapitre. Quoique la ligne courbe des siéges fût inflexible, un certain bruit de fauteuils se fit entendre sur le parquet, les membres de la famille s'étant rapprochés les uns des autres pour échanger des regards, se souffler à l'oreille quelques confidences et s'offrir des pastilles destinées à faire attendre patiemment la conclusion.

Une imperceptible rumeur avait accueilli les dernières paroles du notaire, plus favorable d'ailleurs que désagréable.

Un membre de l'Église héritant formait au testament un fronton sympathique. Feu le marquis eût toutefois été peut-être mieux inspiré en choisissant pour son exécuteur testamentaire l'abbé de Sallebœuf, qui eût certainement rempli ses intentions aussi pieusement que le moine!

M. Despujols, ayant jeté un coup d'œil sur l'assistance, continua à faire connaître les dispositions du défunt :

« Sur la portion d'argent liquide déposée chez
« mon banquier, les pensions suivantes devront
« être délivrées par les soins de mon exécuteur
« testamentaire.

« Primo, six cents francs de rente à la Trionne,
« ma domestique, qui ne m'a jamais quitté ;
« secundo, également six cents francs de rente
« viagère et insaisissable à M. Cadillac ; tertio, une
« autre rente de six cents francs à André Destriches,
« mon régisseur ; quarto, chacun des gens de ma

« propriété a droit à une rente de cent francs,
« réversible sur la tête de ses enfants. »

Le notaire fit une nouvelle pause pour permettre aux héritiers, qui jusqu'alors n'héritaient de rien, d'espérer. Aucune observation ne s'étant fait entendre, M. Despujols toussa d'une façon plus prolongée qu'au début et continua d'une voix claire :

« J'institue pour ma légataire universelle made-
« moiselle Pasquet, dite Pasquette, orpheline, et
« lui lègue en toute propriété : Primo, le château
« de l'Aubépin et les terres qui en dépendent. »

A l'annonce de la donation considérable faite par le marquis à la Pasquette, un froid glacial souffla sur les espérances des héritiers.

En ce moment suprême les fauteuils, non plus que les personnages qu'ils contenaient, ne remuaient plus.

Sans paraître s'apercevoir de cet effet, le petit notaire continua la lecture du testament de M. de l'Aubépin :

« Secundo, mon chalet, situé à Pont-du-Casse,
« je le lègue également à mademoiselle Pasquet
« dite Pasquette. »

Les yeux des Langlade, des Castelviel, des la Roquille et des Villetorte lançaient de singuliers jets d'irritation.

« Tertio, continua le notaire, toutes mes pro-

« priétés éparses sur les deux rives de la Garonne,
« prés, bois, vignes, appartiendront à mademoiselle
« Pasquet. »

Les bouches des parents se pinçaient, les yeux se fermaient pour cacher leur indignation ; chaque membre de la famille eût voulu boucher ses oreilles. L'inflexible petit notaire n'en continuait pas moins à énumérer d'une voix beaucoup trop claire les avantages de l'héritière.

« Quarto. Mademoiselle Pasquet, dite Pasquette,
« aura la libre jouissance de vingt mille livres de
« rente. »

Cette fois, ce que jamais n'avait vu M. Despujols, l'éventail dévia de sa ligne courbe et les pieds des fauteuils et des bergères manifestèrent une violente réprobation.

« L'état de mariage, continua le notaire, étant
« l'acte le plus grave de la vie, au cas où made-
« moiselle Pasquet, dite Pasquette, voudrait se
« marier, elle ne pourrait le faire sans les conseils
« et l'assentiment de mon exécuteur testamentaire,
« le père Parenteau, et en cas de mort de ce der-
« nier, sans les instructions du supérieur des ma-
« ristes qui lui succédera. Je désire et j'entends
« que ces conditions soient respectées de tous et
« je signe en pleine connaissance, sain de corps
« et d'esprit : marquis Agénor de l'Aubépin. »

En ce moment M. Despujols, peu soucieux de

regarder en face tant de physionomies désappointées, rangeait un à un avec lenteur ses papiers dans le portefeuille. Il n'en ressentait pas moins les courants d'indignation qui l'enveloppaient de toutes parts.

Plein de pénétration, le notaire pouvait lire au fond des consciences sans regarder la physionomie des gens. Rien que la secousse imprimée aux sièges sur lesquels les nobles personnages étaient assis contenait des imprécations contre lui, accusé de complicité avec le défunt pour avoir prêté son concours à un pareil testament; mais M. Despujols, pendant sa carrière, avait fait part de plus d'une dernière volonté de mourant et il était habitué à ces dénoûments. Aussi ne s'étonna-t-il pas de la disparition subite des la Roquille, des Castelviel et du baron de Villetorte, quoique la bosse de ce dernier fût chargée de menaces.

Non plus M. Despujols ne fut pas étonné de trouver en sortant Cadillac aux aguets.

— Six cents francs de rente, lui dit-il.

— A moi? s'écria Cadillac d'un ton indigné.

— En viager et insaisissable.

Les traits du Gascon avaient encore subi plus d'altération que ceux des membres de la famille.

— Qu'est-ce qui hérite du château? demanda-t-il d'une voix presque sans son.

— La Pasquette.

— Et les terres?

— La Pasquette.

— Et le mobilier?

— La Pasquette.

— Et les titres de rente?

— La Pasquette.

— Et les provisions?

— La Pasquette.

— Oh! râla Cadillac qui disparut comme les parents, laissant M. Despujols méditer sur les tourmentes que peut produire un testament.

XII

Ce fut avec stupéfaction que la Cadichon apprit de la bouche du notaire la nouvelle de l'héritage de sa nièce.

— Les bras m'en tombent! s'écria-t-elle.

Elle eût, en effet, reçu sur la tête un violent coup de massue qu'elle n'eût pas éprouvé un semblable trouble. Cent écus de bénéfices exceptionnels dans son petit commerce lui semblaient une fortune considérable. Un lopin de terre qu'elle rêvait d'acheter aux environs du bourg, grâce à cette recette exorbitante, lui paraissait le comble de la richesse. Et la Pasquette était appelée à gérer des biens immenses, à disposer de sommes dont la mercière n'arrivait même pas à se rendre compte!

— Que faut-il faire, grand Dieu! demanda-t-elle au notaire.

— Naturellement vous quitterez cette boutique pour vous installer au château avec toute votre famille.

Des larmes montèrent aux yeux de la tante Cadichon. Abandonner la modeste boutique où elle avait vécu si heureuse, laisser aux soins d'étrangers ce Cercle si animé où tous les gens du bourg passaient leur soirée depuis trente ans! La brave femme souffrait à l'idée de ne plus voir « sa société ». La direction de ce grand château de l'Aubépin et des nombreuses terres qui en dépendaient la paralysait.

— Si vous êtes embarrassée, dit M. Despujols qui comprenait ce trouble, venez me trouver, je suis toujours à votre disposition.

N'y tenant plus, la Cadichon sortit, laissant la garde de la boutique à une voisine. C'était la première fois de sa vie qu'elle manquait à son comptoir. Elle avait besoin d'air pour chasser ces visions troublantes d'or et d'argent. Surtout la Cadichon voulait voir la Pasquette. Elle courut pour arriver plus vite : les jambes lui manquaient. En haut de la montagne, elle fut obligée de s'arrêter en face du château de l'Aubépin dont elle osait à peine regarder les murs.

Comme d'habitude, la Pasquette faisait paître les troupeaux du village dans le pré à l'heure où sa tante apparut.

— Pauvre, oh! la pauvre! s'écria-t-elle en sautant au cou de la Pasquette.

Un torrent de larmes succéda à cette marque de tendresse. Avec inquiétude, la jeune fille demanda à sa tante la cause de son émotion.

— Tout ça est à toi, pauvre! s'écria la Cadichon en étendant les bras vers l'horizon.

La Pasquette regarda sa tante avec anxiété.

— Tout à toi, les champs, les prés, les vignes, le château! Tu hérites de tout!

La jeune fille ne comprenait pas. *Héritage* manquait à son dictionnaire restreint. Il fallut que la Cadichon expliquât à sa nièce que M. de l'Aubépin, par *testament* (autre mot faisant également défaut au même dictionnaire), lui *léguait* (encore un mot bizarre) sa fortune et ses biens.

Et voilà pourtant ce qui te vaut cette fortune! ajouta la Cadichon en tirant de sa poche le portrait trouvé dans les mains du défunt.

En voyant l'écrin qui contenait la photographie, la jeune fille rougit. Elle comprit vaguement.

La disparition du portrait, les longues promenades que M. de l'Aubépin faisait en accompagnant l'enfant, la timidité du vieillard, les paroles qui semblaient vouloir sortir de sa poitrine et qui y rentraient pour ainsi dire, étaient expliquées.

La Pasquette eut alors pour la première fois une sorte de conscience de sa beauté.

— Dépêche-toi, dit la Cadichon, de reconduire la Pirousse.

C'était le nom de la vache.

Comme sa tante, la Pasquette eut un regret en quittant cette prairie où elle avait vécu si longtemps heureuse. La jeune fille marchait soucieuse, ne jetant pas, elle non plus, des regards de convoitise sur les murailles du château.

Comme elle passait devant la porte, des cris se firent entendre :

— Voilà la Pasquette !

Un groupe de vignerons la désignait à un moine qui se trouvait au milieu d'eux. Le père Parenteau quitta aussitôt le groupe pour saluer la Cadichon et sa nièce.

— Mesdames, dit-il en s'inclinant profondément.

La Cadichon se retourna pour s'assurer que c'était bien à elle et à sa nièce que parlait le moine. Jamais la mercière ne s'était entendu donner ce titre.

— C'est mademoiselle, me dit-on, reprit le père Parenteau, qui est l'héritière du défunt marquis?

La Pasquette tenait toujours la Pirousse par la longe et semblait embarrassée de son maintien.

— Je me félicite de cette rencontre, mesdames, car je me disposais à me rendre chez vous.

Le moine fit signe à un paysan de conduire la vache.

— L'héritière de M. le marquis de l'Aubépin, dit-il, ne peut continuer à garder le bétail.

Le paysan, qui s'était avancé le bonnet à la main, ne l'enfonça sur sa tête qu'après avoir quitté le groupe.

— Longtemps, mesdames, dit le père Parenteau, j'ai été chargé de diriger la conscience du défunt... Il m'honorait de son amitié et il l'atteste aujourd'hui publiquement par un legs destiné au triomphe de l'Église. La Providence a voulu que je fusse appelé à prêter aide et assistance à une des plus honnêtes familles du pays. Telles ont été les intentions de M. de l'Aubépin. Ce croyant a fait un acte de croyance par son testament; privé des affections de l'intérieur, il reporta ses meilleurs sentiments vers une humble famille représentée par mademoiselle.

Le moine fit une pause et reprit :

— Nos intérêts sont communs, et le défunt, dans

sa sagesse, a prétendu les rendre plus étroits encore en m'instituant le conseil de la légataire qui, de la plus modeste condition, passe tout à coup à un état de fortune inattendu. Une pareille décision n'est pas sans jeter quelque trouble dans l'esprit. Plus on est humble, moins on est préparé à soutenir le choc d'une fortune subite... Comment passer de la vie des champs au rang auquel vous appelle ce legs, mademoiselle, sans exciter l'envie des personnes qui vous entourent? Voilà le point principal sur lequel, mesdames, j'appelle votre attention, et, si vous le désirez, je me permettrai de continuer à vous donner les conseils que me demandait si fréquemment M. de l'Aubépin.

La Cadichon regarda le père Parenteau avec admiration : ses troubles et son embarras, le moine les exposait comme si quelqu'un les lui eût soufflés à l'oreille. Il semblait à peine avoir regardé les deux femmes et il lisait dans leur conscience.

Au bas de la montagne s'avancent quelques maisons isolées formant une sorte d'avant-garde du village. De grands prés séparent ces maisons dont les premières sont sur la lisière d'un petit bois, au bas duquel se déroule une sente étroite.

La Cadichon, pour ne pas rentrer immédiatement chez elle, inclina vers ce sentier où la suivit le moine.

— On vous conseillera sans doute, mesdames, reprit le père Parenteau, de cesser votre commerce et de vous installer aussitôt au château. Si vous voulez écouter un homme qui a de l'expérience, vous n'en ferez rien pour l'instant et vous garderez votre petit magasin.

— C'est bien mon intention, s'écria la Cadichon, qui inclinait de la tête à chaque parole du moine.

— Pas de précipitation à vous jeter dans les bras de la fortune. Ne blessez personne par un éclat intempestif. Plus tard, vos concitoyens vous pousseront eux-mêmes à quitter ce commerce et à jouir en paix des biens que vous avez gagnés par votre honnêteté. Il est naturel, sans doute, que l'héritière d'un l'Aubépin n'aille plus aux champs; en agissant autrement, elle ferait preuve d'une affectation d'humilité qui irait contre les intentions du généreux donateur... Je cherche à me pénétrer de son esprit; je tâche que sa pensée filtre à travers mes paroles.

A ce moment, le père Parenteau prit un temps de repos pour étudier l'effet que produisaient ses conseils. Pasquette et la Cadichon écoutaient avec un recueillement qui prouvait combien chaque mot du mariste portait.

— Quelque empressés qu'aient été les habitants du pays à suivre la dépouille de leur concitoyen, reprit le moine, le service funèbre qui vient d'avoir lieu ne saurait suffire. Le marquis, malheureusement, est mort sans les secours de la religion. Sous le coup d'une maladie imprévue qui l'a enlevé brusquement, à cette heure son âme flotte dans le vide avant d'entrer dans la place due à tout esprit croyant. Pour le repos du défunt et sa tranquillité, un certain nombre de messes seront dites à Notre-Dame de Pont-du-Casse, pendant la quinzaine... Je suis certain, madame, dit le père Parenteau en s'adressant directement à la Cadichon, que vous jugerez nécessaire que mademoiselle votre nièce assiste à ce service religieux.

La Cadichon inclina la tête en signe d'assentiment.

— Ce pieux devoir aura d'ailleurs pour avantage de soustraire pendant les premiers jours mademoiselle à la curiosité des gens du bourg. Au pied des autels, invoquant la pensée de son bienfaiteur, elle se recueillera et comprendra ce que Dieu attend d'elle... Elle n'arrivera pas à Pont-du-Casse en étrangère; elle est sur ses propriétés. M. le marquis de l'Aubépin possédait un pied-à-terre dans un des plus agréables chalets du pays... C'est là que mademoiselle fera sa retraite, entourée des soins d'une brave servante qui garde la maison... Aujourd'hui même, si mademoiselle veut assister au premier service qui aura lieu demain en l'honneur du défunt, je lui donnerai une lettre pour les personnes qui devront la guider dans sa nouvelle existence et la lui rendre facile... Nous avons au château une voiture à sa disposition... Mademoiselle arrivera à six heures du soir... Aussitôt elle se rendra à l'*Ange gardien*, le meilleur magasin de nouveautés de la ville.

Le père Parenteau tira un portefeuille de sa poche et ajouta quelques instructions au crayon.

— Voilà ce que je mande à la personne qui dirige la maison... Prendre immédiatement mesure de vêtements de deuil pour mademoiselle; passer la nuit à confectionner la toilette nécessaire pour assister à la messe qui se dira demain à neuf heures pour le repos de l'âme du marquis.

La Cadichon admirait combien le moine était pratique en toutes choses et combien il la déchargeait du lourd poids de cette succession imprévue. Avec le père Parenteau tout devenait facile.

— Maintenant, dit-il, vous plaît-il, mesdames, de retourner au château?

La Pasquette ne disait mot, étourdie des injonctions du moine.

— Quant à moi, dit-il à la Cadichon, je reste...

A la porte du château attendait un homme habillé d'une longue houppelande noire, qui ressemblait à un vêtement de prêtre.

— Sulpice, dit le moine, mademoiselle se rend

au chalet de la Pieuse-Félicité... Vous vous arrêterez en passant dans la ville au magasin de l'*Ange gardien*, et de là vous conduirez mademoiselle à la brave Élisabeth.

Tout se faisait comme par enchantement depuis que le père Parenteau avait pris la haute main. La voiture était attelée. La Cadichon n'eut que le temps d'embrasser sa nièce.

— Que vont devenir les enfants? demanda la Pasquette.

— Je veillerai sur eux, dit la Cadichon, essuyant ses yeux à l'idée de cette première séparation amenée par la fortune.

— Il est temps maintenant de rentrer chez vous, dit le père Parenteau à la mercière. Les soins de votre intéressante famille vous réclament. Ne changez rien à vos habitudes... Toutefois, ne vous semble-t-il pas convenable de prévenir les habitués de votre Cercle qu'en souvenir du défunt marquis, vous comptez le fermer pendant une quinzaine? Cette décision, que vous seule pouvez prendre, loin de choquer personne, sera bien accueillie de vos concitoyens... On y verra un acte respectueux pour la mémoire du marquis; là où il s'est assis si longtemps, il ne serait pas convenable que les habitués continuassent, les premiers jours, à boire et jouer aux cartes comme par le passé.

La Cadichon approuva les instructions du moine.

— Vous m'avez permis de vous donner des conseils, dit le père Parenteau. Le soir j'irai vous voir; nous parlerons du marquis, de ses bontés, de sa piété... Et je vous demande une faveur, c'est de me donner, pendant ces quelques jours, l'hospitalité au château de l'Aubépin... Dans le recueillement, je prierai le ciel de m'éclairer sur ce qu'il convient de faire pour votre intérêt.

XIII

Quand la Pasquette fut seule dans la voiture, elle ferma les yeux comme pour se regarder en dedans et y chercher la vérité. Tout ce qu'elle voyait à l'extérieur lui semblait sans réalité. Les événements s'étaient accumulés si imprévus et si extraordinaires qu'elle se refusait à y croire.

Si la Cadichon ne pouvait se rendre compte de la fortune considérable qui se répandait dans la famille, que devait être un tel héritage pour une enfant qui, toute sa vie, avait gardé les bestiaux? Un ruban, un fichu, une bague donnés à la Pasquette eussent certainement représenté un cadeau plus agréable que ce legs troublant. La peinture qu'avait accrochée Popy à la porte était un don que la jeune fille comprenait; cette peinture lui avait été agréable. Au contraire l'héritage la saisissait comme un fait brutal. Ne lui enlevait-il pas déjà sa liberté? Les libéralités de M. de l'Aubépin forçaient en ce moment la Pasquette à se séparer de sa tante, de ses frères et sœurs, de tous les visages amis du village. Attristante fortune que celle dont elle sentait déjà l'oppression !

Au détour d'une pente escarpée, les roues de la voiture furent enrayées dans une ornière profonde; le conducteur, obligé de descendre, tira avec peine de ce mauvais pas le cheval. Cet accident fit songer la Pasquette aux sentiers paisibles que jusque-là elle avait suivis dans la vie. Mille pensées se pressaient à l'état vague, laissant des soucis dans l'esprit de la jeune fille.

Toutefois elle en fut distraite par son arrivée dans le magasin de l'*Ange gardien,* où le billet du père Parenteau produisit un certain émoi.

Pour la première fois, la Pasquette se sentit véritablement héritière; la marchande de nouveautés le lui répétait sur tous les tons avec des compliments que la jeune fille n'avait jamais entendus.

La Pasquette regardait. Les piles d'étoffes descendaient comme par enchantement des rayons du magasin. Si elle touchait à une soierie :

— Oh! mademoiselle, disait la marchande de nouveautés, celle-ci n'est pas assez belle pour vous.

On lui faisait tâter des tissus « riches ». Les filles de magasin lui posaient sur les épaules des pièces de soie douces et brillantes, et lui mettaient en main un miroir pour en faire apprécier la souplesse.

— Voilà comme vous serez demain, mademoiselle, lui dit la maîtresse de la maison en lui montrant la gravure de modes finement coloriée d'une jeune veuve, dont la bouche en cœur ne témoignait pas d'une excessive affliction.

La Pasquette regarda la figure de la veuve souriante. Était-il possible qu'elle arrivât à ressembler à cette figure si rose et si blanche?

— Vous voyez, mademoiselle, combien le noir avantage les jolies personnes, lui répétait la marchande.

Quelle mine de trésors que ce magasin! Au premier aspect, la boutique semblait austère; on n'y voyait que ballots d'étoffes accumulées, cartons fermés; mais quand s'ouvraient les couvercles de ces cartons, c'étaient des merveilles de parures.

— Nous allons passer la nuit pour vous, mademoiselle, dit la marchande de nouveautés; demain matin, vous aurez votre robe pour la messe.

En parlant ainsi, elle faisait de grandes déchirures dans les étoffes, en appliquait les morceaux sur la poitrine de la jeune fille et les bâtissait à grands renforts d'épingles, de telle sorte que l'étoffe semblait déjà mouler le corps de la Pasquette.

— Maintenant il vous faut un pardessus, mademoiselle... La saison avance.. Il fait froid dans les églises... Voulez-vous me faire l'honneur de me suivre au premier étage?

Dans le magasin de la marchande de nouveautés étaient étendus, sur des porte-manteaux, d'amples vêtements dans lesquels la Pasquette se laissa couler. Quand elle fut placée devant une psyché pour juger de l'effet d'un élégant pardessus, elle crut assister à la toilette d'une autre personne. La pauvre fille qui, jusqu'alors, avait porté de chétifs vêtements de cotonnade pour se garantir des rigueurs de l'hiver, se trouvait à cette heure si somptueusement étoffée qu'elle n'osait se reconnaître. Surtout la coiffure l'acheva : le chapeau de crêpe noir que la marchande disposait sur sa tête en lui faisant subir mille inflexions capricieuses, les agréments de jais, qui couraient sur la forme du chapeau, troublaient tellement la Pasquette qu'elle eût voulu se trouver seule dans sa chambre pour essayer ces toilettes que la marchande assurait devoir la rendre « si belle ».

Dans le magasin elle se sentait confuse. Les

filles la regardaient et faisaient peut-être des remarques malicieuses sur sa gaucherie; la marchande de modes tournait autour d'elle, la toisait sous toutes les faces. Jamais on ne s'était occupé autant de la personne de la Pasquette que depuis une demi-heure.

— Maintenant, mon enfant, permettez-moi d'aller travailler pour vous, dit la marchande de nouveautés... Vous serez belle, et j'espère que le bon M. Parenteau sera content de moi.

La Pasquette avait hâte d'arriver au logis où la conduisait l'homme qui l'avait amenée. Il lui tardait d'être seule. Pourtant il fallut encore subir la bienvenue de la vieille qui gardait le chalet.

Le conducteur ayant frappé à la porte, un petit guichet grillagé s'ouvrit, assez serré pour qu'on ne pût voir la personne à l'intérieur.

— C'est mademoiselle que j'amène de la part de M. Parenteau, dit le conducteur.

Le guichet refermé, la porte s'ouvrit et laissa voir une vieille dont l'aspect produisait un singulier effet sur la jeune fille. Cette servante n'avait qu'un œil avide de voir, mais soupçonneux. Petite, ridée, jaune, elle semblait un vieux fruit d'hiver oublié sur une planche de garde-manger. Sa façon de sourire laissait apercevoir trois dents, deux en haut, une en bas, défenses qui avaient grandi de l'absence de leurs compagnes. La vieille avait surtout, pour mieux regarder, une façon de se poser sur la hanche gauche qui défiait toutes les lois de l'équilibre.

Par une de ces mystifications que se permet quelquefois le hasard, la servante s'appelait Charmante; mais la Pasquette ne prit pas garde à ce nom fort répandu dans les campagnes des environs.

— Monsieur qui ne m'a rien dit! s'écria la servante... Vous avez faim peut-être?

La Pasquette ne se souciait pas de manger : les événements la nourrissaient.

— Un petit morceau, mademoiselle, lui dit Charmante. Nous irons ensuite au salut.

— Au salut? fit la Pasquette avec étonnement.

Charmante s'arc-bouta sur sa jambe gauche et regarda la jeune fille de son œil soupçonneux. Une protégée de M. Parenteau qui semblait ignorer que, chaque soir, la population de Pont-du-Casse se rendait à l'église pour y expier les fautes de la journée !

— Je suis fatiguée, dit la Pasquette, je désirerais me reposer.

— Alors demain nous irons au salut, reprit Charmante qui tenait à son idée... Mademoiselle connaît-elle le Calvaire?

La Pasquette secoua la tête en signe de négation. Charmante faillit en perdre l'équilibre.

— Et vous demeurez à dix lieues d'ici ! s'écriat-elle... Demain, je conduirai mademoiselle au Calvaire, tout ce qu'il y a de beau. Mademoiselle verra les douze chapelles que M. le marquis a fait construire... Puisque mademoiselle ne connaît pas le Calvaire, elle ne doit pas connaître les chapelles... C'est bien beau, bien beau... Mademoiselle ne s'ennuiera pas ici... Tous les jours quelque chose à voir... Nous avons l'œuvre des petites lampes... C'est si joli quand elles sont allumées... Mais on n'en allume qu'une à la fois, et c'est déjà bien joli !...

L'œil de Charmante perdit un moment son aspect inquisiteur pour essayer de se teinter d'enthousiasme.

— D'ici nous entendons les cloches comme si nous étions dans le clocher... C'est bien agréable ! Nous n'avons qu'un pas pour être rendues à l'église... On a une minute à soi ; sans perdre de temps on va faire sa prière... Les pèlerins arrivent, vous les verrez passer ; c'est un beau spectacle ! Ils vont faire leurs stations aux chapelles du Calvaire, on les suit et ce sont des journées bien employées... Nous ne sommes pas loin de la fontaine de la Bienheureuse Félicité... On a toujours de l'eau consacrée à sa disposition... Ah ! qu'elle est bonne ! Une fois que mademoiselle en aura bu, elle ne voudra plus quitter le pays.

La Pasquette s'efforçait de répondre à chaque enthousiasme de Charmante. Cependant, le catalogue des merveilles de Pont-du-Casse étant épuisé, elle en profita pour se retirer dans sa chambre. Quoique fatiguée, elle fut longtemps à fermer les paupières. La vie dans laquelle elle entrait lui semblait si nouvelle! Rien n'y ressemblait à celle de son village. Jusqu'à son lit l'empêchait de goûter le repos. Habituée à vivre à la dure, Pasquette ne reposait plus comme sur son mince matelas. Le ramage de ses frères et sœurs lui manquait; elle ne les avait pas embrassés, ni sa tante. Que faisait-on dans le Cercle pendant qu'elle était ici?

Ce fut un courant de pensées traversées par des rêves qui ne prirent terme que quand le matin on frappa à la porte. Charmante l'ouvrit pour donner passage à la marchande de nouveautés de l'*Ange gardien* qui, en compagnie d'une de ses filles de boutique, apportait les habillements choisis la veille.

En ouvrant les yeux, la Pasquette se crut le jouet d'un rêve. Elle ne retrouvait plus son petit coin de mansarde si gai qu'elle n'en avait jamais rêvé d'autre. L'entrée des modistes lui rappela les événements de la veille.

Au dehors, les cloches sonnaient à toute volée le service du marquis, et chaque coup lui remettait en mémoire la vie nouvelle qu'elle était appelée à mener.

— J'ai voulu venir moi-même, mademoiselle, dit la marchande de nouveautés, afin que si quelque pièce de votre costume laissait à désirer, je pusse y remédier aussitôt... Nous avons une demi-heure d'avance.

Il est peu de femmes qui résistent à s'admirer. La Pasquette était réellement une nouvelle créature, semblable à un églantier des bois qu'un jardinier a transplanté dans un terrain bien préparé. La jeune fille avait subi la greffe de la marchande de nouveautés, et son embarras ajoutait un nouveau charme à sa physionomie que cachait à demi une voilette élégante.

Charmante était également sous les armes avec un bonnet blanc fraîchement tuyauté (des tuyaux qui rappelaient ceux des orgues) et sous le bras droit une paire de paroissiens assez lourds pour rendre l'équilibre à sa personne.

— En revenant de l'église, mademoiselle, dit la modiste, je vous prierai d'avoir la complaisance de passer au magasin... Quelques retouches sont à faire à votre costume et je veux que vous soyez la jeune fille la mieux habillée de tout le pays.

C'était une messe basse. Quoique les assistants fussent en apparence fortement occupés à leurs prières, la Pasquette sentit de nombreux regards s'échapper des livres pieux et se diriger de son côté. Pour elle, elle se laissait aller à ses souvenirs et priait avec effusion pour le repos de l'âme du défunt marquis. La tête penchée, la jeune fille était tout entière à la piété et « sa bonne tenue » fut remarquée par Charmante, experte en pratiques de dévotion.

Il fallut cette séance à l'église pour enlever à la vieille une certaine jalousie vis-à-vis d'une héritière arrivée en si mince équipage et appelée tout à coup à une si haute position.

En sortant de l'église :

— Mademoiselle, nous allons monter au Calvaire, dit Charmante qui ne pouvait modérer son désir de montrer les merveilles de l'endroit.

XIV

Pont-du-Casse est situé au pied d'un groupe de monticules au milieu desquels s'élève la montagne du Calvaire. Ce sont les trois croix, se détachant sur l'horizon, que suivent longtemps du regard les pèlerins des diverses parties de la Gironde venant implorer l'assistance de la Vierge, qui ont décidé de la fortune du pays. De longues routes bordées de peupliers mènent à la ville sainte. Après avoir passé la Garonne par le pont de Castel-Franc, au bout du viaduc du chemin de fer du Midi, les pèlerins rencontrent une allée sans fin qui paraîtrait s'éloigner de la montagne du Calvaire si, au coin d'un sentier, une vierge en tôle peinte n'était posée sur un poteau à titre d'indicateur. En lui faisant tendre le bras droit dans la direction de Pont-du-Casse, l'ouvrier qui s'est rendu coupable de cette sculpture à l'emporte-pièce n'a pas été arrêté par l'analogie qui existe entre cette Vierge et les cantonniers de chemin de fer signalant un train. Aussi le paysan répond-il invariablement aux pèlerins qui craignent d'avoir fait fausse route :

— Allez toujours, la Vierge vous montrera le chemin.

Ce singulier emploi d'une figure angélique ne paraît pas scandaliser les gens du pays.

Si, à Pont-du-Casse, la dévotion semble excessive, le commerce prime la dévotion.

La première auberge, où est invité à s'arrêter le voyageur à pied ou à cheval, porte pour enseigne : à la *Descente des amis chrétiens*. Le pèlerin qui n'y passe pas la nuit peut prendre ses repas au restaurant du *Calvaire;* ceux qui font une courte halte n'ont qu'à ouvrir la porte du café des *Pèlerins*.

Peu de débits qui ne soient sous la protection de Marie; jusqu'au magasin de nouveautés qui fait l'angle de la place invoque la *Providence du Sacré-Cœur*.

L'impression que laissent ces boutiques, où tout se détaille sous le couvert de la piété, est fâcheuse pour ceux que choque l'alliance du commerce et de la religion. Si on ajoute à ces magasins des couvents, des maisons de retraite, tous bâtiments formant face sur une seule et même rue, on se fera une idée de ce bourg, semblable à la plupart des pèlerinages en réputation; mais la principale curiosité de cet endroit, fréquentée plus volontiers par les pèlerins, est la montagne du Calvaire, escarpée et assez longue pour donner place à douze petites chapelles, symbole des stations.

Le goût qui a présidé à l'érection des chapelles n'est pas irréprochable; il appartient à ce style particulier que les architectes appellent *ratichon*, un mot d'atelier que les non-initiés peuvent traduire par style de sacristie.

Il en est de même pour tout pays qui produit quelque relique, quelque Vierge noire ou blanche, quelque souvenir miraculeux. Les fidèles entassent dons sur dons, présents sur présents, et ne croient au saint que quand sa niche est *riche :* de jour en jour ce qui était noble détail d'architecture, ligne sévère, profil nettement tracé, disparaît sous les ex-voto de toute sorte. Chaque pèlerin tient à honneur d'apporter sa pierre au monument; chacun la veut tailler à sa guise : les femmes couvrent les vêtements de la Vierge de galons d'or et de pasquilles de toute couleur; celles-là entendent contribuer à l'ornementation de l'autel. L'argent, le marbre, les bijoux, les peintures, entassés sans ordre, produisent un désagréable pandémonium, qu'il s'adresse à Notre-Dame d'Astorga en Espagne, à la Notre-Dame de Lorette italienne, à Notre-Dame de Liesse dans le nord de la France ou à la Notre-Dame de Délivrance du Midi.

Les douze chapelles-stations de la montagne de Pont-du-Casse offrent ce caractère choquant. Plus le voyageur monte, plus étendu se déroule le panorama du pays environnant qui se détache dans l'atmosphère fine et claire particulière au Midi; mais la vue de ces chapelles gâte les lignes du paysage. C'est l'abus de la dévotion qui se dresse au premier plan de cette féconde nature où les productions de la terre poussent aussi facilement que les superstitions populaires.

L'érection des douze chapelles n'était pas due toutefois aux mêmes phénomènes qui font sortir le blé de terre. Avec les dons des riches il avait fallu de nombreuses oboles des pauvres pour mener à bon bout les conceptions de l'architecte de l'endroit.

Parmi les riches, le marquis de l'Aubépin

s'était surtout fait remarquer. A lui seul il contribua à la bâtisse d'une demi-douzaine de ces chapelles ; aussi le père Parenteau avait-il fait de nombreuses avances pour devenir le directeur de celui dont le nom et la présence étaient particulièrement honorés à Pont-du-Casse.

Supérieur de la congrégation des Maristes, le père Parenteau possédait les diverses qualités que réclame un tel emploi. Ce gros homme, que les peintres auraient pu prendre pour type du moine fainéant, était doué d'une activité considérable. Son enveloppe était trompeuse. Sous un crâne épais et carré, qui n'était pas sans analogie avec celui des bœufs, roulaient sans cesse quelques projets concernant l'amélioration du couvent.

Quand le père Parenteau arriva à Pont-du-Casse, il n'existait qu'un seul tronc pour l'œuvre du Calvaire ; au bout de trois années, il y en avait dix. Le paysan du Midi n'est pas précisément donneur. D'éloquentes petites pancartes au-dessus de chaque tronc indiquaient aux âmes pieuses à quel usage ces boîtes étaient destinées : à l'érection des figures du Calvaire qui ne se profilaient pas alors sur l'horizon, à l'entretien des chapelles, à l'œuvre des petites lampes, à celle de la sainte cloche. On jugera du nombre considérable de deniers de pauvres gens que ces troncs attirèrent, si on ajoute que la réalisation du seul Calvaire se solda par un chiffre de cent soixante-dix-sept mille francs, qui furent payés comptant.

C'est au père Parenteau qu'on doit la vente des objets en nature donnés par les pèlerins. Les gens trop pauvres pour déposer leurs offrandes monnayées apportaient aux moines des habits, du raisin, des « confits », que la communauté faisait vendre aux enchères à la fin de décembre. Un véritable rétablissement de la dîme ; elle avait changé de nom, cela suffisait aux paysans. Le mariste leur eût dit : Vous payerez chaque année une redevance au couvent, qu'ils se fussent révoltés. Sans murmurer, ils apportaient en nature leur contribution aux moines, enrichissant l'œuvre du Calvaire qui, il est vrai, devait, à quelques années de là, imprimer un certain mouvement commercial au pays.

Grâce au père Parenteau, le petit pays de Pont-du-Casse se peupla rapidement. Le bourg n'avait été traversé jusqu'alors que par une rue ; au bout de l'année, autour des marchands d'objets de piété se groupa une population qui flaira de riches moissons sur cette terre sacrée. De vieilles dames, venues en pèlerinage, furent reçues avec tant d'empressement par des hôteliers bien pensants, qu'elles vinrent s'installer à Pont-du-Casse sous la protection des maristes.

La terre est féconde dans ce pays. Les fruits y viennent comme par enchantement ; un soleil bien-

14.

faisant active les progrès de la vigne. Le père Parenteau fit venir des montagnes de l'Ariége un de ses cousins, et lui dit ce mot qui sonne toujours bien aux oreilles d'un paysan : — Achète cette auberge qui vaut quinze cents francs; dans dix ans tu auras trente mille francs, dans quinze ans ta fortune est faite.

L'Ariégois se laissa facilement endoctriner. Il acheta deux chevaux de réforme et des carrioles quelconques qui permettaient aux pèlerins de visiter, à raison de quatre francs par jour, le merveilleux décor qui encadre Pont-du-Casse, car les alentours sont admirables.

Ceux des pèlerins qui n'avaient pas d'attaches solides dans leur pays natal se fixaient dans cet endroit privilégié où la vie matérielle était facile, où la vie spirituelle était protégée par la Vierge, les moines et le couvent.

Il suffit d'une dévote pour donner le ton. Le bruit de ce séjour angélique se répandit bientôt dans tout le Midi. Ce fut comme une congrégation de femmes, qui n'en étaient que plus attachées à des vœux qu'elles ne prononçaient pas. D'année en année se développa une population de béguines qui imprimèrent à la petite ville un cachet particulier.

Le matin on voyait dans la grande rue de vieilles personnes qui, comme sur des roulettes, se rendaient aux offices avec des bonnets tuyautés particuliers aux couvents de femmes, car l'empois des congrégations religieuses communique une roideur particulière aux mousselines.

Trop détachées des plaisirs de ce monde, les béguines sortaient de leurs tiroirs, les jours de fête, d'anciennes toilettes sur lesquelles le temps avait jeté son glacis désagréable. C'étaient des tonalités douteuses, des robes couleur saumon fané, de petits châles qui ressemblaient aux papiers de tenture de la fabrique de Réveillon avant la prise de la Bastille.

Mais les regards des moines s'arrêtaient avec complaisance sur ces personnes confites en dévotion, sans être choqués par les discordances de colorations qui froissent les yeux des sceptiques.

L'église, en marquant ces vieilles de son cachet, les prend sous sa protection; elles peuvent être laides impunément, elles sont dévotes. Toutefois le père Parenteau laissait le soin de ces ouailles aux religieux du couvent. Lui se chargeait plus volontiers de la direction de conscience de la noblesse des environs, qu'il fallait encourager à protéger Notre-Dame de Pont-du-Casse.

Ce fut grâce à ces instigations que M. de l'Aubépin, qui avait des propriétés dans le voisinage de la ville, fit construire divers chalets qu'un intendant louait à des prix modiques aux pèlerins en passage, car le marquis n'entendait pas faire acte de spéculation; il suivait les instructions du père Parenteau, et, l'un des premiers, le marquis concourut à la fortune de Pont-du-Casse et du couvent des maristes.

Telles furent les premières relations qui s'établirent entre le moine et M. de l'Aubépin, dont le nom fut gravé en lettres d'or sur une plaque de marbre, dans l'église, comme un des bienfaiteurs du pays.

En voyant ces chapelles, la Pasquette ressentit l'impression particulière à ceux qui se promènent à travers les monuments des cimetières de grandes villes, où sont entassées tant de déplorables ornementations.

Charmante fatiguait la jeune fille par ses étalages d'admiration; il fallait voir avec l'œil de la vieille les bimbeloteries dont chaque pèlerin a orné les murs des chapelles.

Pour échapper à cette accumulation de pieuses verroteries, d'ex-voto de toute sorte, Pasquette força le pas et arriva bien avant Charmante au plateau du Calvaire, où son premier regard fut pour l'horizon. Là, elle fut heureuse. Sa pensée volait librement vers son village.

— Mais, mademoiselle, s'écria en soufflant Charmante qui la surprit contemplant le paysage, vous n'avez pas fait vos dévotions au Calvaire.

La vieille s'étant agenouillée, la Pasquette se crut obligée de l'imiter, quoique à cette heure elle eût préféré consacrer toutes ses pensées à sa famille. Aussi une pointe de malice fit qu'à la suite de cette station elle descendit rapidement la montagne, sans s'inquiéter s'il était possible à Charmante de la suivre.

— Vous n'êtes plus bergère, mademoiselle, et vous devriez faire plus d'honneur à votre toilette, lui dit la vieille d'un ton de reproche.

Cette admonestation fut sensible à la jeune fille, qui se sentait emprisonnée dans les vêtements de la marchande de modes. Comme elle eût descendu joyeusement cette montagne escarpée avec les habits que la veille encore elle portait!

Heureusement un personnage nouveau qui se présenta devant elle, à son arrivée au chalet, lui fit oublier momentanément cette fâcheuse impression.

L'homme habillé de noir et cravaté de blanc représentait Me Mitiffeu, notaire à Pont-du-Casse. Chargé des intérêts du père Parenteau, il avait reçu le matin une lettre qui lui apprenait l'arrivée de l'héritière.

Ce Mitiffeu appartenait à l'école des notaires de sacristie et en avait pris le masque : des traits melliflus, des politesses obséquieuses, des regards qui ne sont pas des regards. Il s'était insinué dans la chambre de la Pasquette avec des saluts profonds, la tête inclinée vers le plancher; mais, grâce à ce manége, ses regards divergents faisaient un inventaire rapide de la jeune fille.

Ce que le notaire avait le plus étudié, ce n'était ni le code ni ses commentateurs, c'était le jeu du cercle visuel qui inspectait d'abord les murs d'un appartement, se rabattait sur les meubles et finissait par envelopper le client tout entier, sans qu'il se doutât de cet examen approfondi.

Certains peintres de mœurs ont exagéré les facultés intellectuelles des gens d'affaires, qu'ils présentent volontiers comme de dangereux Machiavels; ils n'ont peut-être pas assez fait valoir l'instinct que commande la profession, les confidences qu'en qualité d'officiers ministériels ils reçoivent, la préoccupation des intérêts matériels faciles à faire germer chez les héritiers. Si on joint à ces qualités professionnelles celles qu'avait développées le contact des moines, gens pratiques en affaires, Mᵉ Mitiffeu était complet en tant que notaire.

Dans son village, la Pasquette eût peut-être été frappée de la physionomie du personnage.

A Pont-du-Casse, le notaire des maristes se fondait dans le tableau. Tous les habitants avaient endossé la livrée du couvent; tous étaient prudents et obséquieux, mêlant la religion à leurs avances.

— Bénie soit la personne qui m'étrenne! s'étaient écriés, en faisant un signe de croix, divers marchands chez lesquels la Pasquette avait fait de petites emplettes.

— Mademoiselle, dit le notaire, notre excellent et très-aimé père Parenteau a bien voulu me charger de ses intérêts dans la succession du défunt marquis, dont Dieu veuille avoir l'âme ; j'ai l'espérance que vous ratifierez le pouvoir que m'a fait passer ce matin madame votre tante... Sans vous fatiguer de la lecture des dispositions de la loi, vous êtes mineure, et par conséquent appelée jusqu'à votre majorité à obéir à la volonté de votre parente, une personne respectable que je n'ai pas l'honneur de connaître, mais dont la pieuse renommée est venue jusqu'ici... Elle doit vous ressembler, mademoiselle, non par la jeunesse et les charmes; mais ce doit être une belle âme, et quel officier ministériel ne serait fier de guider une belle âme dans les chemins juridiques, parfois hérissés de tant d'obstacles?

La Pasquette écoutait avec étonnement ce discours et son accompagnement obligé, les mains que le notaire passait onctueusement l'une sur l'autre, comme pour faciliter son élocution.

— Votre fortune est considérable, mademoiselle, continua M° Mitiffeu; vous êtes libre, à votre majorité, d'en faire l'usage qu'il vous plaira. Mieux que moi, d'ailleurs, l'excellent M. Parenteau vous en indiquera l'emploi. Il ne prétend toutefois contrarier vos vues en rien, dit le notaire en remettant à la Pasquette, dans un élégant porte-monnaie, le premier quartier de sa pension hebdomadaire.

Me Mitiffeu avait ouvert comme par hasard le porte-monnaie bourré d'or, dans les plis duquel étaient insérés de soyeux billets de banque dont la Pasquette ignorait encore l'usage.

— Tous les lundis de chaque semaine je vous remettrai, mademoiselle, une somme semblable. Il est dans les intentions du père Parenteau que vous payiez vos fournitures au fur et à mesure de leur livraison... En vous promenant, je vous conseille d'entrer à l'*Ange gardien*, chez la couturière qui vous a habillée. En acquittant sa facture, vous vous rendrez compte de la somme qui est à votre disposition et de celle que vous pourrez dépenser, en outre de votre entretien, pour vos bonnes œuvres, le soutien de l'Église et des établissements pieux du pays... Si, mademoiselle, vous aviez besoin de mon ministère pendant la semaine, je m'empresserais de me rendre à vos ordres.

Là-dessus Me Mitiffeu s'éloigna, laissant la Pasquette avec son petit trésor qu'elle regardait sans joie particulière. Il fallait à cette enfant candide un apprentissage pour qu'elle se rendît compte de la valeur de l'or.

— Charmante, dit le notaire à la vieille servante, j'ai opéré mon premier versement entre les mains de mademoiselle Pasquette... Vous ferez changer les billets suivant les besoins de mademoiselle et vous la conduirez à l'église.

— Mademoiselle doit-elle communier?

— Le bon père Parenteau n'en parle pas... Il faut attendre ses instructions; mais je vous engage à faire visiter à mademoiselle les troncs.

Immédiatement Charmante, qui ne se plaisait qu'à l'église, invita la Pasquette à l'y accompagner. Il n'y avait pas de service à cette heure, ce qui permettait d'inspecter le monument dans tous ses détails. A chacun des piliers de la nef était accroché un tronc; des inscriptions indiquaient à quel usage les offrandes étaient affectées. Un tronc pour les âmes des vivants faisait face à celui pour les âmes des pauvres, et si l'un était réservé au soulagement de ceux-ci, l'église devait être plus pauvre encore, car toutes ces ouvertures béantes demandaient et engloutissaient toute offrande sans jamais se lasser.

La Pasquette tenait à la main une ancienne bourse de velours rouge que Charmante lui avait remise comme l'aumônière du défunt marquis. Chaque tronc reçut son offrande sans dire merci, en continuant à ouvrir une gueule insatiable.

Après une station devant chacun de ces troncs,

Charmante engagea la Pasquette à rentrer au chalet. Une visite importante était annoncée, celle de mademoiselle de Saint-Genez, qui avait fait prévenir qu'elle viendrait complimenter la nouvelle héritière.

Mademoiselle de Saint-Genez, envoyée par le père Parenteau pour faire oublier à la Pasquette sa solitude, donnait le ton à Pont-du-Casse, non pas précisément par la toilette, mais par sa piété irréprochable. La béguine, dont l'éloge était dans toutes les bouches des croyants, ne commettait qu'un péché capital, celui de se montrer.

La jeune fille éprouva une singulière impression en se trouvant en face d'une personne anguleuse, dont les membres grêles faisaient penser à l'armature d'un parapluie délabré. Pourtant mademoiselle de Saint-Genez, vingt-cinq ans auparavant, avait rempli Bordeaux du bruit de ses triomphes. Les officiers de marine qui débarquaient étaient admis à présenter leurs hommages à la belle Octavie ; dans les salons, à la promenade, ils formaient sa garde d'honneur, et plus d'une aventure avait été mise par la chronique du pays au compte de la jeune fille aventureuse. De nature tendre, la belle Octavie repoussait rarement un soupirant. Mais nombre d'années s'étaient écoulées depuis ces succès !

Battue par la tempête, mademoiselle de Saint-

Genez s'était réfugiée dans le port de Pont-du-Casse où elle avait trouvé, avec l'oubli du passé, le calme et la vie tranquille : elle se consacrait actuellement au service de la chapelle du couvent. L'Église avait amnistié cette créature repentante : du passé il ne restait plus trace et l'embrasement de ce cœur avait fait place à une rigoureuse austérité.

— Chère enfant, dit-elle en s'avançant vers la Pasquette, permettez que je vous embrasse... Je vous ai remarquée au service du marquis de l'Aubépin. Votre pieuse attitude, vos manières m'auraient immédiatement attirée vers vous, quand bien même je n'eusse pas su que vous étiez la protégée du bon M. Parenteau. Le saint personnage, ma chère enfant! Et combien vous devez remercier la Providence de l'avoir rencontré sur votre route. Vous êtes isolée dans le pays, vous n'y connaissez personne ; j'ai cru de mon devoir de vous enlever à cet isolement et, si vous le trouvez bon, de faire tout ce qui sera en mon pouvoir pour vous rendre votre séjour agréable dans la ville.

Malgré la fâcheuse impression de la première rencontre avec mademoiselle de Saint-Genez, la Pasquette fut touchée des avances d'une personne au-dessus de sa condition.

— Nous avons dans le pays, reprit mademoiselle de Saint-Genez, un certain nombre de dames distinguées auxquelles je vous présenterai, ma chère enfant... Aimez-vous la société?

La Pasquette ne répondit pas. Elle n'avait jamais rêvé de plus grand plaisir que la vie de famille.

— Notre société peut être appelée à bon titre choisie, continua mademoiselle de Saint-Genez. Tous les soirs, après le salut, ces dames se réunissent chez moi et travaillent dans un but pieux... Ce sont de salutaires distractions... Je ne reçois pas d'étrangers; toutefois, chacune de nos dames peut amener une personne de sa connaissance, une amie..... Vous me permettrez, je l'espère, ma chère enfant, d'ambitionner ce titre... Les dames de notre entourage se sont retirées volontairement du monde pour échapper à ses malins propos... Si vous souhaitez ne pas vivre solitaire, ce qui convient peu à votre âge, je me ferai un véritable plaisir d'introduire l'héritière du marquis de l'Aubépin dans notre groupe.

Il était difficile de refuser cette invitation; aussi bien la Pasquette sentait que le Calvaire, les stations aux chapelles et la société de Charmante étaient insuffisants pour parer à sa solitude.

Charmante poussa fortement la Pasquette à se rendre à l'invitation de mademoiselle de Saint-Genez. La vieille parlait de ces réunions avec un enthousiasme, une extase comparable à celle de de sa propre entrée au paradis.

Dès le lendemain, Charmante, le dîner terminé, parut dans la salle à manger, portant sur l'épaule un énorme double falot qui la faisait chercher un point d'appui et prendre une pose semblable à l'entrée en scène d'un comédien. De chacune des lanternes en fer-blanc, suspendues à l'extrémité d'un bâton, s'échappaient de petites croix et de petites étoiles de feu produites par les découpures du falot.

— C'est aujourd'hui soirée chez mademoiselle de Saint-Genez, dit Charmante.

Ce falot semblait en effet l'avant-coureur de réjouissances inaccoutumées. La Pasquette suivit la vieille.

A Pont-du-Casse, les boutiques sont fermées à sept heures du soir. Les rares personnes qui passent dans la rue reviennent du salut et se glissent béatement dans l'ombre. Les réverbères n'existent pas dans cette bienheureuse petite ville. Le falot de Charmante ne répandait pas trop de petites croix et de petites étoiles enflammées pour éclairer la route.

Charmante s'arrêta devant un grand bâtiment et sonna. Un bruit se fit entendre, semblable à celui de la clochette qu'agitent les enfants de chœur à l'Offertoire. La porte s'ouvrit sur un corridor étroit et haut, qui avait pour unique ornement de nombreux porte-manteaux chargés de vêtements de femme.

— Mademoiselle Supplicie, dit Charmante à la femme qui ouvrait la porte, veuillez annoncer ma maîtresse.

En entrant, la Pasquette fut éblouie par une grande lampe répandant la lumière au-dessus d'une longue table. Autour étaient assises des dames âgées.

— Chère enfant, dit mademoiselle de Saint-Genez en allant au-devant de la Pasquette qu'elle baisa au front, que vous êtes aimable d'avoir accepté mon invitation !

Elle prit alors la jeune fille par la main et la conduisit vers la table. Toutes les têtes des dames se levèrent et un léger pressement de mains de mademoiselle de Saint-Genez indiqua à la Pasquette qu'elle devait saluer chacune des personnes en face desquelles elle passait. Ce ne fut pas toutefois sans une certaine appréhension que la jeune fille se trouva au milieu d'un cercle de douairières et de béguines qui affectaient, les unes des airs de dignité, les autres d'humilité. C'étaient ou des regards dédaigneux qui la toisaient ou des yeux baissés qui l'analysaient.

Ce grand salon ombreux, sauf la partie éclairée au-dessus de la table, fit froid à la Pasquette. Accrochés aux murs, des tableaux singuliers représentaient les disciples d'Ignace de Loyola dans des médaillons pendus aux branches de l'arbre de la Foi; les robes noires et les bonnets carrés des religieux se détachaient ascétiquement du fond de ces peintures éclairées à demi et offrant un sombre aspect de purgatoire.

Pas un être en qui la Pasquette sentît quelque sympathie à son arrivée. Elle osait à peine regarder ces mains maigres occupées, ces yeux ridés extraordinairement attentifs à leurs aiguilles : sur la table étaient accumulés des morceaux d'étoffe de colorations fanées. Devant chaque vieille dame se pressaient des boîtes à ouvrage, des sacs de formes archaïques dignes de prendre place dans les vitrines d'un musée rétrospectif.

— Vous savez parfiler, ma chère enfant? dit mademoiselle de Saint-Genez en avançant à la Pasquette un siége près de la table.

Le silence de la jeune fille indiquait suffisamment qu'elle ignorait cet art. Les regards des vieilles dames se levèrent, leurs bouches se pincèrent, tirés par les fils d'une surprise extraordinaire.

— Mon neveu, dit mademoiselle de Saint-Genez, apportez votre ouvrage près de mademoiselle.

Détail que n'avait pas soupçonné la Pasquette, un homme assistait à la réunion. Ou plutôt un bout d'homme chétif et mal venu.

Le neveu de mademoiselle de Saint-Genez était petit, roux, avec des yeux perçants protégés par des sourcils fauves d'une épaisseur extraordinaire, qui formaient une sorte d'auvent au-dessus des orbites.

Le crâne séparé en deux par une raie angélique, le neveu de mademoiselle de Saint-Genez vint prendre place près de la Pasquette en lui faisant un profond salut. Sous le bras, il portait une boîte de rognures d'étoffes, et il fit glisser plutôt qu'il ne déposa la boîte sur la table. Chacun des gestes de l'homme semblait compté et ne représentait qu'une ombre de mouvement.

— Octavien, reprit mademoiselle de Saint-Genez, mettez entre les mains de cette chère enfant un morceau de satin et enseignez-lui comment elle doit s'y prendre.

Le gnome prit délicatement entre le pouce et l'index un fragment d'étoffe et en effilocha les divers brins un à un, avec la régularité d'un battant de pendule.

— Grâce à ce parfilage, dit mademoiselle de Saint-Genez, nous confectionnons un manteau ouaté d'hiver pour la statue de sainte Perpétue... La chapelle humide a gâté sa robe, qui était fort riche... Nous avons décidé qu'un pardessus cacherait cette misère, en attendant que de nouveaux habits ornent une des plus méritantes de nos saintes.

La Pasquette se trouva relativement heureuse

d'occuper ses mains. Cette besogne servait à masquer les pensées qui se pressaient en elle de pauvres gens manquant de hardes pour protéger leur corps contre la rigueur des saisons. Elle eut peur toutefois de ces pensées hostiles. Le silence était absolu dans le salon, et il semblait à la Pasquette que chacune des béguines dût lire dans son cœur. Heureusement mademoiselle de Saint-Genez la tira d'embarras en prenant la parole.

— Ma chère enfant, dit-elle, nous avions commencé avant votre arrivée la lecture des miracles de sainte Perpétue; nous continuerons, si vous le permettez, à écouter cette pieuse légende; vous la connaissez certainement?

La Pasquette leva des yeux franchement ignorants sur la maîtresse de la maison.

— Vous n'avez pas été élevée avec les miracles de sainte Perpétue! s'écria mademoiselle de Saint-Genez... Grand Dieu, que vous a-t-on appris?

Un murmure de désapprobation s'étant fait entendre dans l'assistance, mademoiselle de Saint-Genez s'empressa d'en corriger l'amertume.

— Tant mieux, chère enfant... J'envie votre ignorance... Plus d'une pieuse jouissance vous est ainsi réservée. Je vous prêterai ce soir le cahier pour que vous puissiez le lire avec le recueillement que mérite un pareil récit.

Telle était l'habitude dans ces soirées qu'un des

invités fit la lecture pendant que les dames travaillaient. Les miraculeuses aventures de sainte Perpétue avaient été exploitées par un romancier de sacristie, connaissant à fond l'art de suspendre l'intérêt aux bons endroits. La coupe de cet ouvrage était calculée de telle sorte que les exclamations des écouteurs pussent trouver place entre les péripéties sans détruire l'effet du récit. Les invités ne s'en faisaient pas faute, profitant des temps ménagés par le pieux conteur pour donner cours à leurs réflexions.

— Mademoiselle de Saint-Genez, dit une des voisines de la Pasquette, je n'ai qu'une livre trois quarts de cartes de visite. Dois-je les empaqueter?

La Pasquette jeta un coup d'œil sur la personne en train de peser dans de petites balances de cuivre posées devant elle des cartes de divers formats.

— Vous pouvez toujours faire le paquet, madame, répondit mademoiselle de Saint-Genez; nous attendrons la fin de l'année.

Puis s'adressant à la Pasquette :

— Ma chère enfant, je vous prierai de recueillir de votre côté, ainsi que nous le faisons, toutes les cartes de visite qui vous parviendront. C'est le petit profit des bonnes sœurs du couvent de la Visitation. Quand nous en avons amassé une certaine quantité, nous les envoyons à la mère supérieure, qui les cède aux marchands pour en faire du carton.

La lecture fut reprise après cette interruption. La Pasquette profita de l'attention générale que les dames y portaient pour regarder l'être singulier qui lui avait été donné pour guide.

En lui tout était blafard et morne; les yeux seuls du neveu de mademoiselle de Saint-Genez parlaient aux fils de la soie. Il employait une adresse mathématique à détacher chaque brin du morceau d'étoffe qu'il tenait en main, et il semblait que ce personnage rabougri apportât une vive satisfaction à accomplir sa besogne.

Détournant les yeux de cet être désagréable, la Pasquette préféra encore écouter les miracles de sainte Perpétue à une entente quelconque avec celui qu'on avait choisi pour son professeur.

Heureusement la pendule sonna dix heures et toute l'assemblée se leva.

— Ma chère enfant, souffla mademoiselle de Saint-Genez à la Pasquette, mettez-vous à genoux.

La soirée se terminait par un cantique chanté en chœur. Ce n'étaient pas précisément des voix harmonieuses qui se faisaient entendre à cette heure, mais des chuchotements plaintifs, sur lesquels se détachaient quelques notes de vinaigre.

Grâce à ce programme, mademoiselle de Saint-Genez avait su rendre attrayantes des soirées *sèches*, un mot de l'endroit pour indiquer que les invités ne devaient compter sur aucun rafraîchissement;

mais les cordiaux offerts à l'âme remplaçaient avantageusement le thé dont ne peuvent se passer les êtres profanes. Ces économies tournaient d'ailleurs au profit des bonnes œuvres, et mademoiselle de Saint-Genez avait raison de dire qu'avec des convictions rien n'était perdu.

La Pasquette s'en aperçut dans les soirées suivantes. De différents points de la Gironde étaient envoyés à la pieuse colonie d'anciens timbres-poste, des cachets de cire d'enveloppes de lettres et jusqu'aux stalactites que forment les bougies en brûlant.

Une chambre de l'appartement de mademoiselle de Saint-Genez était garnie de cases où s'empilaient ces divers détritus : les timbres-poste attendant le million offert par un anglais pour en tapisser sa maison, les cachets de cire devant être de nouveau refondus et vendus à un papetier de Pont-du-Casse, et les gouttes de bougie prêtes à se transformer en cierges pour les diverses chapelles.

Ces pratiques puériles de béguines ne provoquaient pas l'épanouissement des facultés cordiales de la Pasquette. Elle s'étiolait dans ce milieu. En pleine campagne, son cœur s'ouvrait devant les magnificences de la nature et devenait tout amour. Dans l'entourage de mademoiselle de Saint-Genez, tout était sécheresse. Les êtres et les choses prenaient des tons choquants et froids, quand, dans les champs, ce n'étaient que nuances tendres et harmonieuses.

La Pasquette ne jugeait ni ne critiquait; elle était sous le coup des impressions de sa vie passée. En écoutant les interminables aventures de sainte Perpétue qui apparaissait miraculeusement à deux petits bergers gardant leurs troupeaux, la Pasquette se rappelait d'autres miracles plus tangibles. Quand, à l'aube, le soleil perçait les nuages et qu'il apparaissait radieux, chacun de ses rayons enveloppant la jeune fille ouvrait à sa pensée des horizons d'admiration pour la puissance qui décrétait une si radieuse illumination.

Qu'étaient-ce que les misérables gouttes de bougie recueillies par mademoiselle de Saint-Genez en regard des gouttes de rosée qui brillaient sur chaque feuille? On accumulait chez la béguine de nombreux timbres-poste. En une nuit, sur un terrain nu la veille, poussaient des milliers de brins d'herbe qui chantaient la puissance d'un Créateur : il fécondait le plus aride sillon, répandait ses dons sur toute la nature, et l'âme de la jeune fille s'envolait jadis dans l'espace, remerciant mentalement Celui en l'honneur duquel les oiseaux chantaient des hymnes d'allégresse.

XV

Quoique le père Parenteau vînt à peu près tous les soirs, suivant sa promesse, rendre visite à la Cadichon, celle-ci ne pouvait se consoler du départ de sa nièce. La fermeture du Cercle avait enlevé la vie à cet endroit naguère si animé. Les enfants, distraits jadis par la présence des habitués, ne cessaient de réclamer leur sœur de six à neuf heures du soir; c'étaient des lamentations sur divers tons, particulièrement aigus, qui rompaient les oreilles de la bonne femme, habituée à plus de tranquillité. Rarement enfants conservèrent le souvenir aussi prolongé d'une parente. Il suffisait que l'un d'eux criât : Pasquette! pour qu'aussitôt le chœur reprît avec des regrets et des larmes : Pasquette, Pasquette!

Le père Parenteau n'était pas de nature à faire oublier ce souvenir. Le moine se prêtait médiocrement aux caprices et aux exigences de cette marmaille.

Les enfants n'aiment pas qu'on s'entretienne à voix basse en leur présence; jaloux du manque d'attentions refusé à leur exigeante personnalité, ils poussent la malice jusqu'à troubler les confidences dont ils sont exclus.

Pour les enfants, le père Parenteau était un être mystérieux, renfermé en lui-même; aussi n'avait-il pas *pris* parmi eux et son entrée le soir, dans l'arrière-boutique, était saluée par un ensemble de cris diaboliques sur la portée desquels la tante Cadichon ne se méprenait pas.

Elle envoyait jouer la bande dans la pièce voisine. L'irritation alors prenait le caractère d'un furieux paroxysme : c'étaient des grêles de soufflets, des avalanches de coups de pied, des allongements excessifs d'oreilles, des combats naturellement suivis de chutes, des chaises renversées, qui évoquaient le souvenir de sabbats diaboliques ou de singes se lançant des noix de coco dans les forêts vierges.

Il en résultait que la tante Cadichon ne pouvait profiter suffisamment des conseils du moine; disposant à peine d'une oreille, l'autre était sans cesse aux aguets pour que la brave mercière pût intervenir quand, dans la pièce voisine, la lutte prenait le caractère d'un massacre général.

Au milieu d'une instruction du père Parenteau, la Cadichon le quittait brusquement pour ouvrir la porte qui la séparait des enfants.

— Attends! attends! criait-elle d'une voix qu'elle s'efforçait de rendre farouche.

La première fois, la mercière obtint quelque succès de ces *attends* menaçants. Mais les enfants, en ayant attendu inutilement les effets, conclurent que leur tante était une bonne créature incapable de se livrer à des corrections sur leur personne, et la bacchanale continua de plus belle.

— C'est un enfer, disait la mercière au père Parenteau, qui visiblement partageait cette manière de voir; encore le moine n'en voyait-il que le début.

Le coucher des enfants était le signal du redoublement du branle-bas. Chaque toilette amenait une lutte désespérée de leur part. Si l'un d'eux finissait par être vaincu, c'est-à-dire porté dans sa couche où de guerre lasse il fermait la paupière, il suffisait d'une nature plus rétive pour réveiller la bande; alors toutes les têtes se relevaient, toutes les bouches hurlaient, tous les corps se redressaient dans les berceaux. Cette révolte venait du souvenir de la Pasquette, dont les oreilles devaient tinter à pareille heure, disait la pauvre Cadichon assourdie et regrettant la fâcheuse idée que le marquis avait eue de léguer sa fortune à sa nièce.

Les gens du pays, d'ailleurs, avaient changé d'allures vis-à-vis de la Cadichon; ils ne la traitaient plus avec cette cordialité à laquelle toute sa vie la mercière avait été accoutumée.

Il lui semblait que les habitués, qui fréquentaient jadis avec tant d'assiduité son Cercle, passaient maintenant devant la boutique en détournant la tête. Le journal, que chacun s'empressait de venir lire le matin au coin du foyer, serait resté avec sa bande, si parfois Cadillac ne fût venu la décacheter.

La fermeture momentanée du Cercle avait peut-être froissé quelques habitués. Mais pourquoi la population de Chantonnay s'était-elle associée à ces détails? Car, il n'y avait pas à s'y tromper, les recettes de la mercière baissaient sensiblement, et certainement les gens se fournissaient chez une autre marchande qu'avant les événements la clientèle trouvait peu avenante.

Alors pourquoi garder la petite boutique où la Cadichon avait trôné pendant trente ans? Elle devenait un assujettissement si les gens du pays avaient résolu de ne plus s'y fournir?

Cependant le père Parenteau avait conseillé de garder la mercerie!

C'était maintenant un esprit tourmenté que la Cadichon, elle de si joyeuse humeur jadis. Toutes sortes de réflexions et d'inquiétudes fatiguaient son cerveau, qui n'était pas habitué à cette charge.

La brave marchande eût volontiers consulté à ce sujet le notaire, qui passait dans le pays pour être de bon conseil. On ne voyait plus M. Despujols. Il n'y avait qu'une rue dans le bourg. Le notaire ne pouvait passer ailleurs, à moins de faire un détour par les prés. S'il sortait par la porte de derrière de son jardin, c'est que sans doute il ne voulait pas se trouver en face de la Cadichon.

Pourquoi?

La grosse fortune dont la Pasquette héritait avait-elle excité la jalousie des gens de Chantonnay? Que faire pour dissiper cette jalousie? La Cadichon ne se sentait pas vaniteuse de cette fortune; c'étaient donc ses concitoyens qui avaient modifié leurs anciennes relations vis-à-vis d'elle. Toutes sortes d'enchevêtrements contradictoires emplissaient à tel point l'esprit de la mercière qu'il eût fallu quelqu'un pour l'aider à les démêler.

Soumettre ses inquiétudes au père Parenteau, les comprendrait-il? Il n'était pas du pays et n'avait entamé nulles relations avec les habitants. La nature franche de la Cadichon l'eût poussée à arrêter le premier passant qui lui faisait froide mine et à lui demander le motif de cette froideur.

Pour la première fois, la mercière sentait sa franchise bridée. De semblables explications, elle les redoutait. Il eût fallu mettre en ligne de compte la fortune inespérée qui s'était abattue sur la famille, les soucis que l'héritage causait à la Cadichon. Si elle eût pu modifier les intentions de M. de l'Aubépin, la mercière eût demandé à ne pas jouir de l'héritage, à rester dans son humble situation précédente.

Après une huitaine de perplexités qui, sans cesse s'accumulant, gagnaient du terrain et troublaient le sommeil de la Cadichon, elle n'hésita plus à aller trouver le curé à son presbytère.

C'était un vieillard aimé de tous ses paroissiens.

— Quel miracle? s'écria M. Bénegeat. On ne vous voit plus, ma brave Cadichon... Que devenez-vous? Et notre petite Pasquette, est-elle de retour?

La Cadichon marchait à côté du prêtre sans lui répondre.

— La fortune vous a-t-elle coupé la parole? dit le curé qui parlait à ses paroissiens en langage familier.

Comme la mercière ne répondait pas, M. Bénegeat la regarda et il ne fut pas peu surpris de la voir fondre tout à coup en larmes.

— Cadichon, dit le curé en adoucissant son ton, vous aurais-je fait sans le vouloir de la peine par mes paroles?

— Non, monsieur le curé, ce n'est pas cela.

— Allons! remettez-vous, ma bonne. Vous avez un poids sur le cœur. Venez sous la tonnelle; vous y serez plus à l'aise pour vous expliquer.

A l'extrémité de la charmille à l'ombre de laquelle le curé se livrait à ses méditations, est une tonnelle formant l'angle du jardin. Une ouverture est réservée pour jouir du coup d'œil des prés et des coteaux voisins.

— Permettez-moi une question, dit le curé. Pourquoi vous et votre nièce n'êtes-vous pas installées au château?

— La Pasquette est partie le jour même de l'enterrement du marquis à Pont-du-Casse.

— Voir ses propriétés?

— Je ne sais; le père Parenteau en a décidé ainsi.

— Ah! fit le curé. Et depuis ce temps, l'absence de votre nièce vous pèse?

La Cadichon ne répondit pas.

— Quand revient Pasquette? demanda M. Bénegeat.

Par un mouvement d'épaules, la mercière répondit : Je ne sais.

— Cependant vous ne pouvez conserver votre boutique, Cadichon.

— Je m'y suis trouvée si heureuse, répondit la brave femme.

— Sans doute, ajouta le curé. Mais vous devez la quitter, c'est moi qui vous le dis. Vous avez eu raison de fermer votre Cercle et vous avez fait preuve de tact; mais les gens du pays qui n'ont pas hérité du marquis, veulent leurs aises; habitués depuis longtemps à se réunir tous les soirs, rien maintenant ne les ramènera chez vous. Aussi bien ils ont été planter leur tente ailleurs... Il faut donc céder votre commerce au plus vite.

S'il ne se présente pas d'acquéreur, fermez boutique et retirez-vous au château ; là, moins en vue et, par conséquent, n'excitant pas par votre présence l'envie des gens du pays, on s'habituera à la longue à ce qu'une marchande jouisse de la fortune d'un marquis... Ce sentiment de jalousie est dans la nature, ma brave Cadichon, et le cœur humain est ainsi fait. Quittez Chantonnay le plus tôt que vous le pourrez ; en agissant ainsi, vous rendrez même service à vos voisins et à vos connaissances, car vous leur enlevez tout prétexte à mauvais sentiments.

— Oh! oui, monsieur le curé, fit la brave femme.

— Vous êtes un cœur d'or, Cadichon, reprit M. Bénegeat. Jamais l'envie ne se fût glissée en vous si la fortune eût tout à coup frappé à la porte d'un de vos voisins ; mais l'événement a été si imprévu qu'il a troublé les esprits et, sans excuser mes paroissiens, je comprends leur surprise... Est-ce là la cause qui vous amenait au presbytère?

— Ah! monsieur le curé, vous avez dit de ces paroles que je n'aurais jamais trouvées et je vous en suis bien reconnaissante.

— Retournez chez vous, Cadichon, et ne vous tourmentez plus. Ah! j'oubliais... Au retour de votre nièce, quand vous serez installées au château, faites-moi prévenir... j'ai quelques instructions à donner à Pasquette.

La Cadichon sortit du presbytère, un peu réconfortée. Elle avait confiance en M. Bénegeat et ressentait l'influence de son langage affectueux.

Toute cette journée se passa couleur de rose; la Cadichon avait puisé assez de philosophie dans l'entretien du curé pour supporter son isolement.

Le soir, le père Parenteau apparut selon son habitude.

— Mademoiselle Pasquette reviendra demain, dit le moine.

La Cadichon eût volontiers embrassé le supérieur du couvent.

Sans dire qu'elle avait consulté le curé, car la mercière avait le fonds de prudence qui fait qu'un malade n'avoue pas à un médecin qu'il suit les ordonnances d'un de ses confrères, la Cadichon, dans son expansion, manifesta le désir de céder sa boutique.

— Je ne vous ai pas conseillé cela, s'écria le père Parenteau qui prit un ton autoritaire... Au contraire, il faut garder votre commerce.

La petite provision de bonheur de la pauvre Cadichon s'évapora en fumée.

— Singulière idée! disait le moine en se promenant à grands pas. Quelle mouche vous pique? Véritablement, ma bonne, vous n'avez pas la raison de votre nièce... Elle s'est fait remarquer dans la société de Pont-du-Casse... Une personne pieuse que je dirige, mademoiselle de Saint-Genez, m'en fait une mention très-honorable... Votre notaire lui-même a été touché de la modestie d'une enfant naïve qui ne se laisse pas griser par cet héritage... Et vous, qui devriez donner l'exemple à votre nièce, vous songez à habiter le château de M. le marquis, sans vous rendre compte combien ce changement de vie excitera l'envie de vos concitoyens déjà passablement jaloux... Ces idées de grandeur m'étonnent chez une personne de votre âge... Réfléchissez-y. J'espère à ma prochaine visite vous trouver dans des sentiments plus en rapport avec votre position.

La réponse du moine eût été un coup de massue pour la Cadichon si le plaisir de revoir sa nièce n'eût écarté pour l'instant ce que les divers conseils de M. Bénegeat et du père Parenteau avaient de troublant et de contradictoire.

Le lendemain, en effet, la Pasquette embrassait sa tante. D'abord la Cadichon hésita à en croire ses yeux. En une quinzaine, la jeune fille s'était complétement métamorphosée. La gardeuse de troupeau semblait avoir été touchée par la baguette d'une fée; mais les sentiments affectueux de la jeune fille n'avaient pas changé avec ses habits. Pasquette elle était partie, Pasquette elle revenait.

La jeune fille fit part à sa tante des divers incidents de son séjour à Pont-du-Casse, combien elle avait pensé à sa famille et l'impatience qui la tenait d'y revenir prendre pied. Le chalet, Charmante, les visites au Calvaire, les soirées chez mademoiselle de Saint-Genez n'avaient pu lui faire oublier son pays natal et ceux qu'elle aimait.

Le père Parenteau l'avait compris ainsi; assez politique pour savoir que la transplantation de cette jeune plante ne se ferait pas sans difficultés, il prit garde de la laisser étioler par l'ennui. Aussi décida-t-il du retour de la Pasquette au village, persuadé d'ailleurs que ce retour rendrait la situation de la Cadichon plus difficile encore.

La toilette de la jeune fille suffisait à attirer l'attention des femmes du bourg; elle prit un caractère quasi criminel quand la Pasquette se trouva de nouveau dans la boutique de sa tante.

Une petite place entourée d'arbres fait face à la mercerie de la Cadichon. Là se réunissent les commères du village aux heures de loisir; elles regardaient avec des yeux irrités la petite boutique au seuil de laquelle maintenant la Pasquette osait à peine se montrer.

L'arrivée de la jeune fille chassa les quelques femmes qui conservaient une apparence de cordialité pour la mercière.

La jalousie ne se cachait plus. C'étaient des regards féminins chargés de haine qui attristaient profondément la Cadichon et sa nièce. Semblables à deux prisonnières pendant la journée, elles attendaient la nuit pour sortir.

Aucune d'elles n'osait discuter les ordres du père Parenteau qui les condamnait à cette fausse situation. Sans avoir confiance, la Cadichon obéissait aux injonctions du moine. Le lien de l'héritage enlaçait la tante et la nièce au mariste, et les conseils du curé du village restaient sans résultat.

Quitter la petite maison où elles avaient vécu si heureuses, pour aller habiter le grand manoir de l'Aubépin, si peu en harmonie avec leurs goûts, la Cadichon ni la Pasquette n'osaient y songer.

Un soir que la jeune fille était allée promener ses frères et ses sœurs en compagnie de sa tante, elle aperçut sur la place du village des groupes qui se perdaient dans l'ombre à mesure qu'elle en approchait.

Il semblait que chaque platane cachât des individus qui parlaient avec animation et se taisaient quand elles passaient. La Pasquette serra le bras de sa tante, effrayée de ces ombres que leur présence faisait rentrer dans le silence.

— As-tu vu? lui dit-elle.

Préoccupée, la Cadichon n'avait pas remarqué ces visions.

Pendant que la Pasquette couchait les enfants,

elle entendit sous les fenêtres un bruit de pas. Elle se rappela les ombres des platanes et écouta. Le bruit avait cessé. Mais à peine la jeune fille eut-elle éteint la lumière qu'un bruit effroyable la fit sortir de son lit.

Toutes les casseroles des ménagères, à dix lieues à la ronde, semblaient avoir été mises en réquisition. A cette batterie de cuisine s'ajoutait le bruit de sonnettes fêlées; c'étaient des sons de fer-blanc et de cuivre auxquels se mêlaient des cris d'hommes et de femmes.

La Pasquette se précipita dans la chambre de sa tante, doutant encore que le charivari éclatât sous ses fenêtres. Il n'y avait plus à s'y tromper. Des voix d'hommes chantaient une chanson grossière dont chaque couplet se terminait par le nom de la Pasquette.

— Que veulent-ils, ma pauvre enfant? s'écria la Cadichon en pressant contre elle sa nièce pâle et émue.

Bientôt le bruit du dehors augmenta. Aux sifflets, aux huées des tapageurs s'étaient joints les hurlements des chiens du voisinage.

A l'intérieur, les enfants réveillés poussaient des cris de terreur. La Pasquette allait d'un lit à l'autre, cherchant à rassurer les enfants. Mais le bruit semblait grossir par l'impunité.

La foule se ruait contre les volets de la boutique.

— Pasquette! criait la foule, comme si elle réclamait une victime.

En ce moment une brutale poussée s'attaqua à la devanture; les planches craquèrent, cédèrent, et on entendit un bruit de faïences cassées auquel succéda un certain silence.

Les agresseurs étaient-ils effrayés du résultat? Les sifflets et les cris devenaient plus rares. Ce ne fut qu'un répit; la foule irritée prenait un nouvel élan.

Au bruit confus qui se produisit de nouveau et auquel succéda une avalanche de poteries qui se broyaient sur le plancher, la Cadichon comprit que la foule avait fait irruption dans la boutique par la brèche de la devanture défoncée.

Les deux femmes tremblèrent. Une mauvaise porte fermant l'escalier les séparait seulement de ces gens excités par la destruction.

Tout à coup on entendit au dehors de nombreux cris plaintifs répondant à des accès de colère. Il semblait qu'une lutte s'engageait entre les assaillants. Les coups résonnaient. Des gens tombaient sur la terre avec des bruits étouffés; une partie de la foule se débandait et semblait reculer.

La Cadichon prêta l'oreille et ne recueillit que des exclamations, des cris de rage, des fuites sur la place.

Quand le silence revint, la Pasquette ouvrit la fenêtre avec précaution et aperçut un homme qui se promenait de long en large sur la place.

— N'aie pas peur, Pasquette, cria-t-il, je suis là pour te défendre.

— Popy! Ah! le brave garçon, s'écria la jeune fille en se jetant dans les bras de sa tante.

XVI

Il était là, à veiller sur sa tranquillité, l'ancien compagnon de sa jeunesse qui l'avait toujours protégée!

Popy s'était souvenu; lui seul défendait la Pasquette au jour du danger. Le courageux garçon ne se contentait pas d'avoir chassé les assaillants; il veillait sur la place, protégeant le repos de deux femmes!

Tout était tranquille au dehors. La Pasquette appela.

— Popy!

— Pasquette, répondit le garçon.

— Il est temps de rentrer chez ta mère...

— Adieu, Pasquette.

La voix de Popy avait pris un accent de fermeté tel que la jeune fille la reconnaissait à peine. Était-ce bien l'enfant malicieux de quelques années auparavant? Il n'y avait pas à en douter, malgré le caractère de résolution dont la voix s'était empreinte. Mais ce qui frappa le plus la Pasquette fut l'*adieu* de Popy. La jeune fille se repentit de n'avoir pas remercié plus chaleureusement son défenseur. Un pressentiment la poussa à descendre.

La Cadichon reposait ainsi que les enfants. La Pasquette n'en hésitait pas moins. Pourquoi? Elle ne pouvait le démêler. Les dernières ombres de la nuit l'effrayaient plus encore que les gens qui étaient venus saccager la maison. Toutefois, ayant tiré avec précaution les verrous de la boutique, la jeune fille ouvrit la porte et se trouva dans le cul-de-sac, vis-à-vis de l'étable.

— Popy! dit-elle d'une voix douce.

— Pasquette! s'écria le garçon.

Ils tombèrent dans les bras l'un de l'autre; mais la Pasquette se déroba aussitôt à cette effusion pour faire mille questions à Popy.

Depuis deux ans ils ne s'étaient vus, et la vie du pauvre garçon avait été si accidentée!

Après sa fuite du couvent, Popy avait erré de ferme en ferme, suivant le besoin qu'on avait de ses bras. Son courage avait doublé pour venir en aide à sa mère, à qui de temps en temps il faisait passer quelque argent, car il craignait que le marquis de l'Aubépin ne privât de ses aumônes celle dont le fils répondait si mal à ses projets.

La nuit protégeait en ce moment la Pasquette, dont les confidences s'échappaient pressées.

— Pourquoi m'as-tu dit adieu? demanda-t-elle.

— Je pars...

Un instant de silence succéda à cette réponse.

— Ce matin, ajouta Popy dont la voix avait pris un accent de ferme résolution.

Le cœur brisé, avec une émotion mal contenue, la Pasquette interrogeait Popy.

— Je m'engage pour l'armée.

— L'armée! reprit la Pasquette inquiète.

— Il le faut, dit Popy.

Cet *il le faut* contenait une mélancolie et une détermination si accentuées que Pasquette ne tenta pas de s'y opposer.

— Tu ne m'oublieras pas, dit-elle en passant une bague au doigt de Popy.

— Jamais! fit Popy.

En ce moment les coqs du voisinage chantaient. A l'horizon les bandes sombres du ciel prenaient des teintes violacées. Popy tenait la main de la Pasquette dans la sienne. Cette main s'abandonnait tout entière et disait les sentiments dont était animée la jeune fille.

— Pense à moi, dit Popy à la Pasquette.

Et il disparut brusquement, laissant la jeune

fille sous le coup d'une profonde émotion.

Le souvenir de M. de l'Aubépin se dressa dans l'esprit de la jeune fille entre elle et son compagnon d'enfance. Séparée de lui pendant que le marquis vivait, pourquoi cette nouvelle séparation, le marquis mort?

Tout en songeant, la Pasquette s'était laissée aller sur une chaise à un lourd sommeil dont elle avait besoin; elle en fut tirée par la voix de la Cadichon qui l'appelait :

— Pasquette, monsieur le curé!

La jeune fille descendit et fut reçue par M. Bénegeat, qui l'embrassa.

— Chère enfant! dit-il d'un ton affectueux qui prouvait combien il était heureux de revoir la jeune fille après le danger qu'elle avait couru.

La boutique était bouleversée comme si un incendie y avait passé. Au dedans les volets surplombaient et menaçaient de tomber. Les planches avoisinant ces volets avaient été renversées et les verreries, les faïences formaient des monceaux de débris.

— Vous n'avez pas suivi mes recommandations, Cadichon, dit le curé. Ce désastre, vous l'auriez évité si la Pasquette était venue au presbytère à son retour.

— Nous étions si malheureuses! s'écria la Cadichon.

— N'est-ce pas dans l'affliction que mon ministère est utile?

Après un instant de silence, M. Bénegeat reprit :

— De pareilles scènes ne doivent plus se renouveler; j'ai la certitude que les coupables sont honteux de s'être laissé emporter à ces excès... Mais vous ne devez pas les en faire rougir par votre présence; elle éterniserait de sourdes rancunes... Laissons le temps calmer les esprits! Je suis venu ce matin pour vous installer au château.

— Au château! s'écria la Cadichon. Le père Parenteau nous a défendu d'y aller.

— Si M. Parenteau, dit le curé, avait pu prévoir ce qui se passerait, il serait aujourd'hui le premier à vous conseiller de quitter le bourg. Ne perdons pas de temps. Il est de bonne heure... Que les gens n'assistent pas à votre départ.

— Mais nos effets? dit la Cadichon.

— Vous les enverrez prendre par une charrette... Mademoiselle Pasquette va partir d'abord... J'ai fait prévenir le maître d'école de venir vous aider, Cadichon... Il restera avec vous et les enfants jusqu'à l'arrivée de la voiture.

Le curé et la Pasquette traversèrent le bourg,

ne rencontrant personne ; si quelque tête curieuse apparaissait à travers une porte ou une fenêtre, c'était après leur passage.

— Ma chère enfant, disait M. Bénegeat, on vous a fait beaucoup de mal et votre retour au village n'est pas celui auquel vous deviez vous attendre... Faites vos efforts pour oublier ce fâcheux événement et pensez plutôt à rendre le bien pour le mal... La population est vive, emportée ; elle n'est pas mauvaise... Je n'ai pas à vous recommander la modestie ; mais songez, toutes les fois que vous serez appelée à vous trouver en rapport avec les gens du bourg, à ne pas froisser leurs regards par des toilettes trop recherchées.

La Pasquette écoutait, attentive.

— J'espère, ma chère enfant, vous voir demain à la messe prier pour ceux qui vous ont insultée et ont troublé votre repos... Feu le marquis jouissait d'un banc particulier, ainsi qu'il convenait à son rang. Ce banc restera vide... Vous reprendrez votre place habituelle au milieu de vos compagnes... Voulez-vous vous faire pardonner votre fortune? Consacrez-en une partie aux malheureux...

— Oui, s'écria la Pasquette.

— Je n'attendais pas moins de vous, mon enfant, reprit le curé, et je ne peux dire combien je suis heureux que votre pensée concorde avec la mienne... Ce que la Cadichon ne pouvait faire dans sa modeste position, tentez-le... Qu'on vous appelle à dix lieues à la ronde la bonne Pasquette... Il ne manque pas d'infortunés à secourir... Que votre entrée dans leurs cabanes soit regardée comme une manne bienfaisante. L'aumône, ma chère enfant, est plus douce encore pour celui qui donne que pour celui qui reçoit... Le bonheur que vous ferez à votre prochain sera pour vous une joie de tous les instants et votre cœur s'ouvrira de plus en plus large pour l'infortune... Qui a donné donnera... Vous vous rappellerez votre modeste position quand vous passiez sous les fenêtres du château que vous allez habiter, et vous vous efforcerez de changer le nom de l'Aubépin en celui de château de la Bienfaisance.

Ces instructions de M. Bénegeat répondaient au cœur de la Pasquette ; comme une rosée rafraîchissante, elle buvait chacune des paroles du prêtre. De même qu'au lever du soleil, un horizon se déroulait rose et clair pour la jeune fille qui, maintenant, voyait se dissiper les brouillards enveloppant son esprit.

A peine arrivé au château, le prêtre fit prévenir les gens de la propriété de venir présenter leurs devoirs à leur maîtresse après l'heure du déjeuner. En attendant, la Pasquette et M. Bénegeat parcoururent les diverses pièces du premier étage; là ils rencontrèrent, détournant la tête, la Trionne qui jusque-là avait eu la garde du château.

— Trionne, j'ai à vous parler, dit le curé. On dit dans le pays que vous quittez bientôt l'Aubépin. Est-ce vrai?

De toutes les personnes attachées au service du marquis, la cuisinière était celle qui avait témoigné le plus d'affliction à la mort de son maître; encore à cette heure sa physionomie témoignait que cette perte l'avait remuée profondément.

— Pourquoi, Trionne, ne pas vous attacher au service de mademoiselle? demanda M. Bénegeat.

La vieille regarda la Pasquette. Voyant le regard affectueux et suppliant de celle-ci :

— J'aurais servi mademoiselle avec la même fidélité que monsieur le marquis.

— Eh bien?

— On dit que tous les gens de l'ancien temps seront renvoyés.

— Qui répand ces bruits? demanda le curé.

— C'est, paraît-il, l'intention de M. Parenteau.

— Vous avez eu tort de croire à de tels propos, dit la Pasquette. C'est au contraire un devoir pour moi de rester entourée de ceux qui ont conservé de l'affection pour M. de l'Aubépin...

— La preuve, ajouta M. Bénegeat, c'est que

mademoiselle augmente vos gages de dix écus par an.

— Est-ce Dieu possible? C'est trop, mademoiselle, vraiment trop.

Et elle prenait les mains de la Pasquette.

— Que vais-je faire de cet argent? s'écria la vieille... Je suis trop riche!...

M. Bénegeat interrogea la Trionne sur l'attitude des gens de la propriété, depuis la mort du marquis. A l'exception du grand Gigandas, la plupart avaient continué leurs travaux et la paye avait été organisée par le père Parenteau, qui faisait passer par son notaire les fonds nécessaires. Toutefois, la semaine précédente, le salaire des vignerons ayant été retardé de quelques jours, ceux-ci s'en étaient plaints.

— Pourquoi, dit le curé, la paye ne se fait-elle pas par M. Despujols, comme du vivant de M. de l'Aubépin? Je vois un inconvénient à ce que les fonds soient transmis par le notaire de Pont-du-Casse... M. Despujols ne vous a donc pas avertie, mademoiselle Pasquette?

— Je n'ai pas eu occasion jusqu'à présent de le voir.

— Mais c'est votre conseil naturel.

La Pasquette répondit que M. Parenteau l'avait mise en rapport avec le notaire Mitiffeu et que lui seul, jusqu'à présent, avait eu le maniement des fonds.

— Je verrai aujourd'hui M. Despujols, dit le curé... Il est sans doute blessé que vous ne lui ayez pas rendu visite... C'est un des plus honnêtes hommes et un des plus sains esprits du pays... Vous et votre tante avez besoin fréquemment de son ministère; vous ne pouvez vous passer de ses conseils.

A une heure les gens de la propriété furent introduits dans le vestibule.

— Mes amis, dit M. Bénegeat, je vous présente votre nouvelle maîtresse qui vient habiter le château... Elle est animée des meilleures intentions à votre égard... Vous aviez dans le défunt un bon maître. Son héritière fera ses efforts pour améliorer votre position et s'efforcera d'adoucir votre service.

De telles paroles, que n'avait jamais prononcées le marquis, devaient aller au cœur des vignerons : ils restèrent froids et le curé le constata.

— Ma chère enfant, dit-il plus tard à la Pasquette, il ne faut pas se le dissimuler, les vignerons admettent difficilement votre gouverne... Attendons tout du temps et de vos bonnes œuvres... Le plus important serait de voir l'attitude que prendra Destrilles, le régisseur. Il est malade malheureusement... Comment va-t-il? demanda M. Bénegeat à la Trionne.

— Il a les fièvres.

13

— Les fièvres! fit le curé en songeant, car dans les campagnes « avoir les fièvres » indique toute espèce de maladies. Il manque un médecin dans le pays, ajouta M. Bénegeat. Comment soulager à temps un malade quand il faut aller chercher à trois lieues le docteur qui est rarement chez lui?... Vous avez besoin, mademoiselle, d'un médecin attaché à votre propriété... Les trois francs d'abonnement annuel que paye contre son gré chaque vigneron sont insuffisants comme honoraires médicaux; nous en reparlerons avec M. Despujols. A quelle heure, Trionne, vient le docteur pour donner ses soins à Destrilles?

— Tous les trois jours, à huit heures du matin.

— Vous voyez, mon enfant, combien ce service est mal organisé. Un homme est gravement malade; que d'accidents peuvent survenir pendant cet intervalle!... Si vous écriviez un mot au docteur pour le prier de venir voir dès demain votre régisseur?...

— Écrire! s'écria la Pasquette tristement; je ne sais pas.

— Ma pauvre enfant, je l'avais oublié!

Un instant le curé resta songeur.

— Avez-vous du courage? dit-il d'un ton à le communiquer... Avec de la volonté vous ferez votre éducation... Les loisirs ne vous manquent pas; il est de toute nécessité que vous puissiez correspondre avec les gens chargés de vos intérêts... Ah! combien notre beau pays est déshérité!... Mon enfant, avec l'aide de la Providence, vous êtes appelée à en changer la face.

— Que faut-il faire? demanda la Pasquette.

En ce moment un bruit de voix se fit entendre dans la cour du château. Une charrette attelée de bœufs arrivait, chargée de meubles. Derrière la voiture marchait la Cadichon suivie de sa petite troupe d'enfants. Tous poussaient des cris de joie en apercevant Pasquette à la fenêtre du premier étage.

— Ces enfants, dit M. Bénegeat, vont donner la vie à de vastes appartements... Le pauvre marquis vivait tellement isolé dans son château... Ah! les riches ne sont pas si heureux que les pauvres se l'imaginent... Il est vrai qu'il y a souvent de la faute des riches... Ma chère enfant, faites en sorte de vous appauvrir!... Maintenant que votre tante est arrivée, je vous laisse aux premiers soins de l'emménagement.

La Cadichon, suivie des enfants, venait d'arriver au premier étage.

— Eh bien, demanda le curé, comment s'est opéré votre départ du bourg?

— Les voisins regardaient et ne soufflaient mot.

— Vous m'aiderez à ce qu'ils vous aiment plus tard, dit M. Bénegeat en prenant congé de la famille.

Une éclaircie de bonheur venait de traverser l'abattement qui s'était emparé de ces cœurs naïfs. A chacune des paroles du prêtre était attaché un enseignement affectueux, un rayon d'espérance qui laissait entrevoir un avenir meilleur. La Pasquette se sentait protégée et ne demandait qu'à s'appuyer sur cette protection.

A cette heure seulement elle sentait combien de connaissances lui manquaient. Jusque-là elle avait vécu en communication avec la nature où tout était clair et simple, il lui fallait vivre avec des hommes chez lesquels tout lui semblait obscur et compliqué.

C'était la nuit pour elle que la société : un être affectueux en dissipait les voiles. Cette entrevue rendit la jeune fille plus confiante, plus assurée. Un avenir tranquille pointa pour la Pasquette et sa tante.

Quant aux enfants, leur plaisir ne connaissait pas de bornes. Les grands corridors, si calmes depuis cinquante ans, retentissaient de cris joyeux, de folles poursuites, de gaies taquineries. Chaque porte nouvelle qui s'ouvrait, les enfants s'y précipitaient. Chaque chambre leur paraissait une merveille. Les anciens meubles prenaient à leurs yeux des proportions féeriques : les rideaux à ramages, les cuivres dorés, les pendules leur offraient des spectacles inattendus.

— Ne grimpez pas sur les fauteuils !

— Surtout ne descendez pas l'escalier ! s'écriait la Cadichon, qui avait fort à faire pour régenter son petit troupeau affamé de curiosité.

Comme la plupart des anciennes constructions de campagne dans la Gironde, le château n'avait qu'un étage recouvert par un toit élevé ; mais deux ailes attenant à la façade offraient une assez grande étendue pour loger une famille plus nombreuse encore que celle de la Cadichon.

La plupart des pièces, meublées lors du mariage de M. de l'Aubépin, n'étaient pas marquées du délabrement particulier à certains châteaux habités par des vieillards. Il fut un temps où le marquis, jeune, espérait mener la vie de châtelain et recevoir de nombreux invités. Les chambres d'amis étaient démodées sans doute quant à l'ameublement, mais conservant une trace des rêves de bonheur de M. de l'Aubépin. Ces appartements, ouverts seulement pendant la huitaine qui suivit les noces, furent fermés presque immédiatement, comme le cœur du pauvre marquis.

La plupart de ces chambres, la Cadichon les laissa telles quelles et, par modestie, ne voulut pas y habiter ; dans une grande pièce vide elle installa son mobilier, qui lui rappelait les souvenirs de sa vie passée. Avant tout, elle souhaitait avoir près d'elle les enfants, comme sous son aile ; elle

18.

craignait qu'ils ne gâtassent les lourds rideaux de vieux damas et les délicats meubles en bois de rose.

La grande pièce dont la Cadichon prit possession avait été destinée, dans l'origine, à une salle de billard et tapissée de toiles peintes où le vert, le rouge, faisaient assaut pour concourir à la parfaite représentation de scènes de chasse. Cette ancienne tenture servit d'amusement aux enfants; en se réveillant, leurs yeux furent égayés par des fuites de cerfs, des acculements de sangliers, de grands bois verdoyants et de clairs étangs.

La Pasquette s'installa dans une sorte de boudoir voisin, préparé pour la marquise. Elle eut dans sa part de logement le salon des portraits, d'anciens nobles qui la regardaient avec gravité et qu'elle interrogea souvent des yeux, leur demandant des conseils.

Dès le lendemain matin, au point du jour, la Pasquette sortit du château et prit le chemin des bois voisins. Qui eût vu la physionomie de la jeune fille ne l'eût pas reconnue. Ses regards étaient pleins de résolution. Elle marchait comme une personne qui va droit à un but.

Au bout d'une longue allée, partant d'un carrefour, est une cabane vers laquelle s'avançait la Pasquette. La porte était ouverte. Sur une chaise se tenait une femme âgée dont les vêtements étaient propres, mais chargés de reprises et de superpositions de morceaux d'étoffe qui indiquaient le soin avec lequel étaient entretenues ces hardes. La femme filait. Ses mains semblaient actives; son esprit était ailleurs.

— Aubazine! fit la Pasquette.

La femme leva la tête.

— Vous ici, mademoiselle! s'écria-t-elle.

La Pasquette remarqua l'air soucieux de la paysanne.

— Il est parti! dit Aubazine.

La Pasquette ne répondit pas.

— Parti pour s'engager sans vouloir rien entendre!... Pauvre garçon!

La jeune fille n'osait faire de questions.

— Si vous saviez, mademoiselle, comme il me manque! Il était si doux, si bon fils!... On ne connaît la tendresse des enfants que quand on les perd... Je lui ai dit tout ce que je sentais là, fit la mère en mettant la main sur son cœur. Popy a répondu qu'il le fallait... Pourquoi le faut-il? C'est ce que je ne comprends pas... Déjà, je m'étais séparée de lui bien contre mon gré; mais le marquis tenait à lui faire faire son éducation... Il est revenu un jour pour repartir encore... L'enfant est tendre, je le sens; mais il a l'amour des aventures... Un soldat, est-ce une position? Il ne sera pas bien au régiment... Nous étions pauvres; je pouvais encore prendre soin de lui... Et maintenant!

La mère leva vers la Pasquette des yeux rougis.

— Pauvre Popy! Je l'accuse, et il ne cherche que mon bonheur. Il m'a juré en partant qu'avant peu il me viendrait en aide... Le brave garçon, j'en suis sûre, se priverait de son pain pour m'en garder un morceau... Mais la meilleure aide eût été de rester pour consoler une pauvre veuve. Enfin, que la Providence le conduise!

— Bonne Aubazine! s'écria la Pasquette émue.

— Vous le savez, vous, mademoiselle, s'il avait grand cœur! Vous ne m'en voulez pas, n'est-ce pas, de laisser percer mon chagrin?

Elle s'était emparée de la main de la Pasquette; une larme vint la mouiller:

— Ne vous laissez pas aller à votre douleur, ma pauvre Aubazine... Je viens avec l'espoir de l'adoucir... Vous vivez ici trop isolée.

— Trop isolée aujourd'hui; mais je ne demandais pas d'autre société que la présence de Popy.

— Je vous ai gardé, si vous voulez l'accepter, une place à l'Aubépin.

— Au château, mademoiselle... Ah! je suis trop triste pour habiter un endroit si riche.

— Ma tante a consenti à m'accompagner... La Trionne reste près de nous... Je tiens à m'entourer de braves gens.

— Ah! mademoiselle, que vous êtes bonne!...

Et combien les gens du pays ont été durs pour vous !

— Je veux oublier leur conduite et leur pardonner.

— La femme du grand Gigandas ne vous pardonnera jamais.

— Pourquoi? demanda la Pasquette.

— Vous ne savez pas... Elle et Gigandas sont couchés à la suite des coups qu'ils ont reçus.

— Je n'avais entendu parler de rien.

— Le grand Gigandas et sa femme étaient à la tête du charivari... Jusqu'à présent chacun s'était moqué d'eux; ils ont voulu se venger à leur tour... Le plus acharné, pour démolir la boutique de la Cadichon, c'était Gigandas; sa femme l'y poussait encore... On ne sait comment cela est arrivé... Le grand Gigandas a reçu une grêle de coups de bâton qui l'ont laissé sur le carreau, et sa femme a une figure du double d'épaisseur tant elle est enflée... Le médecin lui a posé hier des sangsues sur l'œil...

— Pauvre femme! s'écria la Pasquette.

— Elle n'a que ce qu'elle mérite, car c'était elle qui excitait principalement le village contre vous... Les gens qui avaient été montés par elle en rient maintenant.

— Puis-je compter sur vous, Aubazine? demanda la Pasquette, qui ne voulut pas prolonger davantage cet entretien. Je vous attends demain ; votre logement sera prêt... Vous aurez la garde de l'Aubépin.

La paysanne joignait les mains, ne trouvant pas de réponse pour exprimer sa reconnaissance. La Pasquette sortit heureuse. Elle venait de parler à la mère de Popy ; pour la première fois elle retrouvait dans quelques-uns des traits d'Aubazine, comme dans certains de ses accents, des ressouvenirs de son compagnon d'enfance. Avec la mère de Popy elle pourrait quelquefois parler de lui.

La Pasquette fut touchée surtout de la discrétion de Popy. Il n'avait rien dit de sa courageuse conduite pendant cette nuit d'angoisses. Ainsi on ignorait dans le village d'où partaient l'aide et le secours pour deux femmes sans défense !

Popy s'était exposé à un danger réel. Si les paysans s'étaient aperçus qu'ils avaient affaire à deux bras seuls, il eût été possible que leur agression se retournât contre le garçon dont tous les moyens de défense consistaient en un bâton.

Ce fut surtout chez Gigandas que la Pasquette comprit l'ardeur de Popy à la défendre. Elle s'y rendit après avoir quitté Aubazine, et dès l'abord de la cabane elle entendit des gémissements d'un son particulier.

— Arrête donc de geindre, grand plaignard, disait une voix de femme.

Le grand Gigandas était couché. Sa femme, près du foyer, veillait à l'ébullition d'une série de pots de diverses dimensions, enterrés dans le brasier.

En entendant du bruit la femme se retourna, et la Pasquette crut assister à l'exhibition d'un phénomène de foire. Les joues avaient pris la proportion de deux petites montagnes; le nez était devenu tuberculeux et les yeux se cachaient comme dans le fond d'une caverne, pour ne pas voir les bizarres excroissances où le jaune se mêlait au vert, traversés comme au déclin du jour par des bandes violacées.

— Qui est là? dit le monstre de foire, un peu étonné de la visite.

— Aïe! mademoiselle Pasquette! Aïe! fit le grand Gigandas voulant faire oublier sa conduite par l'étalage de ses douleurs.

— Qu'avez-vous, mon pauvre Gigandas? demanda la Pasquette, quoiqu'elle eût été prévenue par la mère de Popy.

— Une avalanche, aïe, m'est tombée sur le corps, s'écria le vigneron d'une voix éplorée... Une bande de brigands nous a martyrisés moi et ma femme.

— J'avais bien entendu parler des trente-six chandelles, reprit la femme; j'en ai vu certainement davantage... J'ai vu vert, j'ai vu rouge, noir, jaune, et puis je n'ai plus rien vu du tout... Ah!

les scélérats me le payeront un jour... Je les reconnaîtrai... Ils avaient des barbes...

— De longues barbes... Aïe! fit le grand Gigandas. Ils portaient aussi des bâtons en bois de fer... Aïe!

— Gigandas est tout noir des pieds à la tête... Je suis obligée de le couvrir de suif pour lui rendre sa blancheur, à ce que conseille le médecin... Tenez, voilà ce que Gigandas boit pour rafraîchissant, dit la femme en montrant les divers pots de graisse qui fondaient devant le feu... C'est une ruine qu'une catastrophe pareille... Le médecin a ordonné de frotter Gigandas avec la valeur pesant d'un porc tout entier... En voilà de la graisse perdue! Ah! ça coûtera cher un jour à la bande des hommes à barbe!

Popy, en tant que représentant cette terrible bande, avait amassé un gros levain de rancunes dans le cœur d'une personne qui déjà, dans la vie habituelle, ne se piquait pas de douceur.

La Pasquette n'osait interroger les époux sur la cause de ces désastres; mais les êtres souffrants se plaisent à parler de leurs misères. Le grand Gigandas était fier d'avoir assisté à une terrible mêlée dans laquelle, suivant lui, ses adversaires n'étaient pas éloignés du nombre de dix mille; il en parlait comme un vieux soldat échappé à une sanglante déroute et sa femme reprenait le récit en l'agrémentant encore. Une légende s'était formée dans l'esprit des époux, qui rattachait l'agression des hommes à barbe aux incidents de la *jonchée* jadis imaginée par Popy.

Les trois cents paysans qui, réellement, avaient pris part au charivari donné aux Gigandas, étaient le noyau des dix mille hommes barbus qui avaient fait irruption dans le bourg. Toutefois, ni le grand Gigandas ni sa femme ne déterminaient l'endroit du combat; ils le laissaient flotter dans des horizons fantastiques.

La Pasquette ne parut pas se préoccuper autrement de ces récits légendaires.

— Je suis installée au château en compagnie de ma tante, dit-elle... Feu le marquis faisait du bien aux gens de sa propriété; mon devoir est de suivre son exemple... J'ai pensé, Gigandas, que votre état de vigneron pouvait concorder avec une autre profession qui vous mettrait plus à l'aise... Ma tante me laisse maîtresse d'agir à ma fantaisie; vous plairait-il, Gigandas, de reprendre avec votre femme la boutique de poteries du bourg?

— Aïe! aïe! aïe! fit Gigandas, à qui le souvenir de l'attaque de la maison de la Cadichon rappelait trop vivement la désastreuse nuit aux coups de bâton.

Du fond de leur caverne, les yeux de la femme

s'attachaient sur ceux de la Pasquette. Était-ce une raillerie de la jeune fille? Elle savait sans doute le rôle que les deux époux avaient joué dans le charivari... Peut-être ils avaient été reconnus, peut-être dénoncés !

La Pasquette supporta ce regard sans en être troublée ; elle avait réellement pitié de ces gens et voulait leur faire oublier par des bienfaits le mal qu'ils avaient cherché à lui causer.

— Il faut de l'argent pour vendre de la terraille, dit la femme.

— Ma tante vous laisse la boutique et les marchandises.

— On voit beaucoup de gens dans le commerce, dit la femme à cheval sur son idée ; il me sera plus facile de mettre la main sur la bande des hommes à barbe.

XVII

Le père Parenteau était revenu à Pont-du-Casse en se félicitant de la tournure que prenaient les événements ; il était loin cependant de se douter de l'agression violente qui avait forcé la Pasquette et sa tante à se réfugier à l'Aubépin. Suivant le moine, une déconsidération hostile et lente devait s'attacher à la famille Cadichon. De jour en jour, la petite boutique deviendrait plus déserte. Autour de la mercière et de sa nièce s'établirait un cordon tendu par l'envie.

La toilette de la Pasquette faisait partie de ce système; nul doute qu'elle n'irritât les gens de Chantonnay qui avaient connu l'enfant gardant les bestiaux.

Isolées et en butte aux jalousies hostiles de leurs voisins, la tante et la nièce, qui avaient soif d'affections, ne souhaiteraient que de planter leur tente dans un autre pays pour y vivre en paix.

L'autre pays, c'était Pont-du-Casse. La Cadichon, bien conseillée jusque-là et ne se montrant rétive à aucune instruction du mariste, s'installerait volontiers dans une contrée où elle ne craindrait ni envieux ni jaloux.

Dieu dispose, même quand un moine propose. Ces combinaisons habilement échafaudées devaient être renversées par un événement imprévu. Si le père Parenteau eût été averti à temps, la Pasquette et sa tante eussent remis leur destinée aux mains du moine.

M. Bénegeat, sans se douter des machinations qui planaient sur la tête des deux femmes, coupa le nœud en les installant à l'Aubépin.

En apprenant cette nouvelle, le père Parenteau éprouva un des plus vifs désappointements de sa vie: il était blessé dans son amour-propre et s'inquiétait de voir ruiné un plan si simple qui lui avait toujours réussi.

Lui seul avait groupé à Pont-du-Casse toute cette population de béguines qui vivaient à l'ombre du couvent et dotaient la communauté des maristes du meilleur de leurs revenus. Et deux femmes naïves, ignorantes de la vie, lui échappaient tout à coup !

Le père Parenteau envoya chercher le notaire.

— M. Mitiffeu, dit-il, vous avez un versement trimestriel à faire à mademoiselle Pasquette; vous porterez vous-même cet argent au château où ces dames sont logées. Faites en sorte qu'on vous invite à y rester vingt-quatre heures au moins. Ce temps vous suffira pour étudier l'installation de la Cadichon et m'en rendre compte. Quels sont les projets de la tante et de la nièce pour l'avenir, c'est ce qu'il m'importe de savoir. Songez que du succès de votre mission dépend une clientèle importante... Je crains que votre confrère M. Despujols, jaloux de devenir le conseil de personnes qu'il regardait comme des clientes assurées, n'ait contribué puissamment à les retenir dans le pays.

M. Mitiffeu, qui obéissait aveuglément aux injonctions du supérieur des maristes, n'eut pas besoin d'être poussé à accepter une telle mission; son propre intérêt y était engagé.

A son arrivée à l'Aubépin, le notaire trouva la

Pasquette et sa tante acceptant leur nouvelle position et ayant oublié déjà les événements qui leur avaient fait quitter Chantonnay.

La propriété était vaste, attenante immédiatement à des vignes, car, dans ce fertile pays où le raisin subit si directement l'action du soleil, un espace médiocre est réservé aux jardins. Des fleurs, la Pasquette en avait suffisamment pour orner sa chambre; d'ailleurs, à travers les vignes traversées par des avenues assez larges pour permettre l'entrée aux voitures, on arrivait, sans quitter la propriété, aux bois des environs, où chaque jour la Cadichon faisait de longues promenades avec les enfants.

Ce qu'elle avait craint le plus en s'installant au château, c'était l'inoccupation; les soins à donner à une propriété si étendue, les gens à surveiller, les ouvrières qu'on y entretenait, le service de la ferme remplissaient de reste la journée.

M. Mitiffeu trouva deux femmes qui, toute leur vie, paraissaient avoir dirigé une propriété importante. Le notaire n'eut pas besoin d'une grande habileté au début. L'argent qu'il apportait lui-même était une complaisance dont la Pasquette lui sut gré.

Ainsi que l'avait prévu le père Parenteau, M. Mitiffeu fut invité à dîner. Aussi bien, il se trouvait un convive pour lui tenir tête.

La Pasquette s'étant fait rendre compte par la

Trionne des quelques rares personnes admises par le marquis à sa table, Cadillac fut un de ceux qui avaient un titre à ne pas être oubliés, en qualité de cohéritier peu fortuné.

Cadillac, un jour, fut aperçu rôdant aux alentours du château. Poussée par sa nièce, la Cadichon courut à lui et lui fit part de l'intention qu'avait la Pasquette de se conformer aux habitudes de M. de l'Aubépin. Naturellement Cadillac accepta, sans se faire prier.

En voyant le sans gêne avec lequel le Gascon avait pris possession du salon, son ton familier avec l'héritière, le notaire bénit la Providence qui l'avait mis à même de donner au moine des détails positifs sur cette dangereuse influence.

M. Mitiffeu n'eut aucun doute sur les menées de Cadillac qui, certainement, avait poussé la Cadichon et sa nièce à s'installer au château.

— C'est lui, pensa le notaire, qui regarda Cadillac de côté, le jugeant un adversaire dangereux.

Il n'était pas difficile de le sonder. La même pensée de faire parler le chargé des affaires de la Pasquette avait traversé l'esprit de Cadillac.

Ayant été présentés l'un à l'autre, les deux invités firent, avant le repas, une promenade pendant laquelle le Gascon recommença sa série de questions sur la valeur réelle de l'héritage. Le notaire se prêta complaisamment aux questions de Cadillac et répondit par des renseignements plus précis que ceux donnés le jour de l'enterrement par M. Despujols.

A voir la loupe avec laquelle Cadillac examinait les moindres détails de la fortune de la Pasquette :

— Cet homme a une idée de mariage en tête, pensa le notaire.

Il ne se trompait pas absolument. A diverses reprises cette pensée s'était présentée à l'esprit de Cadillac, d'abord indécise et vague, puis absorbante.

Cadillac avait quarante-sept ans; il se jugeait suffisamment conservé pour épouser une jeune fille. La Cadichon le connaissait depuis d'assez longues années pour certifier qu'il était propre à faire le bonheur de sa nièce. Ses mœurs ne laissaient rien à désirer; sa vie était connue de tout le village. Comme la plupart des Gascons, le manque de suffisance ne l'arrêtait pas. Il flaira une avance dans l'invitation de la Cadichon.

Dès lors, Cadillac, ayant suffisamment maugréé contre le défunt qui l'avait traité mesquinement, fit des rêves d'or. Non point qu'il eût une soif démesurée de richesses; il envisageait la fortune plutôt comme base du parfait contentement de son estomac.

La modeste position de Cadillac en faisait un être d'une élégance douteuse; ses habits étaient propres, mais fortement râpés. Le vêtement le plus magnifique du Gascon consistait en une redingote marron qui alternait avec un habit vert-bouteille. Cadillac avait toujours eu un faible pour ces deux nuances.

La redingote marron était celle des grands jours, qui avaient été, à proprement parler, les longs jours ; elle servait depuis une douzaine d'années et les poignets ayant fini par se fatiguer, Cadillac, à diverses reprises, en fit rogner les bords par le tailleur du village ; mais cette opération n'avait pas contribué à l'allongement des manches.

Invité à dîner à l'Aubépin et cette invitation pouvant amener un changement notable dans son avenir, Cadillac jugea à propos de se montrer sous le jour le plus avantageux ; c'est pourquoi il entra en conférence avec le tailleur et lui montrant l'éblouissante redingote marron :

— Comment trouvez-vous ce vêtement? lui demanda-t-il.

Le tailleur retourna la redingote sous toutes les faces.

— Parlez franchement, dit Cadillac. Ne vous semble-t-elle pas encore fort présentable?

La question ainsi formulée demandait un acquiescement complet; toutefois, le tailleur avoua que, peut-être, les manches laissaient à désirer.

— Ah! fit Cadillac devenu rêveur, car il ne fallait pas songer à l'habit vert-bouteille, qui, lui aussi, avait subi d'excessives injures du temps.

— Il faudrait changer les poignets, dit le tailleur... Si vous aviez des morceaux!

Un horizon. Cadillac, personnage soigneux, avait mis prudemment de côté des rognures; mais ces morceaux, soigneusement renfermés depuis nombre d'années, étaient d'un moelleux qui faisait d'autant plus ressembler la pauvre redingote à une toile d'araignée.

Dans son ensemble, aux yeux de celui qui la portait, elle apparaissait irréprochable; rapprochée d'un échantillon neuf, le tailleur n'hésita pas à la qualifier de « minable ».

— Pour la relever, dit-il, il faudrait des parements de velours.

— Quelle idée! s'écria Cadillac.

Cependant, comme il était homme d'ordre :

— A combien pourraient m'entraîner ces parements de velours? demanda-t-il.

— Je pourrai, monsieur Cadillac, les établir pour vous à six francs.

— Six francs! s'écria le Gascon... Mais je trouverai, pour ce prix, à Bordeaux, une bonne veste de velours toute neuve.

— Du velours de bringue! fit le tailleur avec dédain. Il n'entrera pas un atome de coton dans les poignets de velours que je compte mettre à votre redingote, monsieur Cadillac.

Il fut donc entendu que la redingote jouirait d'embellissements qui suggérèrent une nouvelle idée au Gascon en veine de prodigalités. Également des revers du même velours noir furent ajoutés à un certain gilet de soie dont le collet de l'habit avait endommagé les extrémités. Et quand le petit tailleur eut confectionné un pantalon qu'il appelait de couleur Languedoc, c'est-à-dire d'un certain jaune malencontreux, relevé par une bande verte à dessins quadrillés, Cadillac ne douta plus de donner dans l'œil de l'héritière.

Il y avait bien dans cet ensemble de toilette des détails à la fois piteux et triomphants. La défroque ainsi retapée faisait penser à un amoureux du théâtre de Nontron; mais Cadillac, plein de sérénité, se jugeait magnifique, et la confiance en soi-même est le levier à l'aide duquel l'homme accomplit les actes les plus héroïques.

Pendant le dîner ces rallonges de velours jouèrent un grand rôle.

Cadillac abusait des effets de bras, levait sans cesse la main pour forcer l'attention et passait avec empressement les plats de telle sorte que les poignets de velours de la redingote marron attirassent les regards des convives.

Quand il parlait à la Pasquette, Cadillac avait soin de donner du jeu à sa redingote et de la rejeter en arrière, afin que les admirables revers noirs du gilet de soie grise fussent convenablement en évidence. Le faste que dénote le velours, surtout quand il est bien porté, le Gascon ne l'ignorait pas ; plus d'une jeune fille se laisse prendre à son miroitement.

L'étalage de cette splendide toilette n'empêchait pas toutefois le convive de songer à son estomac, et à chaque pas la Trionne recevait sa part de compliments. Les plats étaient convenablement arrosés ; une douce chaleur montait à la tête de Cadillac et lui faisait lancer des regards incandescents à la Pasquette.

Le repas terminé, Cadillac prit familièrement le bras du notaire. Le Gascon avait pensé qu'il ne pourrait trouver un plus utile confident.

— Cette petite Pasquette est vraiment charmante, s'écria-t-il. Quelle maîtresse de maison elle ferait si un galant homme consentait à associer sa destinée à la sienne!... Il faudrait lui trouver un homme honorable du pays, capable de gérer ses propriétés... Vous qui connaissez tant de monde, monsieur Mitiffeu, voyez-vous dans le voisinage quelqu'un qui réponde à ce programme?

Le notaire préférait jouer le rôle d'un confident muet. De même qu'il avait étudié avec attention le manége du Gascon pendant le dîner, il écoutait maintenant sans mot dire les paroles trop confiantes produites par la chaleur des vins.

Vainement Cadillac attendait que le notaire répondît : Mais vous êtes l'homme qu'il faut.

— J'entrevois bien, continua Cadillac sans s'inquiéter de ce mutisme, un être discret qui se prononcerait volontiers s'il était tant soit peu encouragé... Depuis longtemps il connaît cette aimable famille et s'y intéresse.

Cadillac fit alors un portrait de sa personne si ressemblant qu'il n'était pas permis de s'y tromper. Ces confidences furent assez longues pour mener jusqu'à l'heure du coucher, et quoique le notaire eût promis au Gascon de le revoir le lendemain matin, au petit jour il partit pour Pont-du-Casse, ayant recueilli de précieux renseignements.

— Un homme des plus dangereux rôde autour de la Pasquette, dit-il au père Parenteau.

— *Quærens quem devoret*, fit le moine.

— Heureusement, c'est un sot.

— Il n'en est peut-être que plus redoutable, dit le mariste.

— Il ne m'a pas caché qu'il aspirait à la main de mademoiselle Pasquette.

— Peuh! fit le moine, qui ne parut pas effrayé de cette confidence.

— L'homme me paraît certain de son affaire et m'a demandé la permission de venir me rendre visite...

— Vous la lui avez accordée? demanda le moine.

— Je n'ai pas précisément répondu.

— Vous avez eu tort... Il est utile que je voie de près les gens qui convoitent la dot de notre jeune héritière.

— Alors je l'inviterai prochainement à dîner.

— A quoi bon? fit M. Parenteau. Le personnage en question viendra sans être engagé... Je n'en sais rien, j'en suis sûr... Quand il vous rendra sa visite, vous le retiendrez et lui servirez un repas de chanoine... Je m'arrangerai pour le voir, quoique je ne désire pas assister au conciliabule. Du reste, cher monsieur Mitiffeu, vous avez on ne peut mieux rempli votre mission et je vous en félicite... D'après votre rapport, l'homme me paraît confiant.

— Aussi bavard que suffisant.

Le moine respira.

— Je craignais, dit-il, d'avoir affaire à une taupe aux menées souterraines... Comment la Cadichon accueille-t-elle le personnage?

— Sans façons... Elle le connaît depuis longtemps... Il n'a jamais quitté le bourg.

— Et mademoiselle Pasquette semble-t-elle sensible à ces hommages?

— Je n'ai rien remarqué de sa part qui pût me faire croire qu'elle y porte une grande attention.

— Elle est si jeune... Quelle est la proportion des âges?

— Ce Cadillac pourrait être son père.

— Cadillac! dit le père Parenteau ; n'est-ce pas un héritier du marquis?

— Il était, m'a-t-il dit, l'ami de feu monsieur de l'Aubépin.

— Ami pauvre. Legs, six cents livres de rente... L'homme est impossible... Soupirant à encourager.

— A encourager! s'écria le notaire.

— Naturellement.

— Je ne comprends pas bien, dit le notaire.

— Allez toujours.

Les idées tortueuses du moine troublaient parfois M. Mitiffeu. Le père Parenteau parlait du travail souterrain des taupes en homme qui longuement en a pratiqué les chemins. Quel intérêt avait-il à pousser Cadillac en avant?

Voilà ce qui échappait à M. Mitiffeu qui se croyait retors en affaires et qui pourtant subissait la supériorité du moine.

Aussi bien les vues du père Parenteau dérangeaient les aspirations du notaire. Dans l'entrevue qu'il avait eue avec la Pasquette, sa fortune ui sembla tentante. Peu inflammable de sa nature, M. Mitiffeu n'avait pas été tout à fait insensible aux charmes de l'héritière.

Une étude à Pont-du-Casse ne produisait pas de gros bénéfices, malgré l'intérêt que portait le moine au notaire.

Il est d'usage que la femme paye la charge des officiers ministériels. La Pasquette aiderait M. Mitiffeu à se débarrasser d'intérêts coûteux. Et ce rival que le notaire jugeait sans portée, le père Parenteau en faisait tout à coup un aspirant à la main de l'héritière.

Il fallait rentasser les confidences que M. Mitiffeu comptait faire au moine. Pendant la route le notaire avait combiné une série de raisons que son protecteur comprendrait, et ces plans étaient renversés tout à coup par une malice diabolique qui troublait particulièrement le notaire; car, ayant avoué au mariste qu'il ne comprenait pas son jeu, le père Parenteau avait répondu avec un sourire étrange :

— *Allez toujours.*

Était-ce une épreuve que le moine faisait subir à son protégé? Avait-il deviné ses secrètes pensées? M. Parenteau était un esprit des plus déliés que le notaire avait été à même d'apprécier dans nombre de circonstances.

— Une femme seule peut me conseiller en pareille matière, pensa M. Mitiffeu.

Il était lié particulièrement avec mademoiselle de Saint-Genez, la seule personne dans le pays qui connût la Pasquette. Quoique la béguine ne reçût pas dans la journée, le notaire avait accès chez elle à toute heure.

— Deux jours sans vous voir! s'écria mademoiselle de Saint-Genez. Votre absence a été remarquée.

Chaque soir, sauf affaires graves au dehors, M. Mitiffeu ne manquait pas d'assister aux pieuses conférences du cénacle.

— Excusez-moi, mademoiselle... J'arrive de l'Aubépin.

— Et vous avez vu notre jeune héritière!... A-t-elle été aimable?

Le notaire rendit compte de l'excellente réception de la Pasquette.

— Avec nos bons conseils, cette petite se formera, dit mademoiselle de Saint-Genez... Elle semble pleine de bonne volonté... Parle-t-elle de revenir près de nous?

— Elle est préoccupée de mettre ordre à l'entretien de l'Aubépin.

— Mais vous l'avez engagée à venir nous voir!

— J'ai eu si peu de temps à ma disposition.

— Cher monsieur Mitiffeu, je ne vous reconnais pas... Cette petite paysanne a besoin de se former... Sa tante, une marchande de poteries, en est incapable... Ce n'est pas que j'y mette de la morgue... Car je ne demande pas mieux que de recevoir cette veuve Cadichon en compagnie de sa nièce, quand elles viendront s'installer à Pont-du-Casse... La jeune fille m'intéresse assez pour que je passe par-dessus l'étiquette... Comment avez-vous trouvé la tante?

— C'est une personne sans façon.

— N'apporterait-elle pas dans nos réunions un langage trop disparate par son origine populaire?

— La veuve Cadichon est une femme sans prétentions et elle ne semble pas destinée à gêner l'établissement de sa nièce.

— En effet, reprit mademoiselle de Saint-Genez, cette jeune fille peut s'établir un jour, et il est à souhaiter qu'un futur n'ait pas à rougir de la tante. Un beau parti que mademoiselle Pasquette!

— Très-convenable, fit M. Mitiffeu.

— Les hommes, continua la béguine, vont chercher bien loin des femmes qui ne valent pas notre petite bergère!

Le notaire s'applaudissait intérieurement du tour que prenait la conversation.

— Dans un an ou deux, il ne serait pas trop tôt d'établir cette petite personne.

— Je suis tout à fait de votre avis...

— Vous n'avez pas songé à quelqu'un? demanda mademoiselle de Saint-Genez au notaire, en entrant au cœur du sujet.

— Pas précisément... Cependant on pourrait voir, chercher...

— Prenez garde, reprit mademoiselle de Saint-Genez. Un coureur de dot un peu pressé pourrait se mettre en campagne et enlever au pays une fortune qui doit y rester...

— Je suis enchanté, mademoiselle, de vous voir en de telles dispositions; elles concordent entièrement avec les vues du père Parenteau.

Le notaire apprit alors à mademoiselle de Saint-Genez qu'un candidat était sur les rangs, et comme M. Mitiffeu insistait sur l'avance que le Gascon avait déjà sur des concurrents futurs :

— Ce M. Cadillac ne me paraît pas bien redoutable, répondit la béguine. Si l'enfant, dans son innocence, prêtait quelque attention à de pareils hommages, il est facile de lui montrer qu'elle fait fausse route... Le conseil serait d'autant plus suivi, qu'on lui présenterait un futur mieux en rapport avec son âge et sa position.

— Que vous voyez bien la situation, chère madame, s'écria le notaire... Il est à souhaiter, en effet, qu'un homme, à la tête d'une position, dont l'âge et le caractère garantiraient l'avenir de la jeune fille se présente, ayant mûrement réfléchi sur les conditions du mariage.

— Vous connaissez quelqu'un qui remplisse ces conditions? demanda mademoiselle de Saint-Genez.

Au ton dont fut faite la question, le notaire rentra prudemment ses griffes matrimoniales.

— J'ai mieux que cela pour l'héritière du marquis, fit mademoiselle de Saint-Genez.

— Ah! fit le notaire qui poussa une exclamation comme s'il avait reçu un coup de bâton.

—Octavien! s'écria mademoiselle de Saint-Genez.

— Votre neveu... Sans doute..., répondit M. Mitiffeu d'un ton qui exprimait le contraire de ses paroles.

— Sincèrement, qu'en pensez-vous?

— Je n'y songeais pas...

— Eh bien! cher monsieur, il faut s'en occuper sérieusement, dit mademoiselle de Saint-Genez en poussant sa dernière botte.

Au ton impératif de la béguine, le notaire vit bien que pour l'instant il était hors de propos de poser sa candidature.

—Malheureusement, dit-il, je ne suis pas chargé de l'avenir de mademoiselle Pasquette... Elle a sa tante...

— Ne m'avez-vous pas dit qu'il était facile de faire de cette brave femme ce qu'on voudrait?

— N'oublions pas le père Parenteau.

— M. Parenteau, j'en suis certaine, demandera à bénir lui-même une semblable union... Pensez combien ce mariage sera assorti. Octavien est jeune; il ne pense que par moi... Vous souhaitiez un homme à la tête d'une position... La position, c'est l'héritage du marquis... Il faut avant tout que cette fortune soit consacrée à défendre les intérêts de la religion... En épousant mademoiselle Pasquette, c'est un auxiliaire précieux que mon neveu mènerait à l'œuvre pieuse de M. Parenteau... Voyez donc, cher monsieur, notre bon supérieur et dites-lui un mot des souhaits que je vous exprime si franchement.

Le notaire avait eu le temps de se remettre pendant que mademoiselle de Saint-Genez exposait ses vues. De sa voix fausse redevenant naturelle à force d'art, il promit de rapporter l'entretien au mariste, ce qui ne l'engageait à rien.

Les prétentions de mademoiselle de Saint-Genez, d'abord accablantes pour le notaire dont elles ruinaient les visées, paraissaient moins dangereuses en regard de la candidature Cadillac, patronnée par le père Parenteau.

Quelles que fussent les intentions du moine, le Gascon n'était pas sérieux ; mais il fallait toutes les illusions d'une tante pour songer à faire d'Octavien le mari de la Pasquette.

C'était un nain doué d'une énorme tête dont les chairs blafardes présageaient une anémie et ses conséquences. A vingt-deux ans, Octavien, fruit de deux vieillards, offrait les caractères d'une vieillesse prématurée.

Ses rares cheveux d'un blond roux annonçaient une précoce calvitie. Quoiqu'il les disposât de son mieux, les séparant au milieu de la tête, suivant les instructions de sa tante qui espérait lui donner par là une apparence angélique, Octavien évoquait l'idée d'un nain de foire. Ce n'était pas la Pasquette qu'il lui fallait, mais bien la main d'une géante qui le présentât au public avec une redingote à brandebourgs.

Tel était le gnome qu'une tante pleine d'illusions comptait offrir à la Pasquette. Le notaire n'en était pas moins ulcéré de se voir méconnu par ceux dont sans cesse il défendait les intérêts si chaudement et qui, à cette heure, l'oubliaient quoiqu'il les mît sur la voie.

Jusque-là M. Mitiffeu avait obéi aveuglément aux instructions des gens de Pont-du-Casse; sa pensée dès lors se reporta vers l'Aubépin.

— Poussons Cadillac, se dit le notaire qui, pour avoir fait les affaires d'êtres rusés, devenait lui-même profondément insidieux à son tour.

XVIII

Le curé Bénegeat n'eut pas de peine à faire accepter l'invitation à dîner de la Pasquette à M. Despujols. Quoique froissé de n'avoir point été choisi comme conseil de l'héritière, lui en qui le défunt marquis mettait toute sa confiance, le notaire de Chantonnay n'était pas homme à faire passer ses intérêts avant d'anciens sentiments affectueux.

La Cadichon lui ayant expliqué comment elle avait signé un pouvoir au nom de son collègue de Pont-du-Casse, suivant les conseils du père Parenteau :

— Vous aurez besoin de moi plus tard, dit M. Despujols, qui, au premier mot, comprit l'antagonisme qui se préparait entre l'Aubépin et Pont-du-Casse.

Il alla donc une première fois au château, y fut reçu cordialement par la Pasquette; et, pour effacer tout souvenir de cette affaire, un dîner fut fondé qui devait réunir, une fois par semaine, le curé Bénegeat, M. Despujols et le juge de paix du canton.

Cadillac avait été écarté de ces dîners où se traitaient de graves questions, présentées sous une forme qui répondait directement au cœur de la Cadichon et de sa nièce. Par leur position, MM. Bénegeat et Despujols connaissaient tous les malheureux du pays; ils devinrent les aumôniers de la Pasquette, qui les poussait sans cesse à inscrire de nouveaux noms sur la liste des gens à secourir.

— Il manque dans ce pays un médecin qui puisse donner son temps et ses soins aux gens souffrants, avait dit le curé.

— J'y ai songé, dit M. Despujols. On m'a parlé d'un jeune homme de la Tremblade, dont je connaissais le père... Si mademoiselle Pasquette pouvait affecter au service médical annuel un minimum de deux mille francs, peut-être s'attacherait-on ce jeune docteur... Que vous en semble?

La Pasquette souscrivit immédiatement à cette idée.

— Il est bon de s'entourer des jeunes, reprit M. Bénegeat... L'élément jeune est indispensable parmi les barbes grises... La jeunesse, c'est l'activité... Pourquoi faut-il que l'expérience vienne si tard? J'aurais pu faire plus de bien au pays.

— Ce n'est pas l'opinion du canton que vous exprimez, monsieur Bénegeat, dit le notaire... Vous avez attiré à vous tous les cœurs, et votre mission, qui, heureusement, n'est pas terminée, est remplie chaque jour pour le bien de tous.

Pour arrêter son panégyriste :

— Monsieur Despujols, dit le curé, songez plutôt à notre médecin ; il est appelé à rendre des services bien autrement importants que les miens.

Au dîner suivant, le notaire entra accompagné d'un jeune homme.

— Permettez-moi, mademoiselle, dit-il, de vous présenter M. Cazebonne, le docteur dont je vous ai parlé.

Le jeune homme était doué d'une physionomie appelant la sympathie. Dans ses yeux se lisait le contentement que laisse une vie de travail.

A vingt-cinq ans, le docteur avait dû toutefois connaître les soucis de la vie; ils avaient creusé le cercle de ses yeux et tassé de telle sorte les parties molles de la figure qu'il semblait qu'aucune mauvaise passion ne pût s'y loger.

Si la physionomie était fatiguée, les yeux offraient une pensée virginale. Sur les lèvres du jeune homme, la cordialité aimait à se poser et prévenait immédiatement chacun en faveur de l'homme.

— Voulez-vous, monsieur, vous associer à nos efforts, dit le curé, pour arracher les gens au farniente méridional, la plaie de nos contrées? La terre est trop bonne pour eux; je la souhaiterais plus aride. Elle seule travaille, trop de nos paysans la regardent faire... Il reste pourtant bien des trésors enfouis au fond de cette terre qui ne demande qu'à les livrer; mais les Napolitains de la Gironde se contentent de vivre de peu et ne font pas d'efforts... Mademoiselle Pasquette, M. Despujols et moi sommes unis par la même pensée... Nous croyons que le médecin serait d'une aide puissante à la jeune fille, au prêtre, au notaire, s'il ne trouvait pas ce pays un théâtre trop petit pour mettre ses talents en lumière.

— Je le souhaiterais peut-être plus restreint encore dans l'intérêt de la science, dit Cazebonne... La pratique de mon art, telle que je la comprends, doit faire de moi un étudiant de la vie... J'ai toujours rêvé, même en m'occupant de mes malades avec dévouement, de poursuivre mes travaux... Avant d'accepter la place que M. Despujols est venu m'offrir, je tenais, mademoiselle, à vous soumettre mes projets : travailler pour moi, c'est-à-dire travailler pour les autres.

— Vous êtes notre homme, dit le curé en tendant la main à Cazebonne.

— Si nous buvions à la santé des malades! s'écria M. Despujols. Mieux ils se porteront, plus M. Cazebonne aura de temps à consacrer à l'étude.

— On ne vous a pas présenté, reprit le curé, une de vos futures clientes, la tante Cadichon. Elle est atteinte d'un mal qui ne l'a pas quittée depuis sa naissance, le mal de la bonté, dont sa nièce, mademoiselle Pasquette, a également tous les germes.

Le dîner se passa de la sorte, entremêlé de propos agréables. Le bonheur était peint sur toutes les physionomies, satisfaites de s'être adjoint une belle âme. Tous se sentaient d'accord. Une grande idée planait au-dessus des convives et les caressait de ses ailes. Rêver aux moyens de faire le bien, en voir la réalisation possible, illuminait les physionomies.

— Il ne nous manque que le juge de paix,

reprit le notaire ; il ne se consolera pas d'avoir manqué à la réception de M. Cazebonne.

— Nous l'affilierons au complot, dit le curé. C'est un excellent conspirateur... Quand comptez-vous vous établir parmi nous, monsieur?

— Il faut d'abord s'occuper d'une installation, dit M. Despujols... M. Cazebonne a bien voulu accepter l'hospitalité chez moi ; demain matin, nous visiterons une maison qui me paraît faire son affaire.

— Je demande avant tout, dit le jeune médecin, un grand cabinet de travail et un petit jardin.

— Des charmilles vous seraient-elles agréables? reprit le notaire.

— Les charmilles! mais c'est le rêve de tous les travailleurs.

Cazebonne faisait un beau rêve. Jusque-là la vie lui avait été dure. Fils d'un marchand de bois de la Tremblade qui s'était ruiné dans l'exploitation des forêts, ce fut seulement au sortir du collége que le jeune homme apprit qu'il devait entrer dans la vie sans protection, sans fortune, sans parents. Obligé d'accepter les modestes fonctions de maître d'étude qui lui laissaient certaines heures le matin pour suivre les hôpitaux, Cazebonne rêvait de devenir un grand médecin. Pendant sept ans il économisa sur ses faibles appointements les sommes nécessaires à l'achat de ses inscriptions.

La moitié de la nuit, Cazebonne la consacrait à l'étude. Ses efforts furent enfin couronnés de succès, et il obtint son diplôme de docteur.

Mais, avant d'exercer, comment se lancer dans la haute société bordelaise, sans avances, sans protecteurs, sans amis? La science d'ailleurs avait rendu Cazebonne timide. Mieux eût valu se dépouiller de la méditation et se présenter le sourire sur les lèvres. La fortune en avait décidé autrement; elle employa le caustique de la désillusion pour ronger le sourire nécessaire aux gens du monde.

Un chirurgien, dont l'étudiant suivait les cours à l'hôpital et qui s'intéressait à lui, devina le sujet de ses préoccupations.

— Mon cher Cazebonne, lui dit-il, un armateur de mes amis a besoin d'un médecin pour l'équipage de son navire qui entreprend un voyage au long cours... Il offre trois mille francs d'appointements. Le voyage doit durer trois ans... Cet emploi de vos facultés vous semblerait-il agréable?

Cazebonne serra la main du chirurgien et s'embarqua quelques jours après.

Ses qualités, tout intérieures, étaient de celles qui sont précieuses dans une longue traversée. L'homme n'était pas brillant, mais d'un commerce sûr et affectueux.

Il débarqua avec cinq mille francs d'économies :

il n'avait ni joué, ni bu, ni fumé ; il avait beaucoup pensé.

Cazebonne, de nouveau, se retrouva face à face avec le Bordeaux luxueux qu'il s'agissait d'affronter. Cinq mille francs ne suffisaient pas pour jeter aux yeux d'une clientèle mondaine la poudre d'or nécessaire.

Ce fut alors que le notaire rencontra Cazebonne chez un armateur. M. Despujols fut frappé de l'attitude du jeune homme ; les quelques détails qu'il apprit de sa vie honorable le poussèrent à lui faire des ouvertures et il emmena Cazebonne à l'Aubépin.

La position offerte était modeste ; mais quel beau rôle à jouer dans ce canton quand le prêtre et le notaire lui eurent exposé leurs idées ! Il était donné à Cazebonne de ne pas s'éteindre dans un de ces villages éloignés des villes, où plus d'un médecin intelligent est condamné à vivre sur ses observations des premières années.

Ce fut un ravissement quand Cazebonne visita, en compagnie de M. Despujols, la maison qu'il devait habiter. D'un côté elle tenait au bourg et la façade donnait sur la principale rue de Chantonnay ; le corps de derrière du logis, ayant vue sur la campagne, permettait de vivre éloigné de tout bruit. Un grand clos d'arbres fruitiers dépendait de la maison ; de chaque côté d'épaisses charmilles invitaient au travail, à la méditation.

Cette vie en plein air, face à face avec la nature, les quelques hommes intelligents groupés dans le bourg, ne laissèrent aucune hésitation au jeune homme.

— De grand cœur je plante ma tente ici, dit-il à M. Despujols. Et je me regarde comme trop heureux d'avoir rencontré l'homme de bien qui ne se repentira pas de ce qu'il a fait pour moi.

A quelque temps de là, Cazebonne et le vieux curé étaient réunis à l'Aubépin. Le notaire dit à la Pasquette :

— Vous avez pu remarquer, ma chère enfant, combien notre petit pays est resté en arrière du mouvement qui s'accomplit dans toute la France. Sur cent habitants de ce canton, quatre-vingt-quinze ne savent pas lire. Les dossiers de mon étude ressemblent à un cimetière, tant les croix remplaçant les signatures sont accumulées au bas de chaque acte... Et pourtant nous possédons un instituteur; mais il est borné et n'a aucunement conscience de sa mission... Je vais encore saigner votre bourse, mademoiselle; vous vous direz qu'il n'est pas d'aumône mieux employée... L'instituteur est le pivot de la société..

— Que ferez-vous de notre brave homme de maître d'école? demanda M. Bénegeat.

— Je vous en ferai cadeau.

— Je n'en ai pas besoin, dit le curé.

— Et les cloches de l'église?

— Le maître d'école sonne l'angelus sans que la classe en soit troublée.

— Et les enterrements?

— Mettons vingt-cinq décès par an.

— Et les baptêmes?

— A peu près la même proportion.

— Total, dit le notaire, cinquante matinées perdues pour l'instruction des enfants... Et les jours où le maître d'école chante à l'église?

— Ce sont les dimanches.

— Qui surveille les élèves pendant ce temps? Ne les voyez-vous pas avant, pendant et après l'office, jeter des pierres dans les vitres de l'église?... Mon rêve serait de voir l'instituteur sans cesse veillant à la garde de son troupeau...

— Qui fera l'office de chantre pendant ce temps? demanda M. Bénegeat.

— L'ancien maître d'école, que mademoiselle Pasquette attachera exclusivement au service de l'église. J'en avais déjà parlé au marquis de l'Aubépin... Il tenait à d'anciennes coutumes et ne séparait pas, dans sa pensée, l'instituteur du sonneur de cloches et du chantre.

— Avouez, dit le curé, que vous avez un faible pour l'enseignement laïque... Le bout de votre oreille passe, n'est-ce pas, monsieur Cazebonne? Mais vous êtes deux contre moi, je serai battu.

— Monsieur le doyen, reprit le notaire, vous n'êtes pas juste...je vous donne un homme entièrement à vos ordres, et vous faites de moi un idéologue.

— Eh bien, s'écria M. Bénegeat, je m'en rapporte à mademoiselle; elle sera juge dans la question.

— Je crois, dit la Pasquette avec timidité, qu'un instituteur qui apprendrait à lire à ses élèves serait d'une grande utilité pour le pays.

— Qu'enseigne donc le maître d'école actuel? demanda Cazebonne.

— Il fabrique des sabots qui vous seront fort utiles l'hiver, docteur.

— Je préfère me passer de sabots et voir vos paysans plus instruits, reprit Cazebonne. Quelques naturalistes prétendent que nous descendons des singes; je n'en suis pas absolument certain; mais il est positif qu'un homme qui ne sait ni lire ni écrire vaut moins qu'un singe.

— La majorité s'est prononcée, dit M. Bénegeat, je me résigne à mon sonneur... Maintenant, où prendrez-vous cet instituteur qui, selon vous, doit changer la face de la civilisation?

— Dans une école normale, dit le notaire... Et le choix ne sera pas difficile.

— Trouvez seulement un homme qui s'entende

avec M. Cazebonne, et je l'accepte les yeux fermés, dit le curé.

— Peste, monsieur le doyen, l'appétit vous vient en mangeant, reprit M. Despujols. Voilà ce que je compte faire. Je connais des membres de la commission d'examen de l'École normale… A mon premier voyage à Bordeaux, je les verrai, et j'espère, mademoiselle, que vous ne regretterez pas l'emploi de votre généreuse subvention.

— Je serai la première élève de l'instituteur, dit la Pasquette.

— Mon enfant, s'écria le curé en lui prenant les mains, c'est la Providence qui a dicté au marquis de vous laisser sa fortune.

XIX

Grâce aux économies faites pendant ses voyages, Cazebonne avait pu s'installer à Chantonnay et meubler convenablement sa maison. En attendant qu'il pût acheter une voiture, le notaire l'emmena dans sa carriole et le présenta aux quelques familles aisées disséminées sur le territoire. Tout d'abord chacun se sentit attiré vers le jeune médecin, dont le passé honorable fut dévoilé par M. Despujols. Ce fils qui, sur ses premières économies, en réservait une partie aux créanciers de son père, aurait employé le plus habile des moyens, si l'habileté eût été le mobile de Cazebonne. Les gens de la Tremblade en témoignèrent hautement leur reconnaissance.

L'honneur qui en revint au jeune docteur rejaillit sur ses facultés médicales. Peu après son installation dans le pays, Cazebonne était regardé comme le meilleur praticien à vingt lieues à la ronde. L'intérêt que lui témoignait M. Bénegeat et le notaire fit le reste. Un jeune étudiant aurait-il pu conquérir du premier coup la confiance du vieux prêtre et de M. Despujols sans des facultés médicales exceptionnelles?

L'attention que portait Cazebonne à ses clients, sa gravité sympathique au lit des pauvres gens, firent répéter ce mot par les vignerons :

— Il regarde les malades en dedans.

Un paysan se sentait à demi guéri quand Cazebonne entrait dans sa cabane.

Peu à peu, une partie de la sympathie qu'on témoignait au jeune docteur se reporta sur l'Aubépin. Au château se réunissait un groupe d'hommes dévoués qui n'avaient en vue que le bien du pays. Cazebonne ne se lassait pas, d'ailleurs, de parler de ses bienfaiteurs; les protecteurs en toute occasion vantaient leur protégé. Une union tellement intime existait entre eux, que les paysans s'aperçurent que la moindre critique qui toucherait l'un atteindrait l'autre; et quoique les populations soient fortement rebelles à toute idée de progrès, la crainte de déplaire à Cazebonne fit que le nouvel instituteur fut traité avec respect quand il arriva dans le bourg.

Un maître d'école reçu au château tous les jours, cela ne s'était jamais vu. La profession en fut relevée d'autant. On sut que la Pasquette prenait courageusement des leçons, elle qui, suivant les paysans, n'en avait pas besoin. Elle possédait une grande fortune; un idéal pour beaucoup de gens. Et cependant l'héritière se plongeait avec courage dans l'étude, apprenant les éléments de toute chose.

L'instituteur ainsi patronné força les paysans sinon à la sympathie, du moins à des égards. Les revenus du bourg étaient minimes; la Pasquette acheta une ancienne maison qui fut aménagée facilement en école, à l'aide d'une grange qui y attenait. Cette grange parut aux gens du bourg un musée quand les murs, recrépis à la chaux, furent ornés de cartes. Des gradins de bois, disposés en amphithéâtre autour de la salle, permettaient à une cinquantaine d'enfants de suivre les cours. Le menuisier du pays construisit, sur les indications de l'instituteur, une chaire qui sembla un trône aux paysans, et des deux côtés de grands tableaux noirs posés sur des chevalets flanquèrent cette tribune d'où jaillissait, avec d'affectueuses paroles, un enseignement en rapport avec les besoins des habitants.

Mais ce qui contribua le plus au succès de l'école fut la récompense que la Pasquette accorda aux enfants qui s'étaient signalés par leur application pendant la semaine. En compagnie de leur professeur, ils venaient dîner le dimanche à l'Aubépin et ne partaient pas sans quelque cadeau utile.

Ainsi l'héritière du marquis avait ramené à elle des cœurs qui lui étaient hostiles jadis. Aimant les enfants d'autant plus qu'elle-même était restée longtemps enfant, elle ne trouvait pas de jouissance plus vive que de fixer dans ces jeunes cerveaux le peu qu'elle apprenait sous la direction de l'instituteur.

Surtout la Pasquette semblait trouver un attrait particulier à l'étude de la géographie. Qui l'eût vue, suivant avec attention une carte de l'Algérie accrochée dans son cabinet de travail, eût deviné son secret.

Devant cette carte, la jeune fille restait de longues heures, car elle en fit des copies, suivant le conseil de l'instituteur. Elle était parvenue à dessiner de mémoire tout le territoire africain dans ses moindres détails, et le maître d'école était lui-même étonné de progrès si rapides chez son élève. Lui non plus ne savait pas.

Pour tous cette carte était muette, pour Pasquette elle devenait parlante.

C'était en Algérie que servait Popy.

Engagé volontaire et dévoré d'activité, il n'avait eu de cesse avant d'obtenir d'être envoyé en Afrique. Dans cette nouvelle position, lui aussi Popy exerçait une influence sur l'éducation de la Pasquette. Parti du pays, à peine pouvant déchiffrer son nom, le courageux soldat était arrivé à écrire à sa mère. L'affection qu'il lui portait l'avait poussé à l'étude.

Quelle joie pour la mère de Popy quand elle reçut la première lettre de son fils! Aubazine s'empressa de la porter à la Pasquette, qui maintenant pouvait traduire ces caractères. Ce fut avec une extrême émotion que la jeune fille lut cette page où Popy racontait simplement ses efforts de chaque jour pour arriver à un modeste grade; il demandait des nouvelles de chacun, sans se douter que sa mère était entrée à l'Aubépin, et il recommandait particulièrement qu'on le tînt au courant des nouvelles du pays.

Une fois de plus la Pasquette bénit les hommes qui s'étaient intéressés à elle. Grâce à leurs conseils, elle pouvait montrer maintenant à Popy qu'elle se souvenait.

— Comment faire pour répondre à ce brave garçon? dit Aubazine. Si je m'adressais à M. le curé?

— Vous m'oubliez, répondit la Pasquette. N'est-ce pas la meilleure occasion d'appliquer le peu que je sais? Vous me dicterez vos amitiés pour Popy et nous contribuerons, nous deux, à l'encourager dans la voie vaillante qu'il suit.

La vieille regarda sa maîtresse avec des yeux si expressifs que celle-ci comprit que la pauvre mère voulait l'embrasser.

— Que cela fait de bien! dit Aubazine en essuyant une larme.

Cette lettre détermina le choix que la Pasquette fit d'une carte de l'Algérie, afin de suivre la marche de Popy dans ses divers campements.

Un an après son entrée à l'Aubépin, la jeune fille écouta avec fruit la conversation de MM. Despujols et Cazebonne, qui parfois s'occupaient de politique. La Pasquette put lire un journal. Mais ses yeux se portaient tout d'abord sur les nouvelles de l'Algérie, et avec un art tout particulier elle savait amener la conversation sur l'état de cette province, où le médecin, pendant son voyage au long cours, avait séjourné. Les questions naïves de la jeune fille intéressaient d'autant plus Cazebonne, qui sentait combien les moindres renseignements s'imprimaient dans ce cerveau si tendre.

Sans comprendre la portée de cette attache particulière pour l'Algérie, le docteur sentait qu'il n'était pas écouté avec autant d'attention quand il parlait des contrées étrangères.

Par maints détours, la Pasquette ramenait sans cesse Cazebonne vers l'Afrique ; pourtant c'était avec timidité que la jeune fille posait ses questions. Elle avait peur que son secret ne fût deviné. Son attachement pour Popy était si vif qu'il semblait à la Pasquette que chacun devait s'apercevoir qu'elle ne s'intéressait aux possessions africaines qu'à cause de son compagnon d'enfance.

Personne n'y songeait. La mère de Popy sortait rarement de l'Aubépin. De nature discrète, une conversation avec sa maîtresse lui suffisait. Avec elle Aubazine pouvait parler de son fils chéri. Si quelque expédition avait lieu contre les Arabes révoltés ou les tribus qui refusaient de faire leur soumission, elle en était informée tout d'abord par la Pasquette, à l'affût de ces nouvelles.

Entre les deux femmes il n'était question que de Popy. Tardait-il à écrire, la Pasquette relisait sa dernière lettre pour calmer les inquiétudes de la mère ; si, de son côté, la jeune fille écrivait au soldat, c'était sous le couvert maternel, ne parlant que des nouvelles du pays et glissant toutefois dans un *post-scriptum* un souvenir affectueux pour son ancien compagnon de jeunesse.

Jamais la Pasquette n'avait été plus heureuse ; elle inspirait la sympathie de toutes parts. Ainsi que l'avait fait présager le curé, elle était devenue la châtelaine d'un Aubépin bienfaisant, et le bruit s'en était répandu dans tout le canton.

Cependant le père Parenteau n'avait pas été sans s'émouvoir de la réputation que, de jour en jour, conquérait l'héritière. Les rapports du notaire, qui jouait un double jeu, étaient loin d'éclairer le moine sur la réelle situation de la Pasquette à l'Aubépin.

Pour M. Mitiffeu, victime d'une impression première, Cadillac était l'homme qui disposait de l'influence la plus considérable au château. Le hasard, en effet, fit qu'à différentes reprises le notaire de Pont-du-Casse, invité à dîner à l'Aubépin, ne rencontra ni son confrère, ni le médecin, ni le curé. Peut-être poussée par le secret instinct qu'ont les femmes, la Pasquette, qui n'avait pas de sympathies particulières pour M. Mitiffeu, jugea-t-elle à propos de ne le faire trouver qu'avec Cadillac, qui lui était indifférent, et que toutefois elle admettait une fois par semaine à sa table.

De tels faits rapportés au moine par M. Mitiffeu avec une certaine réserve, car il n'avait pas encore pris son parti qu'un rival fût accepté par le père Parenteau, lancèrent sur une fausse voie le supérieur du couvent des maristes.

A même de voir de près le Gascon qui n'avait pas manqué de venir prendre auprès du notaire de Pont-du-Casse de plus amples renseignements sur la fortune de a Pasquette, le moine jugeait ridicule le soupirant avec sa redingote marron à parements de velours. Il n'était pas difficile de comprendre que seul l'héritage du marquis de l'Aubépin excitait sa convoitise. Certaines confidences de même nature de mademoiselle de Saint-Genez, en faveur de son neveu, montraient combien la riche proie était disputée.

Pour bien se rendre compte du terrain, le père Parenteau partit tout à coup pour l'Aubépin, sans faire annoncer sa visite.

Ce jour-là justement, la Pasquette recevait ses conseillers habituels. En voyant réunis le curé, le médecin, le notaire, M. Parenteau fut mis au fait de la situation, d'autant mieux qu'au dîner, M. Bénegeat, non sans malice, se plut à dérouler le tableau des bienfaits que la jeune fille avait répandus sur le canton.

Il en est des hommes voués à l'état religieux comme des diverses professions dont les membres s'égratignent volontiers. Le père Parenteau n'était pas absolument en odeur de sainteté auprès des prêtres des environs. Les dons considérables qui s'engloutissaient dans le couvent des maristes fournissaient matière à de justes rancunes contre le moine : telle pauvre petite église aux alentours de Pont-du-Casse offrait le spectacle d'un délabrement absolu, quand la chapelle des maristes regorgeait de richesses inutiles.

Par tous les moyens M. Parenteau appelait à lui les fidèles et les enlevait à leurs paroisses, au détriment de pauvres curés dont le casuel était des plus minimes. Il avait même fallu l'intervention des maires des villages voisins pour empêcher l'érection sur leur territoire de nouvelles Vierges indicateurs levant le bras dans la direction de Pont-du-Casse. Si on l'eût laissé faire, le moine en eût planté au coin de chaque champ.

La lutte qu'il eut à subir contre certains conseils municipaux assez courageux pour opposer le droit des communes à ses prétentions, l'influence cachée que M. Parenteau attribua aux prêtres qu'il supposait cachés derrière l'autorité civile, faisaient que le moine se plaisait médiocrement à la rencontre des curés du canton.

Quoique le supérieur des maristes n'eût jamais rien eu à démêler avec M. Bénegeat, cette nature évangélique et humble qui dédaignait les biens pour lesquels M. Parenteau montrait tant d'âpreté, la rencontre fut désagréable au moine.

L'entourage de la Pasquette lui montrait quel système se dressait en face du sien. Trois hommes de bonne volonté, voyant autour d'eux tant de misères de corps et d'esprit à soulager, avaient pris à tâche de faire luire dans toute sa splendeur le flambeau de la charité et de l'instruction.

Un tel programme ne ressemblait en rien à celui du mariste : s'il admettait l'aumône, c'était à condition qu'elle entretînt la simplicité d'esprit de ceux qui la recevaient. Le père Parenteau eût volontiers donné des primes à l'ignorance. Pour lui, ignorance était synonyme de croyance, comme instruction d'incrédulité. Ces citoyens qui avaient bâti une école, appelé un instituteur, poussé les enfants à suivre son enseignement, étaient de dangereux adversaires.

En d'autres occasions, M. Parenteau eût exposé son système et peut-être facilement triomphé, grâce à son habileté oratoire, de M. Bénegeat; mais l'élément laïque, représenté par M. Despujols et surtout par Cazebonne, que le moine sentait ardent, firent qu'il se contint. Peu lui importait d'ailleurs de triompher dans une discussion à table; son but était de connaître le jeu de ses adversaires, comment la Pasquette avait été amenée à le partager. Ni M. Despujols, ni M. Bénegeat, ni le médecin n'en faisaient mystère : ils semblaient prendre plaisir, au contraire, à montrer comment l'héritière de M. de l'Aubépin avait ramené les esprits à elle et la réputation de bienfaisance dont elle jouissait dans le pays : toute hostilité avait cessé grâce à ce système, et si un danger eût menacé la Pasquette, pas un bras n'eût hésité à la défendre.

Le père Parenteau inclinait la tête en manière d'adhésion, craignant que le son de sa voix ne trahît ses pensées. Les mains croisées, les yeux à demi fermés, il semblait acquiescer aux mesures qu'avaient prises les protecteurs de l'héritière. Ayant supporté l'assaut qui ruinait plus d'une pièce de son entreprise, le moine ne perdit pas toutefois courage, et, en lutteur consommé, porta un de ces coups inattendus qui étonnent le vainqueur.

— Vous ne voyez pas, messieurs, dit-il, d'obstacle à ce que mademoiselle Pasquette vienne pendant quelques jours surveiller ses intérêts à Pont-du-Casse?

— Mademoiselle est entièrement libre de ses actions, dit M. Despujols.

— M. Mitiffeu m'a chargé de vous annoncer, dit M. Parenteau en s'adressant directement à la jeune fille, que certaines affaires sont presque impossibles à traiter sans votre présence... Il serait bon, reprit-il, que madame votre tante vous accompagnât.

— Avec les enfants? demanda la Cadichon.

— Ce petit voyage sera une partie de plaisir pour eux, dit le moine saisissant l'occasion d'être agréable à la Cadichon.

La Pasquette souscrivit volontiers à cette idée.

En compagnie de ses frères et sœurs, elle se trouvait moins dépaysée dans la petite ville, qui ne lui avait pas laissé un souvenir agréable.

— Si nous prenions jour? demanda la Cadichon, qui ne rêvait que distractions pour son petit groupe d'enfants.

— Pourquoi, dit à la Pasquette M. Bénegeat, ne profiteriez-vous pas de la présence ici de M. Parenteau pour l'accompagner?

Le moine fut tenté de remercier le curé de son aide, mais il se contint. Cette parole lui fit croire qu'il avait affaire à des adversaires encore plus dangereux qu'il ne se l'imaginait, puisqu'ils allaient au-devant de ses demandes; aussi la prudence du mariste redoubla, et à dater de ce jour, ses plans furent sensiblement modifiés. Il s'effaça au lieu de se mettre en avant, et il entra dès lors dans la politique de M. Parenteau de laisser flotter les rênes qu'il était tenté de tenir d'une main impérative. La famille était bridée par le testament, cela suffisait au moine pour l'instant.

La Pasquette n'abusa pas des visites auprès de mademoiselle de Saint-Genez; elle ne put, toutefois, échapper aux obsessions de la béguine, qui suivait son plan et continuait à mettre son neveu en avant.

Pendant la huitaine de son séjour à Pont-du-Casse, tous les matins, la Pasquette reçut en outre les visites du notaire, qui arrivait chargé de dossiers et rendait interminables les affaires les plus simples. M⁰ Mitiffeu, qui n'abandonnait pas son idée, déployait vis-à-vis de sa cliente toutes les attentions dont il était capable; de même que, pour faire sa cour à la Cadichon, il se présentait rarement sans quelques cadeaux destinés aux enfants.

Pour les frères et sœurs de la Pasquette, ce fut un séjour de délices que celui de Pont-du-Casse. Mademoiselle de Saint-Genez, son neveu, le notaire, les comblaient de sucreries, et la Cadichon ne pouvait s'empêcher de trouver prévenants les gens de la contrée.

Il fallut cependant retourner à l'Aubépin, au-dessus duquel s'amoncelaient des incidents qui devaient dans un avenir rapproché changer la face des choses.

XX

Depuis trois ans que Popy servait en Afrique, il ne s'était pas passé de semaine sans qu'il écrivît à sa mère. Popy appartenait à la classe de ces rares soldats qui apprennent au régiment ce que l'éducation leur a refusé au village; aussi chacune de ses lettres révélait avec un progrès une volonté,

— En travaillant je deviendrai certainement sergent, écrivait le caporal qui comptait sur son application et sa bonne conduite pour échanger des galons de laine contre des galons d'argent.

Pour conquérir ce grade il faut savoir lire, écrire, compter. Popy poursuivait ses études, encouragé par ses chefs dont il s'était fait remarquer par son caractère gai et ouvert, son activité, sa bonne humeur. Popy était de ces hommes précieux qui, en campagne, relèvent le moral de leurs camarades et leur font oublier les fatigues et les privations. Dans les campements du désert, dans les longues étapes à travers les sables, où certaines natures se laissent abattre par la nostalgie, Popy trompait l'ennui de la route par des chansons de son pays; à peine arrivé, il organisait des divertissements, montait des comédies, et faisait oublier à ses compagnons, par une constante bonne humeur, le souvenir de la terre natale.

Popy savait combiner ses travaux, ses devoirs, ses plaisirs, ceux de ses camarades, sans que son caractère en souffrît. Jamais une corvée ne l'avait fait murmurer. Aimé de ses supérieurs, il ne se targuait pas de leur protection pour échapper à un poste dangereux; il le sollicitait au besoin et donnait l'exemple aux hommes de mauvaise volonté.

Les lettres de la Pasquette avaient contribué à entretenir un état d'esprit si précieux. Recevoir des nouvelles maternelles fut un vif réconfortant pour le soldat. Quoique la Pasquette écrivît au nom d'Aubazine et qu'elle s'efforçât de traduire les pensées de la pauvre femme dans leur affectueuse candeur, elle ajoutait quelques mots personnels à l'adresse du soldat.

Ce jour-là seulement, quand le vaguemestre faisait la distribution de la correspondance au camp, Popy se retirait à l'écart pour lire dix fois de suite ces souvenirs du pays natal. Comme par une opération chimique, les caractères d'écriture se teintaient de tendres colorations ; entre chaque ligne apparaissaient les profils d'Aubazine et de la Pasquette, et le soldat, ému par le souvenir de cette double tendresse, sentait son cœur s'envoler du côté de la Gironde.

Quelles bonnes heures passait chaque semaine Popy en se retrouvant, par l'imagination, dans la maison maternelle ou dans les prés en compagnie de Pasquette, car chacune de ces lettres apportait un souvenir, un attendrissement! Le soldat croyait s'entretenir avec sa mère, avec son amie d'enfance. Il les voyait; elles étaient près de lui. Il leur parlait, et le désert aride se changeait en pays couvert de vignobles et de bouquets de pins.

Les appointements d'un soldat sont minces, ses économies légères. La première année de service, Popy ne put envoyer à sa mère, malgré ses privations, que quelques francs épargnés avec peine, un souvenir plutôt qu'un subside suffisant pour la pauvre femme.

Son premier grade n'augmenta pas sensiblement ses ressources. Ce fut à ce moment qu'il apprit que la Pasquette avait attaché Aubazine à son service; désormais la veuve, au-dessus du besoin, priait son fils de ne plus se priver pour elle.

A partir du nouveau grade que Popy avait conquis à la suite d'une rencontre avec les Arabes, la Pasquette, fière de son compagnon d'enfance, lut ses lettres à M. Bénegeat et au notaire. Il était bon qu'on sût dans le village qu'un enfant du pays se faisait remarquer sous les drapeaux par sa belle conduite.

Le nom de Popy se trouva donc rattaché naturellement au petit groupe d'hommes de bien qui faisaient cortége à la Pasquette : le médecin des âmes et le médecin des corps, l'instituteur, le notaire et le juge de paix du canton. A ce petit noyau, qui s'était grossi insensiblement, venait se joindre le souvenir d'un soldat dont l'avancement touchait particulièrement les paysans.

L'instituteur prit prétexte des études faites au régiment par Popy pour montrer qu'à force de volonté le sergent pourrait peut-être devenir officier, s'il était servi par les circonstances; mais combien, disait-il, ce chemin eût été rendu plus facile si, dès sa jeunesse, l'enfant eût bénéficié des bienfaits de l'instruction.

Grâce aux lettres de la Pasquette, Popy connut l'intérêt que tous lui portaient, et cette correspondance eût rendu son courage au soldat, si la nostalgie se fût emparée de lui.

Un jour pourtant les lettres d'Afrique manquèrent à l'Aubépin. Les journaux en firent trop rapidement connaître la cause. Un souvenir glorieux pour Popy, dont le nom retentissait dans toute la presse, mais à quel prix ?

A la tête de quinze hommes, chargé d'escorter un convoi de vivres, le détachement commandé par Popy avait été attaqué par trois cents Arabes.

Quinze contre trois cents, en plein désert ! Le sergent n'avait pas perdu courage. Voyant la nuée d'ennemis qui arrivait au loin, il avait disposé les charrettes en barricades derrière lesquelles Popy et ses hommes attendaient une mort certaine.

Pendant une heure, les Arabes firent le siége de ce carré défendu par une petite troupe à laquelle le sergent avait communiqué son sang-froid. Le feu dura une heure, décimant les Français qui se défendaient avec rage. Dix soldats sur quinze étaient tués quand arriva, pour secourir le peloton, un détachement attiré par le bruit de cette fusillade. Il était temps; les cinq hommes qui restaient étaient couverts de blessures et dans un état désespéré. Popy avait reçu six coups de feu.

Il fut mis à l'ordre du jour pour sa courageuse conduite, mais il était mourant.

Si les journaux de la Gironde répétaient triomphalement le nom de Popy, la douleur n'en était pas moins vive au château. La mère pleurait son enfant qu'elle ne reverrait plus, et les consolations prodiguées par M. Bénegeat ne parvenaient point à lui rendre espoir. Plus considérable avait été le courage du soldat, plus poignante semblait sa perte.

C'était imprimé! La pauvre mère se faisait relire par sa maîtresse les détails de cette défense surhumaine. Ce furent de longs moments d'anxiété.

Le lendemain, de grand matin, les vignerons purent voir, à une lieue de l'Aubépin, Aubazine étendue sur le talus d'un fossé. Elle avait voulu devancer le facteur et l'attendre pour se faire donner le journal que recevait la Pasquette. Mais ce journal, la pauvre femme le regardait sans pouvoir se rendre compte de ce qu'il contenait.

La lieue qui la séparait de l'Aubépin, la mère la fit plus rapidement qu'en voiture.

— Lisez, mademoiselle, dit Aubazine à la Pasquette en tombant épuisée.

Le journal ne contenait que peu de détails nouveaux. Les cinq soldats survivants avaient pu être dirigés sur l'hôpital de Sétif. C'était tout.

La mère de Popy ne comprenait pas que cette grande feuille de papier ne contînt pas plus de renseignements sur son fils.

— Espérons, dit la Pasquette.

Le docteur Cazebonne essaya de rassurer la mère en lui disant que les blessures produites par les armes à feu étaient souvent plus effrayantes que dangereuses. Il avait guéri l'an passé, au su de tout le canton, un chasseur dont une balle avait traversé la poitrine; mais le médecin n'ajoutait pas que la tension des nerfs, produite par une défense désespérée, jointe aux troubles matériels amenés par de profondes blessures, rendait le retour à la vie de Popy presque impossible.

Le bruit d'un si brillant fait d'armes occupa pendant une huitaine les journaux; ils passèrent ensuite à d'autres événements, et le silence se fit autour du malheureux blessé.

Depuis que l'écho se taisait sur le sort de son fils, Aubazine dévorait son mal silencieusement; elle inquiétait d'autant plus Pasquette, qui ne se lassait pas de demander à ses hôtes le moyen d'obtenir des nouvelles du fils de la veuve.

— En qualité de maire, dit M. Despujols, je peux m'adresser à mon collègue de Sétif; il me rendra vraisemblablement ce service, quoiqu'il ne relève en rien de ses fonctions.

La lettre de M. Despujols mit quelque baume sur les plaies de la mère de Popy.

Son fils était représenté comme ayant accompli une action d'éclat dont l'honneur devait rejaillir sur le village tout entier. Le maire de Chantonnay priait son collègue de Sétif d'adoucir les angoisses d'une pauvre veuve qui n'avait qu'un fils unique.

— Si M. Bénegeat consent à appuyer ma demande, dit M. Despujols, je ne doute pas que son apostille ne soit d'un grand poids.

— De grand cœur, dit le curé, qui ajouta quelques mots émus à la requête du maire. Mais nous ne devons pas oublier M. Cazebonne.

Le médecin signa, en priant le chirurgien de l'hôpital de vouloir bien lui donner un aperçu de l'état du blessé.

— Une idée ! s'écria le curé. Donnez-moi une feuille de papier pour ajouter un mot.

Et il lut : « Au nom de la douleur d'une pauvre veuve, en souvenir du trait de valeur accompli par un enfant de la Gironde, les habitants du bourg ont voulu apostiller cette demande; ils prient instamment monsieur le maire de Sétif de faire droit à leur requête ».

— Monsieur le curé, dit M. Despujols, donnez-moi la main... Associer la population à un tel vœu serait un acte de haute politique, s'il ne partait d'un foyer plus pur...

La Pasquette signa en tremblant la pétition que venait de lui passer M. Bénegeat.

— Maintenant, sans perdre une minute, j'emporte cette pièce, dit le curé, pour la faire signer à mes paroissiens.

Quand, au bout de quelques heures, M. Bénegeat revint avec sa requête plus couverte de croix que de signatures, Aubazine eût volontiers baisé le pan de sa soutane.

Était-ce bien de son fils qu'il s'agissait, du pauvre garçon qui jadis faisait les commissions du village et pour lequel aujourd'hui tous, depuis les plus grands jusqu'aux plus petits, invoquaient le retour à la santé? Pouvait-il mourir celui en faveur duquel tant de gens s'intéressaient?

La réponse ne se fit pas attendre. Le maire de Sétif s'était empressé de voir Popy. Sans connaissance depuis son transport à l'hôpital, dans un état de faiblesse extrême par suite du sang qui s'était échappé de ses blessures, il était difficile de préjuger de l'issue de la maladie; toutefois, il n'y avait pas aggravation. Les meilleurs soins étaient prodigués au sergent Popy. Il occupait à l'hôpital un pavillon isolé, éloigné de tout bruit.

A cette lettre était joint un billet du chirurgien

de l'hôpital, adressé directement au docteur Cazebonne. La nature des blessures de Popy, leur portée, l'étendue des fractures auxquelles il avait été impossible de remédier à cause de la faiblesse du malade, étaient décrites avec précision.

— Le malade est en bonnes mains, dit Cazebonne.

Il n'est rien de comparable à la reconnaissance des malheureux qui se sentent enveloppés d'intérêt. Aubazine se reprenait à aimer la vie. Ce soir-là on but à la santé du pauvre soldat, et la veuve fut appelée à partager les honneurs du toast.

Cet événement ne contribua pas peu à unir les natures d'élite qui se rencontraient à l'Aubépin. L'amour du bien répandait ses harmonies dans des cœurs qui battaient à l'unisson. L'appel aux habitants du village était une chaîne descendant de la montagne à la vallée, et qu'on pouvait espérer tendre sur tout le territoire. Les complices, comme ils s'intitulaient gaiement, gagnaient du terrain. Leur secret, il n'était plus nécessaire de le garder. Chaque paysan, dans la position la plus humble, était à même de se voir épié par les yeux de la charité.

La Pasquette se détachait belle et souriante sur le groupe de ses conseillers graves et attentifs. La Providence, cette abstraction, était personnifiée par une jeune fille qui faisait de sa fortune le plus noble emploi. Antithèse vivante du froid égoïsme attaché aux flancs de l'humanité qui la ronge et la paralyse dans son développement, la Pasquette enseignait l'amour du prochain, non par des paroles, mais par des actes. Il était peu de familles de paysans auxquelles l'héritière ne se rattachât par un lien, peu de maisons du bourg où elle n'eût laissé trace de ses libéralités. Elle avait fait poser des croix sur la tombe de pauvres gens dont les parents allaient prier sur des tertres de gazon. Des masures qui menaçaient ruine avaient été reconstruites par ses soins.

Grâce aux émoluments que la Pasquette faisait à l'instituteur, l'école était gratuite. La bourse de l'héritière était toujours ouverte aux malades, aux infirmes que Cazebonne lui signalait. Plus vite s'écoulait la rente servie par le notaire de Pont-du-Casse, plus la Pasquette était heureuse. Elle n'avait soif que de l'approbation des hommes qui l'avaient guidée dans cette voie.

Deux fois la semaine, les pauvres des environs se pressaient à la grille du château. Si la Pasquette était absente, Aubazine faisait la distribution des secours. Il venait des malheureux de villages éloignés, et le nombre allait en augmentant plutôt qu'en diminuant.

— Il faut prendre garde d'encourager la mendicité, dit M. Despujols à la Pasquette.

— Vous m'avez appris, répondit-elle, à jeter des miettes de pain sur la terre ; naturellement, les oiseaux viennent les becqueter.

— Mais ce ne sont pas des pauvres du pays.

— Tant mieux, dit la Pasquette, si les maisons du village manquent de malheureux ; la part que je leur réservais appartient à d'autres.

Avec cette fille charitable on ne pouvait discuter aumône ; elle avait réponse à tout. D'habitude réservée dans les discussions qui avaient lieu à table, la Pasquette trouvait pour le malheur des arguments qui démontaient M. Despujols.

Elle habitua ses frères et sœurs à donner eux-mêmes, voulant que dès leur jeune âge la charité fût tout pour eux, l'argent rien.

La Cadichon n'avait pas trouvé de privation plus dure que de dire aux enfants : — Tu n'as pas été sage, tu ne donneras pas aux pauvres.

Cette bienfaisance rejaillit sur ceux qui, de loin ou de près, étaient attachés au service de la Pasquette. Pendant la maladie de Popy, Aubazine reçut les vœux pour sa guérison des pauvres des alentours auprès desquels la nouvelle de la bravoure du soldat était parvenue.

Tant de sollicitudes aboutirent. Les nouvelles de l'hôpital de Sétif devinrent meilleures.

« *Popy sauvé* », écrivait le chirurgien militaire à Cazebonne.

Ce fut un jour d'allégresse pour le village. Les efforts du sergent n'avaient pas été vains. Il survivait à douze de ses camarades, il en avait sauvé deux.

Mais la convalescence du sergent devait être longue : le chirurgien craignait qu'un coup de feu, qui avait atteint profondément le bras gauche, ne laissât Popy hors d'état de s'en servir.

Qu'importait à Aubazine! Son fils vivait. Elle le verrait, aussitôt que l'état de ses blessures lui permettrait de se mettre en route pour la France.

Le maire de Sétif annonçait en outre à M. Despujols que certainement un congé d'un an serait accordé au brave soldat, auquel tous ses chefs s'intéressaient. Peut-être, ajoutait-il, reverrait-il ses foyers porteur d'une marque de distinction que chacun souhaitait pour lui dans son régiment.

— Il sera décoré, dit le notaire à la Pasquette.

— Popy décoré! s'écria la Pasquette dont les yeux s'illuminèrent.

Maintenant, chaque jour, la jeune fille écrivait à son ancien compagnon d'enfance et lui faisait part des vœux de chacun pour son rétablissement. Autant jusque-là elle s'était montrée réservée dans ses lettres, autant sa nature affectueuse débordait. Le cœur dictait des pages d'une tendresse de sœur et Popy devait en subir la pénétrante influence.

Avoir vu la mort de si près et se sentir attendu

par tant d'amitiés, vivre dans une chambre qu'animent des ombres amicales, sont pour un malade les plus salutaires remèdes.

Ces joies intimes, Popy les savoura jusqu'à sa convalescence.

XXI

Avant de s'embarquer pour Marseille, Popy avait écrit à sa mère le jour de son arrivée au village, sans se douter des hommages que lui préparaient ses concitoyens.

Des relais avaient été placés dans la forêt, de telle sorte que les gens de Chantonnay fussent avertis à l'avance de l'arrivée de la voiture qui conduisait Popy.

Hommes et femmes avaient suspendu leurs travaux et revêtu leurs habits de fêtes pour faire honneur au garçon dont le courage illustrait le bourg.

Un arc de triomphe de verdure fut préparé pour le brave sergent; les drapeaux flottaient aux fenêtres de toutes les maisons. Près de l'arc de triomphe se tenaient le maire entouré de son conseil municipal, le curé et l'instituteur avec les enfants groupés autour d'eux, tous attendant avec impatience l'arrivée de la voiture.

Un coup de pistolet se fit entendre, auquel répondirent d'autres coups de feu, et quand, à travers la poussière, apparut, à côté du conducteur, Popy, le bras en écharpe, une décharge de mousqueterie éclata, suivie de cris d'enthousiasme.

— Vive Popy! criait la foule.

Le pauvre garçon, encore faible de ses blessures, eut à peine le temps de se reconnaître. Les garçons s'étaient emparés de la voiture, dételaient les chevaux et traînaient le soldat sous l'arc de triomphe, où se pressait une foule émue qui se montrait Popy, lui serrait la main, pendant que les femmes pleuraient d'enthousiasme.

A ce moment, vingt bras poussant la mère de Popy, la jetèrent dans les bras de son fils. Plus ivre de joie que la foule, la vieille Aubazine l'embrassa, pleurant à chaudes larmes; elle ne pouvait croire au bonheur de revoir l'enfant sur la poitrine duquel était attachée la croix.

Les garçons étaient montés derrière la voiture, sur les roues, pendant qu'éclatait la mousqueterie et que le tambour battait. Tour à tour femmes et filles se précipitèrent vers la voiture pour embrasser Popy.

Seule, la Pasquette manquait à ce triomphe. Une ombre passa sur la figure du soldat qui entendit à peine les quelques paroles de bienvenue que prononçait M. Despujols. Il félicitait Popy d'avoir montré à ses concitoyens l'exemple du courage; le département tout entier était fier de lui avoir donné naissance.

— Maintenant, mes amis, dit-il aux paysans qui l'entouraient, Popy est fatigué de la route et encore faible. Il serait bon d'atteler les chevaux pour le conduire à l'Aupébin.

— Non, crièrent les garçons, nous le conduirons jusqu'au bout.

La charge fut battue par les tambours pendant le parcours de la montagne et les paysans suivirent le cortége en continuant leurs acclamations.

A ce moment seulement Aubazine put dire quelques mots à son fils dont elle tenait les mains.

— Mon garçon, s'écria-t-elle, est-ce bien toi? Je suis si heureuse que je crois rêver.

Popy ne répondait que par des serrements de mains; mais ses yeux plongeaient à l'horizon.

Tout à coup, le soldat poussa un cri :

— Pasquette!

De loin, il avait vu à l'une des fenêtres du château une forme blanche.

— Elle attend! Elle est si bonne, dit la mère.

Le cortége approchait. La forme blanche disparut de la fenêtre, et quand la voiture fut arrivée aux portes de l'Aubépin, du péristyle intérieur descendit la Pasquette accompagnée du curé et du médecin.

Était-ce bien son amie d'enfance que Popy voyait en ce moment? Il ferma à demi les yeux pour s'assurer que la jeune fille élégante était la petite paysanne près de laquelle il avait passé sa jeunesse.

Quand Popy descendit de voiture, M. Bénégeat alla à lui en lui tendant les bras. La population groupée regardait la Pasquette qui prit la main du soldat et la serra avec ce seul mot : Popy!

Elle était aussi pâle que le convalescent.

— Maintenant, mes amis, dit M. Despujols, buvez à la santé de notre brave Popy! Il a besoin de repos.

Du haut du péristyle le soldat fit un signe d'adieu aux gens du bourg et rentra. Il était temps. Les émotions de l'arrivée l'avaient brisé.

— Il faut le laisser seul, dit Cazebonne qui, prenant le bras du convalescent, le conduisit en compagnie de sa mère dans un appartement du rez-de-chaussée à proximité de celui de la veuve.

Aubazine était restée près du lit où son fils reposait. Elle ne lui parlait pas; elle lui tenait la main qui était molle, tiède, encore empreinte de fièvre.

Popy, couché sur le flanc, regardait sa mère, ouvrait les yeux et les fermait tour à tour. Enfin il s'assoupit près de la veuve qui ne faisait plus un mouvement, de peur de réveiller le convalescent.

Elle aussi avait besoin de repos et de solitude. L'émotion causée par le triomphe qu'Aubazine avait partagé avec le soldat, les larmes de joie versées abondamment, la guérison inespérée d'un fils chéri avaient déterminé des secousses qui abattaient la vieille femme.

La joie avait été plus vive que les appréhensions.

Enfin il était là, à ses côtés, le cher blessé sauvé miraculeusement! Sous le coup de cette pensée la mère s'agenouilla et remercia Dieu de lui avoir conservé son fils.

Les femmes seules veillent au chevet des malades sans s'inquiéter des longues heures. Popy eût pu reposer deux jours et deux nuits qu'Aubazine fût restée près de lui. Elle songeait, et ses pensées se développaient bienheureuses à chaque heure que sonnait l'horloge.

Toute la vie de Popy, depuis qu'il était au monde, se déroulait pour la mère, du berceau à ce lit où de nouveau « l'enfant » reposait sous sa protection. A cette heure, Aubazine croyait encore se trouver en face de Popy fatigué des longues courses qu'il avait faites dans les villages voisins pour rapporter quelques provisions à la maison. Le brave garçon n'avait-il pas agi pour son pays comme pour ceux qui jadis le chargeaient de quelque mission? Et pour prix de son zèle il rapportait cette croix dont Aubazine ne pouvait détacher la vue.

La capote du soldat était sur une chaise près du lit, glorieuse par ses trous de balles. Aubazine regardait la capote, reportait ses yeux sur son fils et se demandait si c'était bien lui qu'elle avait devant elle.

— Aussitôt qu'il se réveillera, avait dit Cazebonne à la mère, faites-moi appeler. Je ne quitterai pas l'Aubépin de la journée.

Tant de soins rendaient Aubazine confuse. L'humanité semble meilleure aux pauvres d'esprit qu'aux intelligences qui en étudient les rouages secrets. Ce jour-là, la paysanne fut prise pour les hommes d'un sentiment ineffable de reconnaissance. En elle s'agitaient de douces pensées qui jamais ne lui avaient paru si tendres. Comme des nuages par un beau jour, ces pensées se teintaient de tons verts et pourpres qui faisaient sentir à la mère le bonheur de vivre.

Le jour baissait. Pasquette et Cazebonne entrèrent.

— Comment va-t-il? demanda la Pasquette.

— Il ne souffre plus, s'écria Aubazine.

— Son sommeil est bon, dit Cazebonne.

Alors la Pasquette engagea la paysanne à prendre quelque nourriture.

— Je n'ai faim que de le voir, dit la mère en montrant Popy.

— Vous devez veiller à votre santé, reprit Cazebonne; votre fils a encore besoin de vos soins.

— Je resterai à votre place jusqu'à ce que vous soyez revenue, dit la Pasquette.

Ces deux affections s'entendaient depuis longtemps sans s'être rien confié.

Aubazine consentit à suivre Cazebonne, qui sortit pour aller rendre visite à un malade du voisinage, en annonçant qu'il reviendrait dans la soirée.

Alors Pasquette resta seule au chevet du lit de Popy. Elle aussi voulait lire dans les traits du soldat. D'abord elle resta immobile sans oser le regarder; puis elle s'enhardit et jeta un long regard sur celui dont chacun vantait la bravoure.

Pauvre Popy, comme il était changé! La figure, le cou, les mains étaient encore bronzés par le soleil d'Afrique qui accusait les traits du soldat et leur donnait une résolution que n'avaient pas réussi à dissiper les souffrances. Il était parti enfant, il revenait jeune homme, les lèvres estompées par une moustache qui tenait encore du duvet. Mais la figure était amaigrie et sur les joues s'étaient établis des ravins bilieux, en même temps que des caves entouraient les yeux. La santé avait un long combat à livrer à la maladie.

— Que pourrai-je faire pour lui montrer que je suis venue? se dit la Pasquette.

La tête penchée elle pensait : — A-t-il toujours la médaille que je lui ai donnée? Une boucle de ses cheveux frôla le cou du soldat et lui fit faire un mouvement.

— Popy! s'écria-t-elle.

A ce cri le soldat répondit : Pasquette!

Comme s'il avait lu dans la pensée de son amie, Popy détacha de son cou la médaille pour la montrer à la jeune fille. Les mains dans les mains, ni l'un ni l'autre ne parlaient.

Un bruit de pas se fit entendre. Vivement les mains se séparèrent.

Aubazine rentrait.

— Il vient d'ouvrir les yeux à l'instant, dit la Pasquette qui crut devoir se justifier.

— Que je t'embrasse à mon aise, mon garçon, s'écria la veuve qui avait soif des baisers de son fils... Ah! Popy, que je suis heureuse!... Jamais je n'ai senti la vie si bonne.

A ces douces paroles, Popy répondit par des regards, des pressions de mains dont Aubazine ne pouvait se rassasier.

— Je l'aime trop, dit-elle à la Pasquette.

— Aime-t-on jamais assez ses enfants? s'écria la Cadichon qui entrait, portant un plateau sur lequel était préparé le dîner du soldat.

Une petite table fut roulée vers le lit, et les trois femmes assistèrent au premier repas que Popy faisait dans la maison.

— Popy, c'est moi qui t'ai fait ce potage, disait la Cadichon... Il n'est pas fameux, mais il vaut bien celui du régiment.

— Popy, disait la Pasquette, prenez une aile de cette jeune poule... Elle est tendre comme la rosée.

— Et cette lamproie au vin, Popy, reprenait la Cadichon... Mangeais-tu de la lamproie chez les Arabes?

Popy, à toutes ces invitations, répondait par d'affectueux sourires. Son émotion était si vive encore qu'elle ne laissait carrière qu'à ses regards.

En arrivant au château, au milieu de l'enthousiasme de sa réception, le soldat avait à peine pu voir la Pasquette; maintenant, quand il croyait n'être pas remarqué, il la considérait dans toute sa grâce et sa bonté, jalouse de ce zèle des sœurs de Charité qui avaient soigné le soldat à l'hôpital.

Si Popy avait paru changé à Pasquette, quelles transformations avait subies la petite bergère de quelques années auparavant! Tout, dans sa personne, s'était empreint de distinction. Châtelaine, la Pasquette n'avait rien perdu de ce charme particulier que la solitude et les travaux des champs communiquent aux gestes des plus humbles. De chacun des mouvements de la jeune fille résultait une harmonie qu'avait développée la fréquentation des hommes qui l'entouraient. La pensée, mûrie au contact des pensées si graves du curé, du médecin et du notaire, se lisait dans les yeux de la Pasquette sans nuire à leur bienveillance. La bonté n'a pas de meilleur compagnon que la gravité. La Pasquette regardait chacun d'une façon affectueuse, et cette affection se retrempait à un foyer intérieur qui l'épurait encore.

Cazebonne vint rompre cette première entrevue.

— La convalescence ne sera pas longue, dit-il en voyant le malade manger. Êtes-vous moins fatigué, mon brave ?

— Je me sens bien, dit Popy.

— Cadillac, reprit le médecin, demande s'il n'y a pas d'indiscrétion à vous voir.

— Pourquoi fatiguer Popy? dit la Pasquette.

— Je me charge de l'emmener au bout d'un instant, dit Cazebonne.

— Eh! te voilà, mon bon? s'écria Cadillac... Diable de Popy qui est devenu sergent sans dire gare!... Tu peux te vanter, mon cher, d'avoir mis le village à l'envers... Tu vas me raconter tes campagnes, j'espère.

— Plus tard, dit Cazebonne... Popy a besoin de repos pendant un certain temps.

— Dire que j'ai vu ce petit Popy me venir à la

jambe, reprit Cadillac; alors il ne pensait guère à aller couper la barbe des Arabes... Moi, je ne me suis jamais senti de goût pour l'état militaire... Je préfère vivre en paix avec tout le monde... Tuer un homme qui ne vous a rien fait, à quoi bon? Je suis certain que mademoiselle Pasquette est de mon avis.

Pasquette regardait le Gascon avec pitié : en ce moment elle l'eût chassé volontiers pour le punir de détruire par son verbiage les actes courageux du soldat.

— Monsieur Cadillac, dit Cazebonne, il faut laisser notre malade reposer... Dans quelque temps, il sera sans doute disposé à vous écouter... Ce soir, je vais procéder au pansement.

— A demain, Popy, dit Pasquette en lui donnant une longue poignée de main.

Elle sortit, laissant la porte ouverte pour donner passage à Cadillac; mais pendant la traversée des longs corridors jusqu'à l'allée d'entrée du château, elle ne dit pas un mot à son hôte, voulant lui faire comprendre l'importunité de sa visite.

Cadillac n'en descendit pas moins la montagne d'un pas léger.

L'homme était doué d'une telle suffisance qu'il ne soupçonnait pas le fâcheux effet de sa présence ce soir-là. Ayant jeté son dévolu sur la Pasquette, il laissait le charme s'opérer. Rarement on vit un être aussi sûr de subjuguer. Chaque visite que Cadillac faisait à l'Aubépin devait, suivant lui, ajouter quelque chose en sa faveur; aussi ne se pressait-il pas.

Certaines gens ne se regardent dans une glace qu'à condition d'y trouver un minois flatteur. Le sec, le ratatiné Cadillac, avec ses habits retapés, se voyait toujours jeune et brillant séducteur, habillé comme un prince. Cette bonne opinion lui suffisait.

Cependant le retour de Popy n'avançait pas précisément les affaires de Cadillac; mais le Gascon fut seul à l'ignorer. Les blessures de Popy se cicatrisaient de jour en jour, et le convalescent reprenait des forces. On le voyait parfois l'après-midi faire de courtes promenades en compagnie de Pasquette et de sa tante, suivies de toute leur petite famille, qui ne partait jamais avec plus de joie que quand Popy se mêlait à la caravane. Ce furent plus tard de longues courses dans les pays environnants.

La Pasquette avait conservé l'amour de la liberté; quoique aucune muraille n'entourât ses propriétés, elle se regardait comme enfermée dans les dépendances de l'Aubépin, et elle ne se promenait jamais plus agréablement qu'en perdant de vue les lisières de son domaine.

Ensemble ils allaient visiter les pauvres, les malades signalés par Cazebonne. Popy admirait la charité de la jeune fille qui se faisait humble en répandant ses bienfaits et ne croyait jamais assez faire oublier, par de cordiales paroles, les secours qu'elle apportait.

Priée de servir de marraine à l'enfant d'un vigneron du bourg, la Pasquette accepta avec joie.

— Qui sera le parrain? demanda M. Bénegeat.

— Popy, répondit-elle spontanément.

— Pasquette a raison, dit le notaire. Je voudrais recommencer la vie et prendre la place de cet enfant qui aura pour marraine la femme la plus charitable du canton et pour parrain le garçon le plus brave.

Popy était tout à fait rétabli. Les gens du bourg, admiraient la tenue du sergent, qui avait endossé la capote, et surtout la croix qui relevait la grossièreté de l'étoffe. La Pasquette, habillée de blanc, semblait un ange descendu du ciel pour doter l'enfant des qualités que souhaitent les mères, et chacun regarda comme sa propre fête ce baptême de l'enfant ondoyé sous de si heureux auspices.

En sa qualité de parrain, Popy donnait le bras à la Pasquette.

— Ils ont l'air faits l'un pour l'autre, disaient les commères.

— Ou je me trompe fort, reprit l'une d'elles, ou nous ne tarderons pas à voir une noce dans le pays.

Le bruit s'en répandit de proche en proche ; tous étaient d'accord pour mettre la main de Pasquette dans celle de Popy.

— Ma chère enfant, dit le curé à la Pasquette un jour qu'il était seul avec elle, Popy ne doit pas demeurer plus longtemps sous le même toit que vous.

La Pasquette pâlit.

— Vous avez un fond de tendresse pour ce brave garçon qui vous le rend bien, ajouta M. Bénegeat ; c'est un motif pour que Popy quitte l'Aubépin.

— Que trouve-t-on à redire à sa présence ? demanda la Pasquette dans son innocence.

— Mon enfant, qui fait le bien s'expose à faire des ingrats. Vous avez rallié l'esprit de la population de Chantonnay ; il faut prendre garde de le perdre... D'ailleurs, Popy n'a pas d'emploi au château... Il est assez fort maintenant pour chercher à s'occuper.

La Pasquette semblait anxieuse.

— M. Despujols vous sera d'un excellent conseil... Si vous le permettez, mon enfant, je lui en dirai quelques mots.

Sans attendre la réponse de Pasquette, le curé alla chez le notaire et lui exposa le but de sa visite.

— Ces enfants s'aiment, je l'ai vu il y a longtemps, dit M. Despujols. Pourquoi Popy n'épouserait-il pas Pasquette ?

— Rien ne s'oppose à leur union, répondit M. Bénegeat... Il faut toutefois prendre garde de fournir de la pâture aux mauvaises langues... Popy ne quitte pas Pasquette...

— Marions-les, s'écria le notaire.

— On ne marie pas en vingt-quatre heures, dit le curé... Et j'insiste pour qu'en attendant Popy quitte l'Aubépin.

— Il demeure chez sa mère... Où voulez-vous qu'il aille?

— Destrille se fait âgé, dit M. Bénegeat. En épousant Pasquette, Popy devient le régisseur naturel des biens de sa femme. Pourquoi ne se rendrait-il pas compte de l'ensemble des propriétés qu'il aura à gérer, pendant que le régisseur peut encore l'accompagner? Popy est jeune, actif. Son bras l'empêche de reprendre du service; il ne doit pas rester à rien faire, même marié. Qu'il apporte en dot à sa femme des connaissances qui empêcheront la fortune des deux époux de s'amoindrir... Destrille parle de se retirer; ses jambes commencent à lui refuser le service. Pasquette lui fera une retraite, mais que Popy devienne le régisseur de ses propres biens.

— Vous parlez en serviteur de Dieu, monsieur

Bénegeat, dit le notaire, et j'admire combien l'affection que vous portez à la pauvre humanité vous inspire de bonnes pensées.

XXII

Popy avait quitté le château; son cœur y était resté. Dans les grands bois solitaires le soldat portait le souvenir de son amie, et, si la nature avait eu besoin d'être illuminée, l'image de la jeune fille en eût fait les frais.

Ainsi que l'avait prévu le curé, le bruit de l'union prochaine des deux jeunes gens s'était répandu avec tant d'insistance dans le pays que M. Despujols crut devoir s'assurer des intentions de la Pasquette.

— Chère enfant, dit-il, il faut songer à régler votre situation vis-à-vis de votre notaire de Pont-du-Casse; je crois que vous devez le voir.

Une ombre légère qui passa sur la figure de Pasquette prouva à M. Despujols que cette démarche lui coûtait.

— Eh bien, dit le notaire, je verrai mon collègue.

— Que vous êtes bon! s'écria la Pasquette en lui serrant les mains.

— Plus égoïste que vous ne le croyez... C'est

mon bonheur que je poursuis, la joie de vous appeler madame le plus tôt possible.

M. Despujols partit pour Pont-du-Casse.

— Mon cher collègue, dit-il à M. Mitiffeu, j'ai une bonne nouvelle à vous annoncer.

— Ah! fit le notaire qui crut à une affaire.

— Il s'agit de l'aimable Pasquette... Elle se marie.

Heureusement M. Mitiffeu remuait des dossiers. Il avait pris cette habitude, afin de ne jamais laisser poindre sur ses traits une émotion quelconque.

— Quelle personne l'héritière du marquis compte-t-elle épouser? demanda-t-il.

— Popy, dit M. Despujols.

Après un instant de silence :

— Qu'est-ce que Popy? demanda M. Mitiffeu.

— Vous n'avez pas entendu parler du brave soldat qui est revenu depuis six mois dans ses foyers?

— Un soldat, non, je ne le connais pas.

Après une certaine pause :

— J'aurais cru, dit M. Mitiffeu, que mademoiselle Pasquette aspirait à une union d'un ordre plus relevé.

— Ces deux enfants s'aiment depuis leur jeunesse, reprit M. Despujols... Ils ne se sont jamais quittés, étant d'égale condition... Il n'y a pas là de ces arrière-pensées d'intérêt auxquelles, mon cher collègue, nous sommes si habitués.

— Vous avez vu M. Parenteau? demanda le notaire.

— Non, dit M. Despujols.

— Dans l'intérêt de mademoiselle Pasquette, il me paraît utile qu'un de ses amis fasse part d'un semblable projet à M. Parenteau.

— Mais, dit M. Despujols, le supérieur du couvent n'est pas de la famille de la future.

— Vous avez oublié, mon cher collègue, la clause du testament par laquelle mademoiselle Pasquette, en cas de mariage, doit obtenir l'assentiment de M. Parenteau?

— Une bizarrerie du marquis, fit M. Despujols en souriant... N'importe, mon cher collègue, vous avez raison et je vous remercie de m'avoir remis en mémoire ce détail... Je vais de ce pas au couvent des maristes et je vous demanderai de vouloir bien m'y accompagner...

— Est-ce nécessaire? demanda M. Mitiffeu... En toute autre occasion, je m'empresserais de me mettre à votre service...

— Je pensais que la présence du chargé des intérêts de mademoiselle Pasquette était utile dans la circonstance actuelle... Quant à moi, je ne peux me présenter qu'en qualité d'ami de la famille...

— Votre mission n'en est que plus agréable à remplir... Je préfère, si vous le jugez bon, ne me présenter officieusement que lorsque l'affaire aura été exposée par vous officiellement.

M. Despujols alla trouver le père Parenteau. L'accueil du moine fut en apparence cordial.

— Monsieur le supérieur, dit M. Despujols, mademoiselle Pasquette a une vive affection pour le plus brave garçon du pays, appelé Popy. Popy aime mademoiselle Pasquette. D'accord avec le vénérable M. Bénegeat, nous avons pensé qu'une union, qui offrait des garanties de félicité pour les deux époux, ne pouvait être retardée, et je viens, selon les vœux du testateur, vous prier de donner votre consentement à ce mariage...

— Quelle est la situation de M. Popy? demanda le moine.

— Il est en congé en qualité de sergent ayant fait campagne en Algérie... Mais ses blessures l'empêcheront vraisemblablement de reprendre du service. Vous avez dû lire, monsieur le supérieur, le récit de ses faits d'armes, que le journal *la Gironde* a relatés avec les détails les plus honorables pour le futur.

— Monsieur, dit le moine, les gazettes qui prêchent des doctrines contraires à la religion n'entrent pas ici... Mes frères et moi ne nous occupons que d'œuvres pieuses, et vous ne vous étonnerez pas que j'ignore les faits relatifs à l'homme qui se présente pour épouser mademoiselle Pasquette... Toutefois je m'en rapporte à vous pour les antécédents de ce sergent... Il est du pays?

— Tout le monde l'aime et l'estime ; sa rentrée au village lui a valu une ovation de la part de ses concitoyens.

— Votre attestation me suffit, monsieur le maire... Quel est l'état de fortune du prétendu?

— Popy est dans la situation où se trouvait la Pasquette avant son héritage. Il n'a rien.

— Ah! fit M. Parenteau... Vous me permettez ces questions, n'est-ce pas, monsieur le maire, car il importe que la surveillance que m'a léguée feu le marquis de l'Aubépin ne soit pas vaine et illusoire... Les parents du militaire, quels sont-ils?

— Popy, monsieur le supérieur, est fils unique d'une pauvre veuve, et sa mère réside au château de l'Aubépin.

— En quelle qualité, monsieur?

— Vous l'avez certainement aperçue, monsieur le supérieur, en entrant au château. Elle en a la garde.

— La mère du futur serait donc la concierge?

— Ses fonctions ne sont pas exactement délimitées... Aubazine est une brave femme de la même nature que la tante de mademoiselle Pasquette... A proprement dire, ce n'est pas une femme de charge. Elle a été recueillie par mademoiselle Pasquette et vit dans le château à titre de personne de confiance.

— Je sais, en effet, que mademoiselle Pasquette fait du bien aux gens qui l'entourent, dit le moine, et je serais le premier à l'en féliciter si une certaine confusion dans les rangs sociaux ne résultait de son excès de bonté... Cette veuve, attachée au service de mademoiselle Pasquette et qui s'inquiète des personnes qui entrent au château, est concierge, de même que vous êtes entré dans notre retraite, monsieur, par les soins du frère portier... Plusieurs fois déjà je me suis demandé avec inquiétude si l'héritière du marquis de l'Aubépin conservait les lois nécessaires de la hiérarchie... Voilà une vieille femme qu'elle a recueillie, et vous ne qualifiez pas précisément, monsieur le maire, la nature de son service : confidente, dame de compagnie ?

— Aucune de ces qualifications, dit M. Despujols, ne saurait être attribuée à la mère de Popy. Elle a la plus vive amitié pour sa maîtresse, mais n'en conserve pas moins le respect qu'elle lui doit.

— Cette femme est-elle admise à la table de mademoiselle Pasquette ?

— Jamais, monsieur le supérieur... Vous avez pu voir que seuls M. Bénegeat, M. Cazebonne et moi sommes appelés à cet honneur.

— Je retire donc le reproche de familiarité que je faisais à mademoiselle Pasquette vis-à-vis de ses subordonnés, et je la félicite de s'être entourée de personnes comme vous, monsieur le maire, qui avez mérité, par votre caractère et vos lumières, d'être appelé à défendre les intérêts du pays... Mais d'autres invités ne sont-ils pas admis au château?

— Parfois l'instituteur, parfois un ancien commensal du marquis, appelé Cadillac.

— Cadillac! fit le moine... Je connais ce nom... On dit même dans le pays qu'il aspire à la main de mademoiselle Pasquette.

— Cadillac! s'écria M. Despujols avec surprise.

— Il a pris des renseignements sur les biens de la Pasquette chez M. Mitiffeu...

— C'est de la folie, reprit le notaire.

— Avec les femmes, monsieur, continua M. Parenteau, il faut faire une large part à ce que vous appelez folie... Vous savez mieux que moi combien elles se laissent prendre à des mirages... Vous me parlez d'un soldat sans fortune qui revient au village, privé de la liberté d'un membre, et qui inspire une passion profonde à mademoiselle Pasquette. J'en suis particulièrement surpris, ne l'ayant pas vu, et votre étonnement est égal au mien parce que vous n'avez pas soupçonné les tendances de M. Cadillac.

L'entretien roula longuement sur ce sujet, le notaire s'étonnant de l'insistance avec laquelle le moine mettait en avant Cadillac.

Après deux heures de conversation, M. Despujols prit congé du mariste. Il avait fait acte de convenance en prévenant le père Parenteau du mariage prochain de la Pasquette.

Dès lors les préparatifs continuèrent, et le jour de l'union de la Pasquette et de Popy était annoncé presque officiellement, lorsque M. Despujols fut prié par M. Mitiffeu de venir à Pont-du-Casse dans le délai le plus bref pour affaire d'une importance extrême.

— Mon cher collègue, lui dit M. Mitiffeu, vous ne vous êtes donc pas entendu avec le père Parenteau?

— Au contraire; nous nous sommes quittés dans les meilleurs termes.

— Mais le consentement de M. Parenteau au mariage?

— Est entendu de reste... Je l'ai prévenu, ainsi que vous m'en avez averti; la politesse faite, je suis parti.

— Sans le consentement par écrit de M. Parenteau?

— Par écrit! s'écria M. Despujols... Mais le supérieur n'a pas qualité pour s'ingérer si directement dans cette union.

— Cependant, la loi...

— Quelle loi? demanda M. Despujols.

— Il n'y en a qu'une, celle qui sauvegarde la volonté des testateurs... Vous seul avez rédigé le testament?

— Oui, sous la dictée de M. de l'Aubépin.

— Vous avez donc oublié la clause principale de la donation?

— Voyons le testament, dit M. Despujols.

— Mon cher collègue, M. Parenteau, qui a accepté le grave mandat de veiller sur l'avenir d'une enfant naïve, avait reçu des instructions particulières du testateur.

— C'est possible; voyons d'abord le testament.

— Je le mettrai tout à l'heure sous vos yeux... En léguant sa fortune à une pauvre fille ignorante de la vie, M. de l'Aubépin se doutait combien à un moment cette fortune pouvait être visée par un homme qui s'emparerait facilement d'une énorme dot, si rare dans nos campagnes.

— Ne suis-je pas apte, en compagnie du digne M. Bénegeat et du docteur Cazebonne, à protéger mademoiselle Pasquette?

— Sans doute, nul mieux que vous n'est digne de guider la jeune fille dans le choix si délicat d'un époux... Mais à l'époque où le marquis rédigea son testament, il n'existait pas de docteur Cazebonne... Le vénérable M. Bénegeat était d'un grand âge et, selon toute apparence, devait précéder le marquis dans la tombe... Nous rédigeons des testaments, nous n'en sommes pas moins mortels... Des étrangers pouvaient se succéder au presbytère comme à votre étude, qui s'intéresseraient médiocrement à mademoiselle Pasquette et la laisseraient tomber dans les filets d'un homme n'agissant que par intérêt... C'est pourquoi M. de l'Aubépin léguait la surveillance du bonheur de l'héritière au père Parenteau, en qui il avait toute confiance et qui, d'ailleurs, la mérite à tous égards.

— M. Parenteau n'est-il pas mortel comme vous, comme moi, ainsi que vous le faisiez remarquer judicieusement?... Si M. Parenteau mourait demain?...

— Le testateur a prévu le cas.

— Voyons donc le testament.

— Tout de suite, mon cher collègue... Mais remarquez combien la chose est délicate!... Vous présentez au père Parenteau un futur qui, selon vous, réunit toutes les conditions pour assurer l'avenir d'une intéressante jeune fille... Trèsbien... Mais lui-même, M. Parenteau, a reçu des demandes semblables de familles honorables qui seraient heureuses d'admettre mademoiselle Pasquette dans leur sein... On s'est même adressé à moi dans le même but... Quelqu'un entre autres que vous connaissez bien, M. Cadillac.

— Encore ce Cadillac! s'écria M. Despujols perdant patience.

— Laissons Cadillac et Popy pour l'instant, reprit le notaire. Les divers partis qui se sont offerts à M. Parenteau présentaient des garanties plus sérieuses que celles des deux compétiteurs dont nous parlons... Il s'agit de fils de familles pieuses du pays, de jeunes gens portant de beaux noms, qui donneraient un nouveau lustre à mademoiselle Pasquette et dont la demande en mariage ne produirait pas d'esclandre dans le pays.

— Je n'admets pas le mot, s'écria M. Despujols, et je ne laisserai pas accuser d'esclandre le brave Popy, que tout le pays estime et tient pour le fiancé le plus honorable qui puisse adresser ses hommages à mademoiselle Pasquette.

— Vous savez, mon cher collègue, combien les opinions changent selon les milieux... On ne juge pas de même à Pont-du-Casse que dans votre commune sur l'opportunité du mariage de mademoiselle Pasquette...

— Qu'importe l'opinion des gens de Pont-du-Casse! s'écria M. Despujols.

— Elle n'est pourtant pas à dédaigner... Ce sont les sentiments d'une ville petite, il est vrai, mais qui, permettez-moi de vous le faire remarquer, est une capitale à côté d'un bourg que toutefois je ne veux pas rabaisser en présence de l'homme qui l'administre avec tant de sollicitude.

Sans se payer de mots, M. Despujols revint à la charge.

— Mademoiselle Pasquette ne se marie pas cependant à Pont-du-Casse, dit-il.

— Nous allons, puisque vous le souhaitez, relire le testament, fit le notaire qui jugea bon de ne pas répondre à ce sujet.

— C'est ce que je vous demande depuis mon arrivée, reprit M. Despujols, car il me semble que nous avons échangé bien des paroles en pure perte.

— Mon cher collègue, mon devoir était de vous préparer à la situation actuelle, puisque vous aviez cru qu'une simple visite suffisait pour avertir le père Parenteau de la réalisation d'une union prochaine.

Pendant que M. Mitiffeu cherchait le testament, M. Despujols était allé à la fenêtre. Il éprouvait le besoin de marcher, comme s'il eût reçu un coup violent.

— Voilà, dit M. Mitiffeu en tirant d'un cartonnier un dossier. Si vous le permettez, monsieur Despujols, je vais lire les clauses particulières qui engagent mademoiselle Pasquette : Primo, secundo, tertio, rien... Ah! *J'institue pour ma légataire universelle mademoiselle Pasquette, or-*

pheline, et lui lègue en toute propriété les biens, immeubles, etc.

— Passons, dit M. Despujols.

— *Mademoiselle Pasquette aura la libre jouissance de vingt mille livres de rente...* Bon! *L'état de mariage,* écrit le testateur, *étant l'acte le plus grave de la vie, au cas où mademoiselle Pasquette voudrait se marier, elle ne pourrait le faire,* — vous entendez, mon cher collègue, — *elle ne pourrait le faire sans les conseils et l'assistance de mon exécuteur testamentaire, le père Parenteau.....* Vous vous rappelez ce détail?

— Parfaitement, dit Despujols.

— Ce n'est pas tout. M. de l'Aubépin avait poussé plus loin la prévoyance. *Et, en cas de mort de ce dernier, sans les instructions du supérieur qui lui succédera...* Vous entendez? Mademoiselle Pasquette est donc dans les liens d'un testament qui lui impose une condition licite suivant le Code.

— Licite ou illicite, s'écria M. Despujols.

— Mon cher collègue, permettez-moi de ne pas discuter... Toute discussion me semble inutile dans le cas actuel... Achevons la lecture : *Je désire et j'entends,* vous dictait M. de l'Aubépin, *que ces conditions soient acceptées de tous sous peine de nullité, et je signe en pleine connaissance, sain de corps et d'esprit : marquis Agénor de l'Aubépin.*

— Et M. Parenteau, dit M. Despujols, invoque une telle condition pour s'opposer au mariage de mademoiselle Pasquette avec Popy?

— Le bon supérieur ne m'a pas dit précisément qu'il s'opposait...

— Il vous l'a laissé entendre, dit M. Despujols.

— Pour parler franchement, reprit M. Mitiffeu, je crois que M. Parenteau a peut-être été un peu froissé de ce que les dispositions si formelles du testateur qui lui léguait un tel pouvoir fussent méconnues; lui, le conseiller naturel, eût été bien aise d'être consulté dès le début de cette affaire...

« *Pour parler franchement* », avait dit le notaire, usant d'une formule favorite aux gens retors.

M. Despujols fit mine de croire à la formule.

— Mais le début de cette affaire, dit-il, remonte à douze ans, à l'époque où ces deux enfants gardaient ensemble les troupeaux dans les prairies. Depuis douze ans leur amitié n'a point eu de cesse... Ils s'aimaient avant l'héritage; je ne pouvais en prévenir M. Parenteau il y a douze ans.

— Mon cher collègue, c'est au vénérable supérieur du couvent qu'il convient de soumettre ces nuances.

— Pardon, vous m'avez fait appeler. Dans quel but? demanda M. Despujols.

— Vous devez reconnaître, mon cher collègue,

que cet entretien n'a pas été inutile... Les pièces étant dans mon cabinet, M. Parenteau ne pouvait vous les communiquer... Je ne vous eusse pas dérangé, sinon pour affaire; quant aux questions de sentiment, c'est avec le bon père supérieur que vous aurez à les débattre.

— Je vais immédiatement au couvent, dit M. Despujols.

— Malheureusement, le père Parenteau est absent de Pont-du-Casse aujourd'hui, dit M. Mitiffeu.

— Cela est fâcheux... Voulez-vous, mon cher collègue, en attendant ma prochaine entrevue avec le supérieur des maristes, me permettre de prendre note de certains passages que vous me lisiez tout à l'heure?

— Entre confrères, dit Mitiffeu, on ne se refuse jamais communication des pièces.

Alors M. Despujols prit congé de son collègue. Mais la route, au sortir de Pont-du-Casse, lui sembla longue. Il s'était empressé de venir, croyant hâter le bonheur des deux jeunes gens; plein d'anxiété, il ralentissait le pas de son cheval, car dans l'avenir s'accumulaient des nuages menaçants pour le bonheur de Popy et de la Pasquette.

En arrivant, le maire envoya chercher Popy.

— Mon garçon, lui dit-il, des affaires d'intérêt retarderont peut-être de quelque temps votre mariage; d'ici là, soyez moins assidu au château. Il y va de votre bonheur.

En voyant une certaine altération poindre sur les traits du sergent :

— Ne vous inquiétez pas, Popy, reprit M. Despujols; ce retard ne vient nullement de la volonté de notre amie Pasquette... Elle a pour vous autant d'affection que vous en avez pour elle.

— Vrai! s'écria Popy... vous le croyez?

— Occupez-vous avec assiduité de vos fonctions de régisseur et ne venez à l'Aubépin que lorsqu'on vous y fera appeler... C'est dit, n'est-ce pas?

En même temps, le notaire tendit la main au pauvre garçon qui la serrait avec effusion.

De là M. Despujols se rendit chez M. Bénegeat et lui fit part de l'entrevue qu'il avait eue avec son collègue et des craintes qu'excitait en lui la ligne de conduite du père Parenteau.

— Ne répandons pas le bruit de ce fâcheux incident avant d'y parer, monsieur Despujols, dit le curé. Vous êtes habitué par votre profession à voir l'humanité sous un triste jour et au point de vue de la loi, vous croyez qu'il faut toujours lutter... Le supérieur du couvent, qui porte peut-être autant que nous de l'intérêt à notre Pasquette, aura rêvé pour elle quelque parti considérable... Qui sait si de son côté il ne travaille pas pour elle comme nous l'avons essayé pour faire son bonheur?... Il y a certainement moyen de s'entendre.

— Soit, monsieur le doyen, dit M. Despujols; je ne contribuerai pas à vous rembrunir l'esprit par de fâcheuses hypothèses, quoiqu'elles reposent sur des bases positives, ainsi que j'ai pu m'en assurer chez mon confrère...Je désire m'être trompé; mais je vous demanderai un service au nom de ces deux enfants qui s'aiment, c'est de voir vous-même le plus tôt possible M. Parenteau.

— Avec grand plaisir, dit M. Bénegeat.

— Alors ma joie sera d'autant plus grande quand vous m'annoncerez que mon imagination a travaillé en noir.

— C'est votre profession de vous tenir sur vos gardes; pour moi, mon ministère est tout de confiance... Nous travaillons d'ailleurs de concert pour le bonheur de deux enfants bien aimables...

— Et bien aimants, dit le notaire. Ce sera, je l'avoue, un des plus grands plaisir de ma vie que le jour où je serai appelé à unir ces jeunes gens... Ils se conviennent, ils entrent dans la vie avec la même naïveté... Quel bonheur d'être utile à deux êtres qui s'aiment quand, comme moi, on a vu tant d'unions disproportionnées!

Quelques jours après, le curé partit pour Pont-du-Casse, après avoir demandé un entretien à M. Parenteau. Le moine reçut le vieux prêtre avec une politesse affectée, et sans préparations M. Bénegeat aborda son sujet.

Connaissant la clause du testament que lui avait communiquée M. Despujols, il demanda l'assentiment de celui qui avait été choisi par M. de l'Aubépin comme conseil de la Pasquette.

— Monsieur le doyen, dit le moine, vous exposez votre demande franchement, je vous répondrai avec la même franchise... Mademoiselle Pasquette, à laquelle je m'intéresse, est une charmante enfant que nous avons eu le plaisir de posséder quelque temps à Pont-du-Casse et dont les dames les plus pieuses m'ont fait l'éloge... Les courts séjours qu'elle a faits ici nous ont montré une nature simple et propre à recevoir toutes les graines d'éducation que ces dames prenaient plaisir à faire germer en elle. Avec un peu de persévérance, mademoiselle Pasquette eût reçu une instruction complète, et je ne doute pas qu'elle ne fût devenue une femme du meilleur monde... Pourtant, malgré ces exemples et les conseils des personnes qui l'ont entourée depuis, elle s'est laissé entraîner dans une aventure si romanesque que je me demande comment ses amis ont pu être victimes du même mirage... L'héritière du marquis de l'Aubépin peut-elle déchoir jusqu'à abaisser ses yeux sur un sergent?

M. Bénegeat fit un geste.

— J'admets, monsieur le doyen, que vous vous soyez laissé aller un moment à cette idée et même que M. Despujols, quoique notaire, ne l'ait pas condamnée en principe. Vous avez partagé les illusions de ceux qui vous entouraient, c'est-à-dire d'un village où tous les habitants appartiennent à la classe moyenne et manquent de termes de comparaison... Cela est naturel... A votre place, j'eusse peut-être été poussé par cette même idée... Mais ici, à Pont-du-Casse, où les gens ont été à même d'apprécier les qualités de cette aimable personne, l'opinion publique s'est prononcée nettement et n'a jeté qu'un cri... Voilà une enfant que le marquis de l'Aubépin tire d'une basse condition pour l'appeler à un rang élevé, et ce serait pour retomber plus bas qu'elle n'était précédemment!... Combien j'aurais voulu, monsieur le doyen, que vous fussiez à même d'entendre les opinions dont l'ensemble m'a frappé... Fi! fi! a-t-on dit de toutes parts... Ce serait une mésalliance indigne... Qu'en penserait le marquis s'il vivait?... J'ai été pendant vingt ans, vous le savez, le directeur de M. de l'Aubépin; et j'ai pénétré profondément dans son esprit, dans son âme... Le défunt voulait honorer la chasteté, la placer sur un piédestal si élevé qu'elle ne pût choir, et voici qu'un soldat est tout prêt à altérer la pureté des lignes de la statue... Ah! monsieur le doyen, à quoi bon continuer? Je sens que vous êtes de mon avis.

M. Bénegeat était de ces natures droites, mais timides, que le moindre raisonnement renverse et qui ne trouvent à répondre nettement qu'en réfléchissant. Les habiletés captieuses du moine étonnaient le vieux prêtre. Il avait sur la langue :
— *Non, je ne suis pas de votre avis!* Mais cette dénégation avait besoin d'être entourée d'autant de circonlocutions que celles dont disposait le père Parenteau, et les raisons s'arrêtèrent dans le gosier de M. Bénegeat.

— Vous comprenez, monsieur le doyen, pourquoi ce mariage est impossible, dit le supérieur profitant du trouble visible du prêtre pour faire entrer dans son esprit quelques raisonnements qui n'étaient pas plus solides que les premiers pieux qu'on enfonce dans une construction sur pilotis, mais qui n'en affaissent pas moins le terrain.

— Je rendrai compte à M. Despujols de vos dispositions, monsieur le supérieur, dit M. Bénegeat.

— Il a trop de bon sens pour admettre que je donne mon consentement à une semblable mésalliance.

M. Bénegeat ne voulait pas placer le bout de l'ongle dans un engrenage terrible où tout son esprit eût été engagé. Sans vouloir lutter, il prit congé du supérieur.

— Pauvres enfants! pauvres enfants! s'écria-t-il en entrant dans le cabinet de M. Despujols.

— Qu'y a-t-il? demanda le notaire. Vous êtes bien pâle, monsieur Bénegeat.

— Oui, pâle de mon manque de courage, de mon manque d'éloquence... Que voulez-vous? J'ai été ainsi toute la vie... Il me faut de braves gens pour leur parler en face; je ne sais que parler d'amour du prochain, de la nécessité de croire en Dieu... Le supérieur m'a troublé par ses sophismes. Ils m'ont accablé sur l'instant...

— Mais enfin? demanda M. Despujols.

— M. Parenteau juge ce mariage impossible...

— L'a-t-il dit en toutes lettres?

— Le supérieur a déclaré qu'il refusait son consentement.

— Eh bien, tant mieux! s'écria M. Despujols dont la physionomie s'éclaircit tout à coup.

Le doyen regardait le notaire avec étonnement.

— Au moins, reprit M. Despujols, la situation est nette, et j'estime presque un adversaire qui veut bien lutter en face.

— Mais nos pauvres enfants?...

— Vous avez raison, monsieur le curé. Pauvres enfants, leur bonheur est bien reculé... Mais qui sait?

XXIII

Le procès de l'Aubépin est resté célèbre dans les fastes judiciaires de la Gironde. Ce fut à contre-cœur que la Pasquette l'intenta contre les parents du marquis. Tel avait été le conseil de M. Despujols, il fallait que la condition de la jeune fille fût bien établie.

Avant que la glace ne fût complétement brisée, la Pasquette eut à répondre aux demandes successives en mariage de Cadillac, du notaire Mitiffeu, du neveu de mademoiselle de Saint-Genez. Un sous-préfet des environs se présenta également, de même qu'un commandant de gendarmerie et un receveur particulier. Tous posèrent régulièrement leur candidature et s'adressèrent à M. Despujols, qui ne comprenait rien à cette avalanche de fiancés détachés des diverses parties du département.

En présence de la nuée d'oiseaux gourmands qui voletaient autour de l'héritage, le notaire jugea à propos d'en référer à M. Bénegeat, au docteur Cazebonne et au juge de paix. Les demandes soumises à ce comité étaient étudiées avec attention, et, quoique les candidats eussent été évincés successivement, ils ne pouvaient se plaindre du peu d'égards qu'on avait eu pour leurs requêtes.

Cette situation dura un an. Popy, éloigné de la Pasquette et ne la voyant qu'à de rares intervalles, se laissait aller à une tristesse qu'augmentait encore son séjour dans les bois. Aussi parlait-il de retourner au régiment.

— Du courage, mon garçon, lui disait M. Bénenegeat, à qui le notaire avait confié les difficultés dont était hérissé le procès futur.

Avant de l'entamer, M. Despujols avait sondé les intentions des parents de M. de l'Aubépin, qui avaient été déshérités au profit de la Pasquette. Leur réponse, dictée par M. Parenteau, fut invariablement la même :

— Nous n'avons pas la prétention d'empêcher mademoiselle Pasquette de se marier... Sa conduite ne nous regarde en rien.

Mais il était certain que, du jour où la jeune fille se marierait, les héritiers présenteraient ce mariage comme contraire aux clauses du testament et qu'ils réclameraient leur part d'héritage que seul anéantissait le célibat de la Pasquette.

— Nous tournons dans un cercle vicieux, disait M. Despujols à ses amis.

— Pourquoi ne pas le rompre? demandait Cazebonne.

— Et dire que c'est moi, s'écriait le notaire, qui ai prêté la main à de telles clauses testamentaires !

— Vous ne pouviez prévoir Popy, disait le curé.

— J'avoue, reprenait M. Despujols, que les termes dont s'est servi le donateur ont été employés avec une telle adresse qu'il est impossible que le marquis de l'Aubépin ait conçu lui-même ce testament.

— Qu'il soit dicté par le père Parenteau, peu importe, disait Cazebonne. Ce testament est. Il faut passer outre... Pour moi, je n'hésiterai pas à conseiller à Mlle Pasquette de se marier.

— Non, reprenait le juge de paix ; il faut respecter la loi et attendre la décision des magistrats. Votre intention est de consulter le tribunal sur ce que vous avez à faire ; il est plus sage de se présenter à la barre en sollicitant un jugement équitable.

Tout ce petit monde de l'Aubépin, jusque-là tranquille, était accablé maintenant d'inquiétudes : la Pasquette, la Cadichon, la mère de Popy. Elles attendaient chaque jour avec anxiété M. Despujols, comme une famille épie l'attitude d'un médecin au lit d'un malade chéri.

Le notaire était préoccupé, cela se lisait clairement sur ses traits. Il était de ces praticiens semblables au chirurgien qui recule longtemps devant une grave opération et, une fois le bistouri en main, taille dans les chairs avec courage.

Tout d'abord, M. Despujols avait éloigné la nécessité de plaider. En songeant à l'avenir si perplexe de la Pasquette, qui ne pouvait rester fille, alors le notaire s'engagea dans l'étude juridique du testament, cherchant les raisons probantes qui pouvaient décider du gain ou de la perte du procès.

Le notaire voulait le gagner dans son cabinet, devant le tribunal de sa conscience, avant qu'il ne fût plaidé en face de tous. Les contradictions qui s'agitaient en lui, les recherches, les notes qu'il prenait pour le mémoire particulier qui devait servir de base de défense à l'avocat, les nuits qu'il passa à s'interroger avaient visiblement altéré la physionomie de M. Despujols.

Partout où il allait, le notaire emmenait constamment deux adversaires intérieurs qu'il écoutait alternativement pour juger de la valeur de leurs objections. Il fallait se dépouiller de toute personnalité, faire la part égale à chacun et ne pas se laisser prendre à d'ingénieux sophismes non plus qu'à des arguments imprévus. C'est pourquoi M. Despujols, esprit méditatif, écoutant sans cesse deux voix contradictoires, ne parvenait pas à dissimuler ses inquiétudes à la Pasquette.

La jeune fille voyait son conseiller anxieux, et cette anxiété se communiquait à son esprit. De même la Cadichon et la mère de Popy, ces bonnes et naïves personnes, avaient peine à s'imaginer les barrières qui s'opposaient à une union si naturelle.

Singulière chose pour des femmes, dans l'esprit desquelles les mots fiançailles, amour, résonnent si tendrement. Une noce précédée d'avocats et de juges, cela ne s'était jamais vu.

Les femmes ne sont pas plaideurs : la pensée du tribunal les effraye. La Cadichon était poursuivie par des rêves qui sans cesse aboutissaient à des gendarmes : elle se voyait conduite, elle et sa nièce, liées sur une charrette, devant un commissaire de police de Bordeaux.

Le sommeil de la Pasquette n'était pas moins troublé. Elle se levait de sa couche brûlante, se promenait dans sa chambre, ouvrait la fenêtre et songeait mélancoliquement en regardant les étoiles, sans se douter que Popy, lui aussi, errait aux alentours, regardant la lumière qui à chaque instant s'éteignait et se rallumait, en signe des agitations de sa fiancée.

Pauvres enfants! s'était écrié le doyen. Les pauvres enfants se voyaient rarement, ne pouvaient se confier qu'à de rares intervalles leurs espérances, leurs projets d'amour. La nuit, les bois, la solitude devinrent les discrets confidents de leurs soucis.

— Si vous m'en croyez, dit un jour M. Despujols

au curé et à Cazebonne, Pasquette invitera Popy à dîner prochainement à l'Aubépin.

— Vous avez des espérances? demanda M. Bénegeat tout joyeux.

— Au contraire.

— Eh bien?...

— J'ai songé qu'il valait mieux affirmer la situation... Des fiancés doivent se voir souvent.

— Mais, reprit le doyen, vous avez été le premier à demander l'éloignement de Popy du château.

— J'avais tort.

— Je vous comprends, monsieur Despujols, dit Cazebonne.

— Et moi, je ne comprends pas du tout, s'écria M. Bénegeat... Je croyais utile de montrer à nos adversaires la pureté de l'inclination des deux jeunes gens, la déférence qu'ils avaient pour les conseillers qui les entourent.

— Trop de déférence serait dangereux, reprit le notaire... Si nos amoureux nous écoutaient pendant cinquante ans!...

— Ce serait long, dit le curé.

— Je voudrais, continua M. Despujols, que contrairement à notre plan la notoriété publique s'emparât de ces sentiments naturels et même les proclamât dangereux...

— Je ne saurais prêter mon concours à ce système, répondit M. Bénegeat.

— Tant mieux, reprit le notaire.

— Tant mieux! s'écria avec inquiétude le vieux prêtre.

— Oui, le spectacle de cette passion traversée doit vous éloigner de l'Aubépin.

— Ainsi, vous me chassez du château?

— Pardon, vous vous chassez, monsieur le doyen.

— C'est, en effet, un jeu très-simple, dit Cazebonne en souriant.

— Ces raisons ont une peine extrême à pénétrer en moi, reprenait le curé.

— Trois fois par semaine, dit le notaire, Popy viendra dîner au château... Au moins pourra-t-il voir la Pasquette tout à son aise...

— Mais vous donnez à ces enfants des espérances qui peuvent être déçues.

— Monsieur le doyen, reprit Cazebonne, aimez-vous mieux qu'ils se donnent des rendez-vous la nuit?

— La nuit! s'écria M. Bénegeat.

— Voilà deux soirs, dit le médecin, que je rentre à une heure avancée... Deux fois j'ai rencontré une ombre à laquelle je n'aurais sans doute pas fait attention, si mon cheval n'avait eu peur en passant devant un certain endroit où le mur du château menace ruine. Cette ombre appartient à un voleur ou à un amoureux. Pas de voleurs dans le pays, mais beaucoup d'amoureux... L'ombre qui se tournait du côté des fenêtres du château, vous vous doutez, monsieur le curé, à quel corps elle appartient... Ceci n'est rien encore... J'ai remarqué quelque chose de plus grave, cinq ou six pierres tombées de la crête du mur... Admettons que le hasard, le vent aient détaché ces pierres ; si demain il en tombe de nouvelles, j'en conclurai que le hasard n'est pas seul complice du trou qui s'agrandira de jour en jour... Une brèche au mur, c'est une brèche à l'honneur de mademoiselle Pasquette.

— Je ne peux pourtant favoriser ces amours, dit le curé.

— C'est pourquoi, reprit M. Despujols, voyant l'inutilité de vos bons conseils, vous vous retirez, nous laissant, au docteur et à moi, le soin d'empêcher les flammes d'embraser complétement deux cœurs si purs.

— Et puis? demanda M. Bénegeat.

— Cette situation, étant de notoriété publique, sera certainement exposée devant le tribunal.

— Vous trouvez l'argument bon?

— Je ne le crois pas mauvais.

— Agissez donc à votre guise, reprit le curé ; au point de vue légal, vous en savez plus que moi.

— Monsieur le doyen, dit Cazebonne, nous

n'attendions pas moins de vous... Ce pauvre Popy va être si heureux!

— Mais ce procès, demanda le curé, quand comptez-vous l'entamer?

— Pas avant deux ou trois mois, répondit le notaire... Je tiens, je vous l'ai dit, à ce que la situation s'affirme.

— Vous êtes un homme de sens, monsieur Despujols, je remets la cause de Pasquette entre vos mains.

Les procès ne s'engagent pas avec la rapidité que souhaitent les amoureux. Quoique Popy fût admis désormais régulièrement à l'Aubépin, la vue de Pasquette ne suffisait pas à calmer son amour. Entre les deux jeunes gens s'élevait une grille semblable à celle d'un couvent. C'était, en effet, le couvent qui les séparait.

M. Parenteau s'applaudissait des retards sans cesse apportés à une union annoncée officiellement. Il sentait que M. Despujols n'oserait conseiller à ses protégés de rompre ouvertement avec les instructions du testateur. L'héritage du marquis était lié par un de ces nœuds serrés que la simple volonté ne suffit pas à détruire. Aux délais que ses adversaires apportaient à entamer l'affaire, le moine se disait combien ils étaient hésitants.

Sans cesse la pensée du père Parenteau arpentait le chemin de Pont-du-Casse à l'Aubépin. Le moine n'avait pas besoin d'espions ni de leurs rapports; il possédait l'habileté de certains joueurs d'échecs qui font manœuvrer les pièces le dos tourné à la table, tant les cases d'échiquier sont nettement tracées dans leur cerveau.

A l'Aubépin, les conseillers de la Pasquette montraient moins d'astuce. Ils croyaient que l'opposition que le mariste mettait au mariage de la Pasquette avec Popy résultait d'instructions des parents déshérités, dont le père Parenteau était simple représentant. Cette erreur est le fait des âmes candides.

Le supérieur du couvent n'avait nul souci des intérêts des héritiers. Que la fortune du marquis restât entre les mains de la Pasquette ou retournât entre celles des héritiers naturels, peu lui importait. Il voulait, avant tout, empêcher la Pasquette de se marier, pour que cette fortune considérable tournât au profit du couvent.

En dictant à M. de l'Aubépin la formule du testament, le père Parenteau avait prétendu que la Pasquette ne pût échapper à sa gouverne. Il croyait faire de la jeune fille une de ces béguines dont il était entouré, qui ne verrait que par ses yeux de même que le défunt.

C'était une enfant naïve substituée à un vieillard. L'amour, le père Parenteau l'avait oublié ou plutôt l'avait supprimé, ainsi que font les natures autoritaires qui s'imaginent avoir facilement raison des passions.

M. de l'Aubépin, qui s'était ouvert à son directeur sur l'état de son cœur, avait caché la jalousie qu'il nourrissait contre Popy.

Popy, au début, n'existait pas pour le moine. S'il eût soupçonné l'affection qui reliait les deux jeunes gens, le père Parenteau eût fait jouer d'autres batteries; c'est pourquoi, quand le mariste eut connaissance des projets de mariage de la Pasquette, il mit en avant divers prétendus, simples comparses dans ce drame.

Cependant le procès paraissait imminent. Le père Parenteau dut faire choix d'un avocat, et là encore il fit preuve du génie de détails qui ne l'abandonnait jamais. A cette époque, à la Tremblade, un certain Biganos s'affichait par ses opinions antireligieuses excessives. Ce fut sur lui que le moine jeta les yeux.

D'abord, l'avocat parut étonné du choix qu'on faisait de sa personne; mais, persuadé que le père Parenteau protégeait seulement des parents déshérités, il accepta. D'ailleurs la cause était importante.

Biganos, connu pour sa haine contre le trône et l'autel, prit en main les intérêts de la religion et de la noblesse. Cela s'est vu quelquefois.

— Une seule question m'inquiète, dit l'avocat après avoir étudié le testament. En quelle qualité cette demoiselle Pasquette hérite-t-elle du marquis?

— C'est ce que je me suis demandé plus d'une fois, répondit le père Parenteau.

— Quel âge avait la fille quand mourut le marquis?

— Près de quinze ans.

— Mettons seize... Le marquis avait-il dans le pays une mauvaise réputation?...

— Pas que je sache, reprit le moine. Il était très-pieux.

— Laissons de côté la piété qui ne fait rien à l'affaire... Le fait probable est qu'un vieillard s'est laissé prendre tout à coup aux charmes d'une jolie fille.

— J'ajoute, dit M. Parenteau, que le marquis ne quittait pas le cabaret de la Cadichon, tante de la Pasquette. A diverses reprises je me suis efforcé de lui faire entendre que cet endroit ne répondait pas à son rang... J'ai échoué.

— La cause est excellente. Avec quelques notes que vous voudrez bien me fournir, monsieur le supérieur, c'est un procès gagné.

— Vous croyez? demanda le moine.

— Haut la main... Maintenant, reprit l'avocat, encore une question; elle a son utilité. Qui intente le procès?

— Les parents de M. de l'Aubépin.

— Pourquoi ne se présentent-ils pas dans mon cabinet? Ils sont défendeurs, et je ne recueille de faits que de votre bouche, monsieur le supérieur... Sans doute la cause est excellente et offre toutes les chances de succès... Le droit, le sens commun sont d'accord pour protéger les parents du marquis; mais toute question a deux faces... Si, par hasard, les droits des véritables héritiers étaient méconnus par le tribunal?

— C'est moi, reprit le moine, qui vis-à-vis de vous réponds des frais... Que ceci reste entre nous... Il ne convient pas à mon caractère de m'immiscer dans de pareils débats; mais en ma qualité d'exécuteur testamentaire, je me substitue au marquis... Toutes les donations, qui n'ont pas été employées par moi en aumônes, appartiennent naturellement à une action judiciaire qui doit faire triompher les droits méconnus d'héritiers dignes du plus grand intérêt.

— Monsieur le supérieur, dit l'avocat, vous serez content de moi.

— Je remercie le ciel, dit le père Parenteau, de la bonne inspiration que Dieu m'a envoyée et qui m'a poussé vers vous... Comme le rapprochement fait mieux connaître les hommes! Je trouve un conseil d'un grand sens, d'une remarquable précision en affaires, d'un caractère indépendant, alors que les personnes qui m'entouraient vous peignaient sous un jour défavorable.

Biganos s'inclina.

— Chose singulière, continua le moine, que certains hommes ne permettent pas à leurs concitoyens de penser et d'agir suivant leur conscience! Que doit-on demander à ses adversaires? De la loyauté. Cette visite eût-elle eu pour unique résultat de me rapprocher d'un esprit libre et sincère, que je me tiendrais déjà comme fort honoré.

Il est peu d'hommes qui ne se laissent prendre à un tel langage.

— Monsieur le supérieur, dit l'avocat, vos paroles partent d'un esprit démocratique, et je suis heureux de les recueillir de votre bouche.

— Eh! monsieur, quelle était la doctrine du Christ que je sers? s'écria M. Parenteau, jouant d'une formule banale.

Biganos sortit empaumé par le langage du mariste, et pendant huit jours, au cercle de la Tremblade, il ne tarit pas sur le compte de M. Parenteau, dont il faisait un « libre penseur ».

Il avait suffi d'une unique visite de M. Parenteau à Biganos pour lui inculquer la croyance. Dès le début de l'affaire, l'avocat crut; aucun fait dès lors ne put rendre la Pasquette intéressante à ses yeux.

Cependant, au château de l'Aubépin, les conseillers de la Pasquette n'étaient pas sans inquiétude; il fallait trouver un défenseur à la jeune fille.

— Prenons le plus célèbre, dit M. Despujols, comme en cas de maladie on court au meilleur praticien.

Bordeaux n'a jamais manqué d'avocats illustres. A cette époque était réputé M. Roumazalles, un des hommes les plus honorables de la ville et le plus considéré du barreau dont il avait été maintes fois le bâtonnier. Ancien maire de la ville, appelé plusieurs fois par ses concitoyens à l'honneur de les représenter à la Chambre, M. Roumazalles jouissait dans le département d'une de ces réputations plus étendues parfois que les réputations parisiennes.

Honnête homme, ayant acquis sa fortune laborieusement, le doyen des avocats appartenait à ce parti libéral qui réclame le progrès en se fiant autant sur le temps que sur les agitations des hommes. Grâce à sa fortune, il acceptait seulement les causes qu'il jugeait pouvoir défendre honorablement.

Conseiller général du canton habité par M. Despujols, M. Roumazalles connaissait de longue date le notaire.

Quand celui-ci lui eut expliqué la situation de la Pasquette :

— Je suis bien fatigué, dit le vieil avocat, et je m'étais juré de ne plus reparaître au barreau.

Le notaire insista. Qui défendrait sa protégée si M. Roumazalles ne prenait sa cause en main?

M. Despujols supplia tellement l'avocat que celui-ci ne put refuser.

— Je suis vieux, dit-il, mais l'affaire est bonne. Ce sera mon dernier coup de collier.

Les deux avocats mirent une certaine activité à étudier, chacun de son côté, cette affaire; mais un client doit avoir plaidé plusieurs fois avant d'acquérir la patience. Des rôles chargés, les défenseurs engagés dans divers procès, des vacances amènent des lenteurs inévitables, même en France, où la justice passe pour expéditive.

L'amoureux Popy, malgré les conseils de M. Despujols, prenait difficilement son mal en patience. Les mois s'écoulaient sans que rien de particulier fût changé à sa situation. Il voyait Pasquette de temps en temps, et ces rencontres, loin de le calmer, faisaient qu'il repartait pour les bois avec plus d'inquiétudes. En entendant discuter ses protecteurs, il craignait maintenant.

— Que peut-on dire contre nous? demandait dans son innocence Popy à M. Despujols. Il y a donc des gens bien méchants qui en veulent à notre bonheur?

— Ne vous tracassez pas, répondait le notaire. Le tribunal nous rendra justice.

De son côté, la Pasquette, non moins tourmentée, avait rendu visite à son avocat. M. Despujols tenait à ce qu'elle lui fût présentée. M. Roumazalles fut ému à la vue de celle qui, dans la candeur de la jeunesse, se mettait sous sa protection et disait simplement :

— J'aime Popy, et je vous prie, monsieur, que nous soyons unis le plus tôt possible.

M. Despujols avait rédigé pour les juges un mémoire sur la situation de la Pasquette et de sa famille avant l'héritage.

— Que peut-on répondre à cela? demandait-il à l'avocat.

Ce qu'on pouvait répondre avait été longuement médité dans un mémoire contradictoire sorti du couvent de Pont-du-Casse. Les faits relatifs aux deux futurs étaient présentés sous un jour odieux.

— Vous offrez une jatte de lait à vos juges, dit M. Roumazalles au notaire; vos adversaires leur présentent une coupe de poison. Méditez ces allégations dont il est important de tenir compte, et revenez me voir avec les modifications qu'elles vous suggéreront.

M. Despujols dévora le volumineux mémoire où des faits mensongers, mais dans le domaine du possible, entachaient l'honneur de la Pasquette, de la Cadichon, en diminuant l'honorabilité du marquis.

— Voilà ce qu'osent avancer nos adversaires, monsieur le doyen, dit le notaire au curé. Je vous en prie, lisez ce document malgré la répulsion qu'il vous inspirera, et aidez-moi de vos conseils... L'affaire presse... Demain soir je viendrai en conférer avec vous... Mais, sauf M. Cazebonne, que personne dans le pays n'ait connaissance de semblables calomnies.

Le lendemain, M. Despujols était allé à l'Aubépin rassurer par d'affectueuses paroles la jeune fille au-dessus de laquelle planaient de si calomniatrices accusations. Avec étonnement le notaire vit arriver le vieux prêtre, qui, depuis trois mois, ne fréquentait plus le château.

— J'ai lu le mémoire, et voilà ma réponse, dit le doyen.

Il avait refusé de fréquenter l'Aubépin, jugeant dangereuses les visites de Popy. Il voulait, par sa présence, attester aux yeux de tous la pureté de vie de la Pasquette.

— Maintenant, dit-il, je viendrai tous les jours. Chacun le verra, et je vous autorise à le mentionner dans votre nouveau mémoire.

Malgré l'appui que lui prêtait le curé, M. Despujols n'en était pas moins plein d'anxiété. Le groupement des faits recueillis par les adversaires de la Pasquette lui paraissait accablant. Un honnête homme accusé d'un crime ne sait parfois que répondre, tant l'accusation le remplit d'indignation. Les faits, quoique mensongers, mis au compte du marquis, de l'enfant et de la Cadichon, offraient une apparence de réalité, et quoique les adversaires ne prouvassent pas la vérité de leurs affirmations, toute dénégation n'en était pas moins difficile.

M. Bénegeat constata les infiltrations du poison dans l'esprit de M. Despujols.

— Il faut, disait-il, répondre à ce mémoire.

— Quoi! relever de telles calomnies?

— Sans ramasser dans le ruisseau la boue que vous jette un grossier adversaire, ne pouvez-vous affirmer la pureté de votre cause par un exposé plus étendu de la jeunesse des deux enfants?

Il est de certains souvenirs qui viennent de verve et rendent écrivain tout honnête homme animé par les vibrations de sa conscience. La vie si chaste des enfants à la campagne, leur bonheur traversé, furent opposés à la bizarrerie du vieillard et aux prétentions de ses parents.

M. Despujols peignit l'intérieur heureux de la famille Cadichon avant le testament, l'amitié qui unissait depuis l'âge le plus tendre les deux enfants, et il montra cette fortune inespérée qui devait faire leur plus grand malheur. Cela en termes simples, par un homme profondément touché de la situation d'une jeune fille que la loi, suivant lui, ne pouvait empêcher de se marier.

L'avocat Roumazalles commit la faute de trouver le mémoire trop simple. C'était un légiste studieux, mais qui parfois poussait l'amour de l'érudition jusqu'à l'extrême. Son plan de défense fut fait d'après le droit romain.

Dans Bordeaux, plein de souvenirs antiques, M. Roumazalles croyait continuer la tradition des grands orateurs qui, jadis, avaient donné carrière à leur éloquence.

Le jour de l'audience arrivé :

— Une telle discussion, dit-il au tribunal, divisait déjà les grandes écoles de Rome... Les sabiniens voulaient que la condition de ne se marier que sous réserve fût considérée comme non écrite ; les proculéiens soutenaient le contraire... Je pense, messieurs, comme les sabiniens.

Il importait peu dans la cause de la Pasquette de s'appuyer sur le sentiment des sabiniens. C'est pourtant ce que fit avec un développement considérable M. Roumazalles.

Parlant de la clause particulière du testament qui amenait ce procès :

— Marcien et Papinien, dit-il, appellent cette clause vide d'utilité, *supervacua*... Majolinus, d'après Papinien, ne veut pas qu'on exécute les volontés du testateur qui portent un caractère d'ineptie, *ineptas voluntates*.

Dans cet archaïque discours, la Pasquette fut

appelée *Titia* et son adversaire *Sempronius*.

Étudiant la volonté du testateur, qui faisait la base du procès :

— La condition de ne pas se marier est considérée par les lois romaines comme contraire à l'ordre public, dit M. Roumazalles ; elle fait préjudice à l'État, dont la pépinière est dans les mariages... Qu'il ne soit pas apporté d'empêchement aux mariages, dit Papinien : *Ne quod omnino nuptiis impedimentum inferatur.*

M. Roumazalles avait le tort de plaider en latin autant qu'en français. Il avait ainsi conquis sa réputation; mais ses défauts s'étaient accrus avec l'âge, et ses études les avaient encore développés.

La fortune, le rang qu'il tenait à Bordeaux faisaient passer par-dessus son étalage d'érudition ; même certains magistrats de la vieille souche admiraient l'orateur qui, de jour en jour, creusait plus profondément dans l'antiquité et de toute plaidoirie faisait un cours de droit romain.

M. Roumazalles n'entra réellement dans la question qu'à la fin de sa plaidoirie.

— Puisque, dit-il, le mariage de Titia dépend de l'arbitraire d'un tiers, qu'arrivera-t-il s'il plaît à ce tiers de refuser tous les partis? *Quid si Sempronius arbitrari nolit? Quid si nullam conditionem nuptiarum comprobet?*

Ce discours ne dura pas moins de quatre heures. Il y avait été question d'Augusta, de la loi *Papia Poppora*, des rescrits de l'empereur Sévère, de Javolinus, un des oracles du Digeste.

La Pasquette, transformée en citoyenne romaine, se figeait dans cet archaïsme.

M. Despujols avait connu M. Roumazalles jeune et éloquent; il le retrouvait vieilli et plein de défauts. De ses brillantes qualités d'autrefois, l'avocat n'avait conservé qu'une réputation trompeuse qui subsistait encore dans le département, mais dont les années avaient singulièrement altéré les rayons.

Ce ne fut pas sur le même ton que le prit l'avocat Biganos. Étranger au barreau bordelais, il n'était pas tenu vis-à-vis de l'ancien bâtonnier aux égards que les avocats d'une même ville se rendent, et il ne se fit pas faute de cribler de railleries M. Roumazalles.

— Mon honorable adversaire, dit-il, a parlé en latin; je prie messieurs de la cour de vouloir bien m'écouter en français, et même en patois si quelques détails, ressortant de la bassesse des tristes héros de ce drame, venaient à se produire. Qu'est-ce que le marquis de l'Aubépin? Qu'est-ce que la Pasquette? Qu'est-ce que Popy? Voilà, messieurs, les personnages que j'ai étudiés avec soin et que je vous demande la permission de vous faire connaître, dépouillés de leurs toges et de leurs sandales d'emprunt.

Tout d'abord, ce début commanda l'attention ; le fait allait se dégager et prendre pied sur l'archéologie juridique de M. Roumazalles.

— Le marquis de l'Aubépin, reprit l'avocat Biganos, était faible d'esprit ; la Pasquette pleine de docilité pour les conseils d'une tante madrée ; et Popy un assez mauvais drôle. J'ai sous les yeux l'idylle de ceux qu'un ami complaisant traite de « naïfs enfants ». La plume qui a rédigé ce morceau poétique est prodigue de couleurs tendres ; j'entre dans la réalité, et je trouve, au lieu de nuages couleur d'iris, le bourbier des intérêts dont je m'efforcerai, par égard pour le tribunal, de n'agiter que la surface...

Un ciel n'apparaît dans sa réelle clarté qu'avec de sombres nuages pour repoussoirs. Le défenseur du père Parenteau bénéficiait des amoncellements trop savants de l'avocat de la Pasquette.

Biganos continua :

— Je commence par Popy, la cheville ouvrière du procès ; Popy, qui le souffle et qui l'attise, Popy qui voudrait palper notre héritage, l'héritage sacré d'une très-honorable famille... Le marquis messieurs, s'intéressait aux gens de son village et avait remarqué que Popy non-seulement n'était propre à rien, mais qu'il troublait la tranquillité des gens du pays. Que fait M. de l'Aubépin? Il envoie Popy au couvent de Pont-du-Casse, espérant que les conseils et les instructions du vénérable M. Parenteau, le supérieur, rendront meilleur ce garnement. Au bout de deux mois, le protégé du marquis se sauve en escaladant les murs du couvent; c'est ainsi qu'il reconnaît l'intérêt qu'on lui porte. Sa vie dès lors se passe en vagabondage, et sans doute trouverait-on trace dans les dossiers de la gendarmerie du trouble que partout sa présence excitait. Voilà le futur que choisit la Pasquette.

A l'attention du tribunal, M. Roumazalles s'aperçut qu'il avait affaire à un redoutable adversaire.

L'avocat Biganos reprit :

— A mon grand regret, je ne puis rester idyllique ; aucun des personnages qui ont tissé la toile où devait se prendre le marquis ne m'y pousse. Aux environs du château de l'Aubépin, la Pasquette gardait les bestiaux ; elle était elle-même un peu bestiote, quoique douée de ce fonds de ruse que la nature dépose au fond du cœur des paysans. Aussi se prête-t-elle complaisamment au rôle que lui souffle la veuve Cadichon, sa tante, la marchande de poteries, la débitante de boissons... Cet endroit, le marquis s'y plaisait, attiré par une vieille qui lui offrait toutes les occasions d'y rencontrer sa nièce... La cause que je défends devant vous, messieurs, est si excellente que je laisse même de côté l'action en captation, qu'à défaut des conditions expresses du testament du marquis, il me serait permis d'invoquer... Qui pourrait nier l'intelligence faible du marquis succombant sous les étreintes de l'intelligence forte de la Cadichon? Par intelligence forte, j'entends l'âpreté...

L'avocat Biganos put s'arrêter un instant, sentant que sa cause le portait.

— Cependant, reprit-il, M. de l'Aubépin, mélancolique par nature, songeait à la mort. Il rédige son testament. Une lueur de sens lui revient à travers ce tissu d'intrigues qui lui font déshériter ses propres parents, si considérés dans le pays... Il pense à ce qui peut arriver, à ce qui doit arriver, à ce qui arrive, et il charge le digne M. Parenteau d'étudier les qualités du futur qui conviendra le mieux à l'héritière. Cela vous choque, et vous me dites en latin : Qu'arriverait-il si la personne tierce refusait tous les partis? Vous avez cru être insidieux. Le tiers répondra que telle n'a pas été son intention ; que loin de là il a cherché à tirer la Pasquette de ce milieu dont elle veut être la victime.

Cinq partis honorables, approuvés par M. Parenteau, ont été refusés tour à tour par la tribu des Cadichon... Je possède dans mon dossier les lettres de condoléance des futurs évincés qui, en se retirant, remercient l'honorable supérieur des maristes du concours qu'il leur a prêté. M. Parenteau, lui, ne s'est pas séparé de la famille du marquis; la famille reconnaît la validité de sa part d'héritage, et c'est pourquoi elle lui a laissé les pouvoirs les plus étendus et lui a reconnu le droit d'éclairer la Pasquette sur le choix d'un mari...

Vous me demanderez, messieurs, pourquoi la Pasquette refuse ces divers partis. La réponse n'est-elle pas dans la bassesse de ses sentiments, qui lui font éconduire tour à tour des hommes bien élevés, capables de la relever aux yeux du monde ?

Ah! notre adversaire veut être affranchie de la condition du célibat que lui a imposée conditionnellement son bienfaiteur! Rien de plus facile. Qu'elle choisisse un époux conforme à sa situation actuelle; nous sommes tout prêt à lui ouvrir nos bras et à la reconnaître digne d'avoir été choisie comme héritière du marquis... La libéralité faite à la Pasquette lui attribue une position sociale à laquelle ne l'appelaient ni sa naissance ni les habitudes de sa vie... Qu'elle aspire à monter au lieu de descendre...

Vous voudriez vous retrancher derrière l'article 900 du code Napoléon comme dans une forteresse; c'est-à-dire que l'obligation de ne pas se marier, imposée à un légataire, est réputée nulle... A juste titre, les législateurs ont dit que cette condition devait être annulée comme contraire aux mœurs, surtout quand elle a été dictée au testateur par un acte purement arbitraire de sa volonté ou par un calcul mauvais... Où voyez-vous le calcul mauvais? Une lueur de profonde raison n'a-t-elle pas traversé la pensée du marquis quand il insérait cette clause, sauvegarde de l'avenir d'une paysanne sans idéal? Je soutiens, au contraire, qu'une telle condition a été inspirée à M. de l'Aubépin par un sentiment honnête, qui était de protéger la légataire contre le malheur résultant d'une union fâcheuse.

Ici, l'avocat se reposa, laissant le public et le tribunal sous le coup de la logique des faits. A la reprise de l'audience, Biganos porta les derniers coups.

— Messieurs, dit-il, nous n'avons pas cherché ce procès, car nous aimons la liberté et la respectons chez les autres. Qui a troublé cette demoiselle Pasquette? qui l'attaque? Personne. Si elle considère comme nulle et non écrite la condition testamentaire respectée par elle depuis quinze mois, qu'elle se marie comme elle l'entend. En définitive, la demanderesse reste libre de renoncer à l'état de célibat. Qu'elle épouse son soldat. Qu'elle se fasse vivandière, s'il lui plaît, nous n'avons rien à voir dans ces détails... Mon adversaire a parlé des ineptes volontés du marquis, ce qui ne prouve pas une grande reconnaissance de sa part. Eh bien! que la demoiselle Pasquette n'obéisse pas aux ineptes volontés de M. le marquis de l'Aubépin, nous l'en laissons absolument maîtresse.

En sortant du tribunal, M. Despujols jugea que la cause de la Pasquette était perdue. Non-seulement M. Roumazalles avait été faible, mais les arguments prodigieusement habiles de l'avocat Biganos avaient remué l'auditoire. Certains mouvements de la foule, le tribunal devait les partager.

Rien, en effet, n'empêchait la Pasquette de se marier; rien n'enchaînait sa volonté. Le lendemain, elle pouvait épouser Popy. Il est vrai que l'attitude des adversaires indiquait de reste qu'ils ne laisseraient pas consommer cette union sans demander la rupture du testament.

— Pauvres enfants, répétait le notaire comme un glas en se rappelant les couleurs fausses dont l'avocat Biganos avait barbouillé avec un art infernal Popy et la Pasquette.

Ainsi les honorables protections dont ils étaient entourés, les sympathiques conseils du curé, du médecin, ne suffisaient pas pour triompher des habiles arguments de l'avocat de la Tremblade.

— Nous sommes battus, dit le notaire à M. Bénegeat. Le tribunal a remis à quinzaine pour prononcer son jugement; mais nous avons perdu.

— Il se trouve donc des magistrats pour empêcher deux jeunes gens de se marier ! s'écria le curé.

— Aucun juge n'a cette puissance, répondit M. Despujols ; mais, le moment venu, nos adversaires forceront Pasquette d'exécuter les intentions de celui qu'on appelle son bienfaiteur et qui eût plus sagement agi en la laissant dans son humble situation.

— Qui annoncera cette fâcheuse nouvelle à nos pauvres enfants?

— Il ne faut rien leur dire encore ; seulement, à partir de demain, écartez les journaux qui pourraient rendre compte de l'affaire.

— Voilà un secret que tout le monde connaîtra vite, dit le curé.

M. Bénegeat voyait juste. Le lendemain arriva à l'adresse des membres du conseil municipal, des notables de Chantonnay, un paquet de journaux contenant le discours tout entier de l'adversaire de la Pasquette.

— Que de calomnies ! s'écria le curé révolté par les insinuations perfides répandues contre la jeune fille... La malheureuse Pasquette perd en un jour l'estime qu'elle avait inspirée aux gens du pays.

— Il n'est pas possible, disait Cazebonne, que le tribunal se laisse prendre aux odieuses imputations de Biganos... M. Roumazalles a également dû présenter des arguments plausibles...

— Il n'en est pas un, répondait le notaire, qui puisse tenir en face des divers partis que Pasquette a refusés... Ah! M. Parenteau est plus habile que je ne le croyais!

— Mettons la chose au pis, disait Cazebonne. Je suppose que mademoiselle Pasquette perde son procès en première instance; elle peut en rappeler devant une autre cour.

— Un procès qui durera plusieurs années! s'écria le notaire. Qui nous répondra de Popy? Malgré la mollesse de sa plaidoirie, M° Roumazalles n'en a pas moins fait valoir que le célibat prolongé était contraire aux mœurs et pouvait amener des résultats que réprouve la morale.

— Sans hésiter, reprenait Cazebonne, je voudrais que le mariage de Popy et de mademoiselle Pasquette eût lieu immédiatement... Qui sait si ce procès n'a pas été soulevé pour les jeter dans ce trouble que nous-mêmes partageons?

— Il est certain, dit M. Bénegeat, que, le jour où ces enfants se présenteront au pied de l'autel pour me demander ma bénédiction, je ne peux la leur refuser... Mais Pasquette n'en désobéit pas moins aux volontés du marquis. Elle accomplit son devoir vis-à-vis du maire et du prêtre; vis-à-vis de la loi, à laquelle tous nous devons obéissance, elle n'apporte pas le consentement demandé par le défunt... Et je ne comprends pas, monsieur Despujols, que vous qui avez recueilli ses dernières volontés, vous songiez à les enfreindre.

— Je suis un instrument, disait le notaire... On me dicte, j'écris.

— N'avez-vous pas le devoir, continua le curé, si on vous dictait des intentions antilégales, de faire des observations?

— Sans doute, je dois me retirer; j'aurais dû le faire dans le cas actuel. Ce que j'ai eu le tort d'écrire, sous la dictée de M. de l'Aubépin, est pour moi nul et non écrit... C'est pourquoi je passerai outre au mariage immédiatement.

— On ne se marie pas en moins de quinze jours, dit le curé; d'ici là le jugement sera rendu.. Je verrai Popy et lui ferai prendre patience.

— Attendons le jugement, dit le notaire.

— Attente, patience, s'écria Cazebonne, sont des mots qu'aujourd'hui la Pasquette et Popy ne comprendront pas.

XXIV

Les nouvelles qu'un être a intérêt à savoir ressemblent aux atomes tourbillonnant dans un rayon de soleil que l'homme respire. La Trionne avait été prévenue de ne laisser entrer à l'Aubépin aucun journal; cependant, le lendemain, la Pasquette venait frapper à la porte du doyen.

— Elle sait tout, se dit M. Bénegeat en voyant la pâleur de la jeune fille.

— Pourquoi m'a-t-on appris à lire, monsieur le curé? s'écria la Pasquette.

Et elle montrait le journal qui contenait le procès.

— Ma chère enfant, qu'est-ce qu'un discours d'avocat? dit M. Bénegeat. Il faudrait lire également celui de votre défenseur.

— Le coup est porté dans le pays, répondit la Pasquette, je ne peux y rester.

Elle semblait attendre une réponse que tardait à faire le curé, étonné de voir la malheureuse fille répondre à sa propre pensée.

— Notre parti est pris, dit la Pasquette, nous irons dans la lande.

— Dans la lande? s'écria M. Bénegeat.

— Elle seule répond à mes chagrins. Je ne suis plus héritière, je ne dois plus habiter un château.

— Mais le procès n'est pas terminé, mon enfant... Admettons que vous le perdiez. Combien de fois a-t-on vu des juges infirmer les décisions d'autres juges? Les magistrats sont hommes, et leur jugement chose vacillante. M. Despujols ne doute pas que, mieux défendue, vous ne gagniez votre procès devant une autre cour.

— Ni mon nom, ni mon honneur, ni celui de Popy ne doivent être traînés de nouveau devant un tribunal. Et je désire, autant qu'il sera possible, hâter les préparatifs de notre mariage. Ma tante y donne son consentement. C'est la seule parente de qui je dépende... Je vous en prie, s'écria la Pasquette, hâtez le mariage... Je vous en supplie, dit-elle en tombant aux genoux du vieillard.

Le soir, le prêtre parla de cette visite à M. Despujols et à Cazebonne.

— Ce mariage, dit M. Bénegeat, est absolument nécessaire.

Trois semaines plus tard eut lieu la cérémonie qui unissait la jeune fille à Popy. M. Despujols et Cazebonne servaient de témoins à la Pasquette.

Ces hommes honorables avaient voulu donner un dernier gage de leurs sympathies aux deux époux. Toutefois, la joie n'illuminait pas cette cérémonie.

La Pasquette avait repris ses habits de paysanne. Popy portait ses vêtements de soldat.

Aussitôt après la cérémonie nuptiale, la Pasquette et sa tante, Popy et sa mère se disposèrent à quitter le pays. Les préparatifs étaient faits, les charriots pleins. Avec une anxieuse curiosité, les paysans assistaient à ce singulier mariage qui faisait penser à un départ d'émigrants pour des contrées lointaines.

— Soyez heureux où la fortune vous conduit, avait dit aux nouveaux époux le curé à la suite de son instruction sur les devoirs du mariage. Votre amour du travail vous force, bien à regret, de ne pas rester au milieu de nous qui vous aimons...

— Vous aviez conquis l'estime de vos concitoyens ; gardez-la pure et sans tache... Que l'exemple que vous ont donné les hommes à la tête du canton soit sans cesse présent à votre esprit... Vous allez habiter une terre aride ; vous attirerez à vous de pauvres populations par le courage que vous déploierez. La Providence a ses vues secrètes ; elle vous éprouve avec intention.

M. Bénegeat, sentant les larmes monter à son gosier, s'arrêta ; mais il surmonta son émotion et continua..

— Vous êtes bons, la Providence vous veut meilleurs : elle entend que vous exerciez votre dévouement, vos bras. Je m'incline devant la Providence et ne peux que faire des vœux pour votre bonheur... Je vois des habitants pleurer... Emportez le souvenir de cet attendrissement comme le meilleur gage de la sympathie que vous excitez, des regrets que vous laissez parmi nous... La fortune est chancelante, vous avez le courage pour l'étayer. Les conseils que vous avez reçus ici ne seront pas perdus. Vous fertilisez une terre ingrate, vous obéissez aux commandements de l'Écriture... Je vous bénis, mes enfants, soyez heureux !

La voix du vieillard tremblait, les cœurs de tous battaient.

Quand Popy et la Pasquette montèrent en voiture, l'émotion fut au comble parmi les assistants.

Les plus émus étaient ceux que leur profession semble blaser sur toute émotion : le médecin, le prêtre, le notaire.

— Courage, dirent-ils à Popy en lui serrant la main.

— Adieu, noble cœur, dit M. Despujols en prenant à part la Pasquette, vos intentions seront remplies.

La voiture partit. Où allait-elle ? Peu importait à la Pasquette. Elle avait à ses côtés ses sœurs et ses frères, la Cadichon, son mari et Aubazine. Tout ce qu'elle aimait le plus au monde l'entourait.

Le ciel était clair. Un brillant soleil semblait sourire aux nouveaux époux. Les oiseaux chantaient des hymnes de bonheur.

Des collines escarpées permettaient à la caravane de descendre de voiture. La Pasquette s'appuyait sur le bras de Popy, qui murmurait : Je t'aime.

Au bout de la journée, les voyageurs arrivèrent à la lande. A la lisière d'un bois de pins était cachée une maison solitaire qui regardait la vallée.

— C'est ici, dit Popy qui mit pied à terre.

Dans ses longues courses, il avait découvert cet endroit isolé. D'accord avec M. Despujols, qui gérait les revenus de la Pasquette, Popy avait loué cette habitation en se réservant la faculté de l'acheter par annuités. Il la meubla et la garnit des instruments aratoires nécessaires à la culture des terres environnantes.

Sur les deux ans de son revenu, la Pasquette, quoiqu'elle donnât beaucoup, avait économisé quelques mille francs. Ce fut la dot des deux époux. Ils étaient plus riches qu'ils ne l'avaient jamais rêvé.

Dès le lendemain Popy se mit courageusement à la besogne, aidé par les femmes, qui n'étaient pas sans quelques notions de culture. Une vie de travail assidu recommença pour cette famille à qui l'héritage du marquis avait toujours semblé un mauvais rêve.

Qu'importait maintenant aux époux le jugement du tribunal qui se déclarait incompétent !

La Pasquette mariée, M. Despujols se prépara à répondre à l'action intentée par le père Parenteau, au nom des parents du marquis. Elle ne se fit pas attendre. Mais, à la grande surprise des héritiers, ils ne se trouvèrent plus en face de la Pasquette.

Elle avait fait don à deux communes de l'héritage du marquis, à la condition de se substituer à elle et d'encourir les risques et périls du procès. Le village où elle était née, celui voisin de la lande où Popy venait de planter sa tente, devenaient réguliers possesseurs des biens du marquis.

La fortune devenait indifférente à la Pasquette. Elle avait Popy. Popy avait ses bras. Tous deux ne croyaient qu'au travail.

Ce procès, plaidé à diverses reprises, passa de cour en cour et ne dura pas moins de cinq ans. Corps et âme, M. Despujols s'y était mis; il trouva un jeune avocat qui voulait se faire un nom et à qui cette action donna en effet une réputation. La cause était facile à plaider; maintenant la calomnie ne pouvait plus s'attaquer à une héritière qui faisait preuve d'un si grand désintéressement.

Un arrêt définitif débouta les héritiers de M. de l'Aubépin; leurs regrets ne furent rien à côté de la déconvenue du père Parenteau. Sa propre part d'héritage du marquis avait été dévorée par les frais de ces divers procès.

Jusqu'à la fin de l'action civile, la communauté avait cru au génie du père Parenteau. Cette longue combinaison, qui devait faire du couvent de Pont-du-Casse un des plus riches de France, s'écroula tout à coup en châtiant le vaniteux architecte. Le vieux renard, qui entretenait sans cesse les moines de ses exploits, rentrait l'oreille basse, la queue coupée.

Les hommes ne sont pas plus indulgents dans les couvents que dans la société. Ce fut du mépris que recueillit de la communauté le supérieur des maristes, qui avait subi une défaite accablante. Ni discipline, ni ordre hiérarchique ne purent dès lors triompher de la situation que guettent les inférieurs pour en accabler leur chef, lorsque la fortune tourne contre lui.

Le père Parenteau, vieilli tout à coup par l'insuccès, perdit son autorité et sentit des intrigues monacales l'envelopper sans avoir la force d'y remédier.

Un jour les portes du couvent de Pont-du-Casse s'ouvrirent pour donner passage à un nouveau supérieur, tandis que par la même porte sortait l'adversaire de la Pasquette, appelé à finir ses jours dans une maison de retraite éloignée de tout centre vivant.

Sans ressorts et sans espérances, la tête ployée sous l'abattement, celui qui avait été le père Parenteau se traîna désormais solitaire sous les voûtes d'un couvent de vieillards ; des rides profondes sillonnaient sa graisse monacale jadis si florissante.

Parfois on eut pu croire qu'une seconde vue, ravivant ses yeux rougis, permettait au père Parenteau de constater le bonheur de Popy et de la Pasquette, les heureux fruits de leur union, l'estime que les deux époux avaient conquise dans le canton, le bien-être qu'ils devaient à un labeur assidu.

Des lèvres du moine, tordues par la désillusion, s'échappait alors un cri d'amertume : Cette Pasquette !

FIN

PARIS. — IMPRIMERIE DE E. MARTINET, RUE MIGNON, 2.

www.ingramcontent.com/pod-product-compliance
Lightning Source LLC
Chambersburg PA
CBHW060321170426
43202CB00014B/2620